An den Grenzen des Rechts

Fritz Bauer Institut
Studien- und Dokumentationszentrum zur
Geschichte und Wirkung des Holocaust

Wissenschaftliche Reihe des Fritz Bauer Instituts, Band 14

Thomas Horstmann, Dr. phil., ist Forschungsreferent am Forschungsinstitut für öffentliche Verwaltung der Deutschen Hochschule für Verwaltungswissenschaften in Speyer. *Heike Litzinger*, Dr. jur., arbeitet als Referentin für das Presse- und Informationsamt der Bundesregierung in Berlin.

Thomas Horstmann, Heike Litzinger

An den Grenzen des Rechts

Gespräche mit Juristen über die Verfolgung von NS-Verbrechen

Mit einem Vorwort von Micha Brumlik

Campus Verlag
Frankfurt/New York

Bibliografische Information der Deutschen Bibliothek
Die Deutsche Bibliothek verzeichnet diese Publikation in der Deutschen Nationalbibliografie. Detaillierte bibliografische Daten sind im Internet über http://dnb.ddb.de abrufbar.
ISBN-13: 978-3-593-38014-8
ISBN-10: 3-593-38014-5

Umschlaggestaltung: conceptdesign, Offenbach
Umschlagmotiv: Zeichnung von Erich Dittmann, Szene aus dem Auschwitzprozess
© Werner Dittmann
Druck und Bindung: KM-Druck, Groß-Umstadt
Gedruckt auf säurefreiem und chlorfrei gebleichtem Papier.
Printed in Germany

Inhalt

Inhalt

Vorwort

von *Micha Brumlik*

Es war Hegel, der in seinen Vorlesungen zur Rechtsphilosophie das Recht als »daseiende Freiheit« bezeichnet hat. Bis in die aktuellsten Auseinandersetzungen der Rechtsphilosophie hält sich die begründete Meinung, dass dem Recht als einem Normsetzungs- und Durchsetzungsverfahren mehr Objektivität und damit Realität zukommt als der im Bereich bloßen Meinens und Behauptens verharrenden Moral.

Doch erweist sich diese Objektivität aus einer anderen Perspektive heraus als Schein – und zwar dann, wenn man sich dem Recht in einer nicht teilnehmenden, sondern beobachtenden Perspektive nähert: Dann zeigt sich das Recht sowie das ihm funktional verbundene Justizsystem – vom Gerichts- bis zum Strafvollzugswesen – als eine soziale Tatsache, die auch stets anders sein könnte und die allemal das Ergebnis sozialer Konflikte auf allen Ebenen ist: Von der Normgenerierung über die Normdurchsetzung bis hin zu folgenreichen Sanktionen gegen diejenigen, die gegen die gesatzten Normen verstoßen haben.

Bekanntermaßen ging im Westdeutschland der Nachkriegszeit die juristische, die strafrechtliche Auseinandersetzung mit den nationalsozialistischen Verbrechen ihrer wissenschaftlichen Erforschung voraus – sowohl in chronologischer als auch in systematischer Hinsicht. Nicht, dass es in Westdeutschland auch schon vor dem Anlaufen der großen Prozesse nicht die eine oder andere zeitgeschichtliche Untersuchung gegeben hätte – gleichwohl nahm die Erforschung des nationalsozialistischen Judenmords erst im Gefolge der ersten Prozesse, namentlich des von Fritz Bauer wesentlich initiierten Frankfurter Auschwitz-Prozesses, auf dem Wege des Begutachtungswesens Fahrt auf. Die Schwierigkeiten und Widerstände, denen ein Mann wie Fritz Bauer im Einzelnen und eine auf purer Rechtsstaatlichkeit beruhende Strafverfolgung im Fall der nationalsozialistischen Verbrechen in der frühen Bundesrepublik zunächst ausgesetzt waren, stellen einen weiteren Beleg für die These von der sozialen und politischen Tatsächlichkeit des Rechts und seiner Institutionen dar: Nach den noch von den Alliierten initiierten Prozessen Ende der vierziger Jahre erlahmte die Verfolgung merklich bis in die späten fünfziger Jahre, bis allmählich, durch eine eigentümliche Mischung aus Zufällen und gezielten Anstrengungen, eine systematische Strafverfolgung begann. Wie sehr die westdeutsche Gesellschaft und ihr Justizwesen, zumal ihre konstruktiven und produktiven Theoretiker, von dieser Entwicklung überrascht wurden, erwiesen die beiden im vorliegenden Band indirekt dokumentierten Tagungen in Königstein und Essen. Die Mitte der sechziger Jahre neue Welle der strafrechtlichen Auseinandersetzung mit dem Nationalsozialismus war zumal für eine jüngere Juristengeneration offensichtlich Neuland. Diese soziale Tatsache war ihnen – das zeigen die in diesem Band geführten Gespräche – so noch nicht vertraut: weder in ihrer normativen Tragweite noch in ihren prozeduralen Konsequenzen.

Soziale Tatsachen sind das Ergebnis sozialer Prozesse, soziale Prozesse aber sind ohne die Beteiligung und Vermittlung handelnder Personen nicht denkbar. Eine weitere sozialwissenschaftliche Beobachtung ist an dieser Stelle einzuflechten: Soziale Praktiken, soziale Systeme beobachten und beobachten auch sich selbst, darin begründen sie ihre Praxis, kritisieren und optimieren sie ihren Vollzug. Das ist im Fall des Rechts der Gesellschaft nicht anders: Eine der ältesten Wissenschaften der europäischen Kultur, die Jurisprudenz, übernimmt für das Rechtssystem genau diese Funktion der Selbstreflexion. Dort aber, wo Personen innerhalb des Systems tätig sind und es zugleich beobachten, dürfte das Bewusstsein für Entscheidungen, Normen und Begründungen vor dem Hintergrund einer historisch-kulturellen Situation besonders geschärft sein.

Genau darin liegt der große Gewinn der vorliegenden, von Heike Litzinger und Thomas Horstmann mit großem Takt erhobenen Sammlung biographischer Interviews von mit der Frage der Verfolgung und Verteidigung von NS-Tätern befassten Juristen und Rechtslehrern.

Anhand der ebenso geschickt wie behutsam aufgenommenen wie kenntnisreich geführten und dokumentierten Gespräche wird der politische, gesellschaftliche und kulturelle Hintergrund einer Rechtsentwicklung deutlich, die vor mehr als vierzig Jahren sehr allmählich einsetzte und die die westdeutsche Gesellschaft im Ganzen keineswegs freudig begrüßt hatte. Gerade zwanzig Jahre nach dem Ende des Zweiten Weltkriegs war die gesamtgesellschaftliche Stimmung, »endlich« einen Schlussstrich zu ziehen, weit verbreitet. In den mehr als vierzig Jahre später geführten Gesprächen lernt die Leserschaft nun eine, genauer gesagt zwei Generationen bürgerlicher deutscher Juristen – es handelt sich in der vorliegenden Auswahl ausschließlich um Männer – kennen, die zum Teil den Zweiten Weltkrieg selbst noch mitgemacht oder ihn als Flakhelfer bzw. Schüler aus der Position mobilisierter Zivilisten erlitten haben. Beinahe ausnahmslos bildungsbürgerlichen Elternhäusern entstammend, geben die meisten Zeitzeugen zu Protokoll, sich ursprünglich eher für musische, geisteswissenschaftliche oder gar theologische Fragen und Themen interessiert zu haben und vor allem aus der Not des Lebens heraus zur Jurisprudenz gekommen zu sein. Schon gar nicht fand sich bei den meisten – es gab auch Ausnahmen – eine innere, schon von Jugend an wirksame Berufung, sich mit dem Nationalsozialismus und seinen Verbrechen politisch, moralisch oder eben juristisch auseinanderzusetzen. Viele kamen eingestandenermaßen als eher unpolitische Fachleute mit dem widrigen Gegenstand in Berührung. Als Strafrechtler oft genug mit rechtsdogmatischen und rechtssystematischen Fragen befasst, waren einige von Fragen der Logik der Zurechnung deutlich stärker fasziniert als von moralischer Empörung motiviert.

Dass die Gesprächspartner an heute vergessenen, aus unserer Perspektive gar nicht anders als historisch zu bezeichnenden Tagungen teilgenommen haben – der vom Koordinierungsrat der Gesellschaft für christlich-jüdische Zusammenarbeit einberufenen Königsteiner Tagung sowie dem Essener Juristentag 1966 –, war für viele eine von außen, unerwartet auf sie zukommende Initialzündung, die ihr weiteres Leben jedoch auch dann noch prägen sollte, als sie sich – wiederum generationenspezifisch – einem ganz anderen, bedeutsamen gesellschaftspolitischen Projekt, dem Alternativentwurf zum Strafgesetzbuch, wie er in der Epoche der sozialliberalen Koalition erörtert wurde, zuwandten. Dort fanden sich dann Juristen zusammen, die in der politisch hochriskanten und moralisch hochprekären Frage der Strafbarkeit vom Regime angeordneter Massentötungen und ihrer logistischen Voraussetzungen durchaus unterschiedlicher Meinung waren.

Die von Heike Litzinger und Thomas Horstmann geführten Gespräche, die in verschiedenen Wendungen immer wieder auf Fritz Bauer zurückkommen, der an der Königsteiner Tagung teilgenommen hatte, geben einen lebendigen Einblick in eine kulturelle und politische Situation, die auf den ersten Blick durch eine in sich gegensätzliche, sogar widersprüchliche Grundhaltung geprägt war: Sosehr die inzwischen ausgebildete politische und moralische Sensibilität dieser Juristen auf eine Aufklärung der nationalsozialistischen Verbrechen drängte, so groß war doch auch ihre grundsätzliche Skepsis gegenüber der moralischen Rolle und gesellschaftspolitischen Funktion eines auf Sühne und Strafe angelegten Strafrechts. Diesem Dilemma versuchte diese Generation von Juristen auf unterschiedliche Weise zu entgehen: Sei es, dass sie im Zuge einer normativen politischen Theorie die Möglichkeit von »Staatsverbrechen« in den Blick nahmen, sei es, dass sie in einer letzten Windung des juristischen Positivismus die arbeitsteilige Mittäterschaft eines erheblichen Teils der deutschen Bevölkerung dem strafrechtlichen Zugriff zu entwinden suchten. Dieses Dilemma – und auch das geht aus den Gesprächen hervor – war indes exakt jenes Dilemma, das Fritz Bauer wie kein anderer lebte und auch verkörperte. Der uns heute im Rückblick beinahe überlebensgroß erscheinende hessische Generalstaatsanwalt erscheint in der Perspektive der Zeitzeugen als eine eher marginale, ja geradezu skurrile Figur, die – weitestgehend vereinsamt und ohne große verbale Beteiligung – an der Königsteiner Tagung teilnahm. Auch im historischen Rückblick scheint seine Bedeutung erst sehr allmählich deutlich zu werden. Das hängt auf jeden Fall mit den unterschiedlichen Lebensgeschichten zusammen: Das Leben eines schon in der Weimarer Republik bereits aktiven Juristen und Rechtspolitikers, der die Erfahrungen von KZ, Vertreibung und Emigration hinter sich hatte, musste zu anderen Prägungen führen als das Leben zweier Generationen bildungsbürgerlich geprägter, religiös oder moralisch zwar antinationalsozialistisch eingestellter, aber aufgrund ihres Lebensalters in aller Regel nicht politisch aktiver jüngerer Männer, die durch Bombenkrieg oder Kriegsgefangenschaft ganz anderen Erfahrungen ausgesetzt waren.

Es empfiehlt sich, die folgenden Gespräche zweimal zu lesen: Nach einer ersten Lektüre, die die Leserschaft bald dank ihres dichten zeithistorischen Kolorits und der deutlich hervortretenden Charakterzüge der Zeugen in ihren Bann ziehen wird, eröffnet eine zweite, eine distanzierte Lektüre überraschende Einsichten in die Generationenspezifik von Argumenten und Weltanschauungen, vor allem aber in die soziale Einbettung strafrechtlich-juristischer Argumentationslogik: ihren Sitz im Leben. Gerade diese zweite Lektüre wird zeigen, dass mit dem vorliegenden Interviewband eine bedeutende rechtshistorische Quelle vorliegt, die jedoch – im Unterschied zu einer Reihe bereits vorliegender autobiographischer Zeugnisse – der historisch, politisch und rechtswissenschaftlich wissenschaftlich ausgewiesenen Interviewer wegen ein hohes Maß an »Objektivität« aufweist.

Der Kreis von Königstein und die NS-Verbrechen – eine Einführung

»Es handelt sich sicher hier um einen normalen Strafprozess, mag er auch einen Hintergrund haben, wie er wolle.«

Der Vorsitzende Richter Dr. Hans Hofmeyer in der Urteilsbegründung im Frankfurter Auschwitz-Prozess am 19. August 1965[1]

Siebzehn Juristen und ein Historiker kamen im April 1966 in Königstein bei Frankfurt zu einer Tagung zusammen.[2] Die Öffentlichkeit blieb ausgeschlossen. Thema war der Umgang der Strafjustiz mit den nationalsozialistischen Gewaltverbrechen: Warum wurden in den Strafverfahren zu Mordtaten im »Dritten Reich« die Angeklagten immer wieder nur wegen Beihilfe zum Mord verurteilt und nicht als Täter? Wie sollten die zwanzig bis dreißig Jahre zurückliegenden Sachverhalte überhaupt ermittelt, wie Zeugen- und Aktenbeweise beschafft werden? Der Deutsche Juristentag hatte die Tagung organisiert. Es galt, nach langem Schweigen endlich eine Haltung der juristischen Zunft zu diesen schwierigen Verfahren zu formulieren und Vorschläge zu machen, wie sich der Juristentag insgesamt mit dem Thema befassen könnte.

Unter den Königsteiner Teilnehmern fanden sich einige der bekanntesten Juristen der Bundesrepublik: Einer der Teilnehmer, Konrad Redeker, bezeichnete die versammelte Runde rückblickend als »Crème« der deutschen Strafrechtslehre und -praxis.[3] Der damalige Präsident des Juristentages und Bonner Professor für Öffentliches Recht, Ernst Friesenhahn, hatte die Gruppe bewusst »ausgewogen« – sowohl politisch wie auch unter Altersgesichtspunkten – aus den namhaften Strafrechtlern dieser Jahre zusammengestellt. So saßen nun also Generalstaatsanwalt Fritz Bauer und Rechtsanwalt Henry Ormond, Nebenklagevertreter im Frankfurter Ausch-

---

1 Zit. nach Naumann (2004), *Auschwitz*, S. 277.

2 Weiter nahmen fünf Mitglieder der Ständigen Deputation des Juristentages als Beobachter teil, darunter Rechtsanwalt Konrad Redeker, die Notarin Renate Lenz-Fuchs sowie der Vorsitzende der Ständigen Deputation, Professor Ernst Friesenhahn. Vgl. Archivbestand Deutscher Juristentag (DJT) e.V., Kommissionen: NS-Gewaltverbrechen, Königsteiner Klausurtagung; für die Möglichkeit zur Einsichtnahme in Bonn dankt Th. Horstmann Konrad Redeker.

3 So Konrad Redeker in unserem Gespräch mit ihm.

witz-Prozess, neben den Rechtsanwälten Erich Schmidt-Leichner und Anton Roesen, die in NS-Prozessen als Verteidiger aufgetreten waren. Es debattierten die Strafrechtsprofessoren Claus Roxin, Ernst-Walter Hanack und Jürgen Baumann, die zu den Verfassern des Alternativ-Entwurfes für ein Strafgesetzbuch gehörten, mit Karl Lackner, der im Justizministerium maßgeblich an dem konservativen Regierungsentwurf für ein neues Strafgesetzbuch beteiligt gewesen war.[4] Der noch nicht habilitierte Nachwuchswissenschaftler Herbert Jäger saß neben dem Vorsitzenden des fünften Strafsenats des Bundesgerichtshofs, Werner Sarstedt, und dem Vorsitzenden Richter im Auschwitz-Prozess, Hans Hofmeyer. Als Sachverständiger war der Historiker Hans Buchheim vom Münchener Institut für Zeitgeschichte hinzugeladen worden, dessen Gutachten über die Strukturen des NS-Staates das Gericht im Auschwitz-Prozess als Beweismaterial herangezogen hatte; über die täglichen Schwierigkeiten der Ermittlungsarbeit berichtete in Königstein Adalbert Rückerl, damals Staatsanwalt bei der Zentralen Stelle in Ludwigsburg. Damit waren auf der Königsteiner Tagung Vertreter aller juristischen Professionen anwesend. Die Teilnehmer dieser Tagung stehen im Mittelpunkt dieses Buches.

Die Königsteiner Tagung als Ereignis

Die Aufarbeitung von NS-Verbrechen erfolgte vor allem durch Juristen und damit innerhalb einer Expertenkultur, mit deren spezifischen Regeln und institutionellen Besonderheiten. Diese Form einer weitgehend justitiell geprägten Vergangenheitsbewältigung, wie sie in der Bundesrepublik seit den sechziger Jahren und dann wieder nach 1989 betrieben wurde, lässt sich geradezu als bundesdeutscher *Sonderweg* bezeichnen.[5]

Trotzdem war die Königsteiner Tagung das erste und letztlich auch einzige Expertentreffen, bei dem namhafte Juristen gemeinsam die strafrechtliche Aufarbeitung der NS-Verbrechen in der Bundesrepublik diskutierten: Als *kollektives* Unternehmen aller juristischen Professionen blieb Königstein einzigartig:[6] Nach 1966 wurde der Gesamtkomplex »Juristische Aufarbei-

4 Siehe dazu unsere Einleitung zu dem Gespräch mit Karl Lackner.

5 Hummer/Mayr-Singer (2000), »Sonderweg«, S. 566.

6 Der Historiker Michael Greve hat die Umstände der Sonderveranstaltung erstmals näher untersucht, siehe Greve (2001), *Umgang*, S. 225–284.

tung« wieder den regional zuständigen Justizeinrichtungen überlassen und hatte sein einziges sichtbares Zentrum in der Zentralen Stelle der Landesjustizverwaltungen in Ludwigsburg. Die Rechtswissenschaft führte keine Generaldebatte mehr über das Thema.[7]

Königstein und die Sonderveranstaltung in Essen sind daher als *Ereignisse* innerhalb der Aufarbeitung der NS-Verbrechen zu verstehen und haben eine besondere zeit- und rechtshistorische Relevanz.[8] Mitte der sechziger Jahre befand sich das Strafrechtssystem bei der Aufarbeitung von Taten aus der Zeit des Nationalsozialismus in einer Krise. Das Recht konnte nicht mehr einfach auf das zurückgreifen, was zuvor noch als unumstößliches Dogma oder gesicherte, tradierte Praxis galt. Fraglich war, welcher juristische Begriff von Täterschaft und Teilnahme, von Gehilfe und Anstifter anzuwenden war. Nur in dieser Krisensituation gelang es dem Juristentag, eine vielköpfige, politisch wie fachlich heterogene und örtlich verstreute Gruppe von Spitzenjuristen mit einer gemeinsamen Aufgabe von allgemeinem Interesse zu beauftragen. Mit der Einsetzung der Königsteiner Expertenkommission[9] durch den Juristentag wurden gewohnte Verfahrensregeln und institutionelle Zuständigkeiten durchbrochen; Königstein und die darauf folgende Sonderveranstaltung des Juristentages verletzten damit übliche Erwartungshaltungen, Versammlungsrituale und Diskursregeln innerhalb der Juristenschaft.

7 Vgl. dazu das Interview mit Herbert Jäger, der früh gemeinsame Anstrengungen gefordert hatte.

8 Ein Ereignis kann von einem nicht ereignishaften Geschehen in dem Maße unterschieden werden, wie es die von den kulturellen Strukturen selbst erzeugten Erwartungen einer Gruppe, hier der bundesdeutschen Juristenschaft, verletzt: Damit wird ein Ereignis wie der Juristentag in dem von der jeweiligen kulturellen Struktur bereitgestellten Rahmen überhaupt als solches erkennbar. Zu diesem Konzept von »Ereignis« Sahlins (1992), »Wiederkehr«, S. 84; ders. (1986), *Tod*; einführend: Sewell (2001), »Theorie«, S. 49 ff.

9 Ulrich Klug, der die Tagungsleitung übernommen hatte, sprach davon, dass es Aufgabe der von der Ständigen Deputation des Deutschen Juristentages einberufenen *Kommission* sein werde, »die strafrechtlichen Probleme zu entwickeln, ihre Lösungsschwierigkeiten zu erörtern und Möglichkeiten für etwaige Lösungshilfen bei diesen Problemen aufzuzeigen. Die Kommission wird sich dabei ihrer Verantwortung gegenüber in- und ausländischen Juristen bewußt sein müssen«; vgl. Übersicht über die strafrechtlichen Probleme der Ahndung nationalsozialistischer Gewaltverbrechen, Rundschreiben vom August 1965, Archivbestand Deutscher Juristentag (DJT) e.V., Kommissionen: NS-Gewaltverbrechen, Königsteiner Klausurtagung.

Gleichzeitig ging es darum, jede weitere Eskalation zu verhindern:[10] So war jede offene und kontroverse Aussprache auf dem Juristentag von vornherein organisatorisch ausgeschlossen, und auch die Debatten und Ergebnisse der Königsteiner Tagung wurden nie in Buchform dokumentiert. Dies zeigt, wie schwierig es Mitte der sechziger Jahre noch war, überhaupt eine solche Generalaussprache unter führenden Juristen zu organisieren. Gleichzeitig wird der enorme gesellschaftliche Druck fassbar, unter dem die Juristen standen. Eine streng an juristischen Fragestellungen orientierte Tagungsorganisation[11] und eine – bis auf den sachverständigen Historiker Buchheim – auf Juristen beschränkte Expertengruppe sollte dokumentieren, dass die juristische Aufarbeitung weiterhin der Zuständigkeitsbereich von Juristen sei und bleiben müsse.[12] Das Monopol des Berufsstandes wurde so in einer zentralen politischen und gesellschaftlichen Frage aufrechterhalten und durch Königstein und Essen auch nach

---

10 So legte Friesenhahn Wert auf die Feststellung, dass man im Juristentag nur dann von einer »Kommission« spräche, »wenn wir ein Gremium für eine längere Zeit niedersetzen, um bestimmte Vorschläge auszuarbeiten. Darum soll es sich in diesem Fall nicht handeln. Es ist nur an diese einmalige Tagung gedacht, auf der die Probleme gründlich durchgesprochen werden sollen. Man könnte, um die Vertraulichkeit der Beratungen zu unterstreichen, daran denken, von einer ›Klausurtagung‹ zu sprechen«; vgl. Schreiben Ernst Friesenhahn an Ulrich Klug, 25.8.1965, Archivbestand Deutscher Juristentag (DJT) e.V., Kommissionen: NS-Gewaltverbrechen, Königsteiner Klausurtagung.

11 Vgl. nur die Themenstellung, die in Königstein verhandelt werden sollte: Tatbestandsmäßigkeit nach § 211 StGB, Abgrenzung von Täterschaft und Teilnahme, kriegs- und völkerrechtliche Aspekte, Bedeutung der Führerbefehle, Befehlsnotstand, Pflichtenkollision, Irrtumsprobleme, Rechtsblindheit/Charakterschuld/Lebensführungsschuld, Tateinheit, Vielzahl von Einzelhandlungen, Sonderfragen, Tatbegehung im Ausland, Probleme der Strafzumessung und Probleme der Angemessenheit des geltenden Strafrechts.

12 Der Zusammenstellung der Teilnehmer ging eine intensive Diskussion in der Deputation des Juristentags voraus. Friesenhahn wurde bei der Auswahl dabei maßgeblich vom bremischen Generalstaatsanwalt Hanns Dünnebier unterstützt, der das Feld des Strafrechts besser als Friesenhahn überschaute. Vgl. etwa noch die Namensaufzählung vom März 1965. Hier wurden bereits die späteren Königsteiner Teilnehmer Fritz Bauer, Werner Sarstedt, Peter Schneider, Herbert Jäger, Hans Buchheim und Anton Roesen genannt. Früh entschied sich dabei die Deputation dagegen, Journalisten einzuladen (Vgl. Archivbestand Deutscher Juristentag (DJT) e.V., Kommissionen: NS-Gewaltverbrechen, Königsteiner Klausurtagung, Auszug aus der Niederschrift über die Deputationssitzung am 23./24.3.1965 in Düsseldorf, Pkt. 3 der Tagesordnung). Im Oktober 1965 entschied man, dass nur Mitglieder des Juristentages teilnehmen sollten (Auszug aus der Niederschrift der Deputationssitzung in Stuttgart am 29. und 30.10.1965). Die Klausurtagung solle sich auf »Rechtsfragen« beschränken; Rundschreiben von Dünnebier an Friesenhahn und Klug, 9.11.1965; Alle in: Archivbestand Deutscher Juristentag (DJT) e.V., Kommissionen: NS-Gewaltverbrechen, Königsteiner Klausurtagung.

außen dokumentiert. Gerade die gemeinsam erarbeitete Königsteiner Erklärung ermöglichte es, selbst in der vielschichtigen Materie der NS-Verbrechen im gewohnt selektiven Rahmen des juristisch Relevanten zu operieren und etwaige darüber hinausgehende Wünsche der Medien und der Öffentlichkeit abzuweisen.[13]

Die Königsteiner Gruppe kam aber nur einmal zusammen, die Diskussion wurde nicht fortgesetzt. Die Interessen und Ziele der in Königstein versammelten Männer, die sich zuvor teils persönlich, teils nur über ihre Publikationen kannten, lagen viel zu weit auseinander, als dass sie über das einmalige Treffen hinaus weiter hätten zusammenarbeiten können.

Bislang steht in der Bundesrepublik daher auch keine Personengruppe, sondern vor allem die Einzelfigur Fritz Bauer, der hessische Generalstaatsanwalt und Initiator des Frankfurter Auschwitz-Prozesses,[14] als zeitgeschichtliche Persönlichkeit für die strafrechtliche Verfolgung der NS-Täter. Mit diesem Buch werden weitere Stimmen vorgestellt, die sich hinter der abstrakten Formel von der »juristischen Aufarbeitung« verbergen. Wir haben die noch lebenden Teilnehmer der Königsteiner Tagung aufgesucht und sie zum Umgang der jungen Bundesrepublik mit ihrer Vergangenheit befragt. Darüber hinaus haben wir auch mit Personen gesprochen, die zwar nicht in Königstein dabei, aber damals enge Mitarbeiter einiger der Teilnehmer waren. Zwölf Interviews kamen insgesamt zustande, von denen im vorliegenden Band sieben veröffentlicht werden. Neben den hier abgedruckten Interviews führten wir noch Gespräche mit der ehemaligen Mannheimer Jugendstaatsanwältin Barbara Just-Dahlmann und ihrem Mann, dem Richter Helmut Just. Das Ehepaar Just hatte sich in den sechziger Jahren engagiert, die Defizite der NS-Verfahren öffentlich zu machen und hierüber eine Debatte innerhalb des Juristentages herbeizuführen.[15] Weiter sprachen wir mit Hans Buchheim[16], dem einzigen Historiker auf

13 Vgl. Luhmann (1997), *Recht*, S. 331.

14 Zu Fritz Bauer vgl. Meusch (2001), *Diktatur*.

15 Barbara Just-Dahlmann und Helmut Just haben ihre Erfahrungen und ihre rechtspolitische Einschätzung zu diesen Prozessen selbst in einem Buch dargestellt, vgl. dies. (1988), *Gehilfen*.

16 Hans Buchheim hatte als Mitarbeiter des Münchner Instituts für Zeitgeschichte zahlreiche historische Gutachten für Prozesse gegen NS-Täter verfasst, so auch für den Frankfurter Auschwitz-Prozess. Die Gutachten veröffentlichte er teilweise mit Martin Broszat und anderen in »Anatomie des SS-Staates« (zwei Bände, erste Auflage München 1965). Später lehrte Buchheim als Professor für Politikwissenschaft in Mainz. Vgl. auch den Erinnerungsbericht Buchheim/Graml (1999), »Jahre«, S. 69–83, dabei zu Buchheim S. 69–

der Königsteiner Tagung, sowie mit Michael Kirn[17], Hans Janknecht[18] und Hans Meyer[19], die mit Jürgen Baumann, Hanns Dünnebier und Ernst Friesenhahn[20] zusammengearbeitet hatten. Wir beschränken uns im vorliegenden Band darauf, die Gespräche mit den Teilnehmern der Königsteiner Tagung zu veröffentlichen; das Gespräch mit Hans Buchheim konnten wir leider nicht aufzeichnen und müssen daher auf einen Abdruck verzichten.

Die Prozesse gegen NS-Täter

Warum fanden gerade in den sechziger Jahren, zwanzig Jahre nach dem Zusammenbruch des »Dritten Reiches«, überhaupt noch so viele Prozesse gegen NS-Verbrecher statt? Ein Grund hierfür war, dass die meisten Tatorte der nationalsozialistischen Verbrechen in Gebieten lagen, die nach 1945/49 für die Bundesrepublik Ausland waren. Ermittlungen waren technisch schwierig,[21] vor allem aber sahen sich deutsche Staatsanwaltschaften nach 1945 nicht zuständig für diese Verbrechen. Die Staatsanwaltschaft ermittelte in der Regel erst auf Anzeigen überlebender Opfer oder Zeugen hin.[22] Ein Großteil der nationalsozialistischen Massenverbrechen, wie die

77. Siehe jetzt kritisch zum »Funktionalismus« von Buchheim und anderen damaligen Historikern am Institut für Zeitgeschichte Berg (2003), *Holocaust*. Irmtrud Wojak hat Berg jetzt widersprochen, siehe dies. (2004), *Berg*, zu Buchheim besonders S. 115 f.

17 Michael Kirn, heute Professor an der Universität der Bundeswehr in Hamburg, hat selbst über den juristischen Umgang mit der NS-Vergangenheit gearbeitet, siehe Kirn (1972), *Verfassungsumsturz*.

18 Hans Janknecht arbeitete ab 1965 als abgeordneter Staatsanwalt in der Zentralstelle der Landesjustizverwaltungen für die Verfolgung der nationalsozialistischen Gewaltverbrechen in Ludwigsburg. Später war er zunächst ein enger Mitarbeiter des Bremer Generalstaatsanwalts Hanns Dünnebier, dann selbst Generalstaatsanwalt in Bremen; in dem Gespräch mit ihm wurde für uns die Arbeitsweise der Zentralstelle und die Position der Strafverfolgungsbehörden nachvollziehbar.

19 Hans Meyer unterrichtete als Professor für öffentliches Recht an der Johann Wolfgang Goethe-Universität in Frankfurt am Main, bevor er als Rektor an die Berliner Humboldt-Universität wechselte. Er verwahrt den Nachlass von Ernst Friesenhahn.

20 Siehe die biographische Würdigung von Stoll (2004), »Friesenhahn«.

21 Anklagebehörden und Gerichte durften bis 1964/65 aus politischen Gründen keine Akten aus Ostblockstaaten zur Beweisführung heranziehen. Aufgrund aufwändiger Rechtshilfeersuchen zogen sich die Verfahren sehr in die Länge.

22 Vgl. Bauer (1998), »Namen«, S. 80. Seit Mitte der fünfziger Jahre wurden NS-Täter kaum verfolgt, vgl. Greve, *Umgang*, S. 19; Greve zitiert allerdings ebendort den späteren

Mordaktionen mobiler Einheiten und Einsatzkommandos, blieb daher unberücksichtigt. Zugleich war die Strafverfolgung durch deutsche Gerichte bis 1949 aufgrund des Alliierten Kontrollratsgesetzes Nr. 10 auf Taten gegen deutsche Staatsangehörige und Staatenlose beschränkt.[23] Soweit es einen latenten Unwillen in der deutschen Justiz gab, sich überhaupt mit dieser Art Verbrechen zu befassen, ließ dieser sich weitgehend hinter der schwierigen Rechtslage verstecken.

Erst einige Aufsehen erregende Verfahren Ende der fünfziger Jahre, insbesondere ein großer Prozess in Ulm 1958 gegen Angehörige eines deutsch-litauischen SS-Einsatzkommandos,[24] machten auch der Politik deutlich, dass die Verbrechen des »Dritten Reiches« zu weiten Teilen noch nicht ermittelt waren: Die zuständigen Justizminister der Länder gründeten daraufhin die »Zentrale Stelle der Landesjustizverwaltungen zur Aufklärung nationalsozialistischer Verbrechen«[25] in Ludwigsburg, deren Ermitt-

---

Leiter der Zentralen Stelle in Ludwigsburg, Adalbert Rückerl, wonach der Hauptgrund für die unterlassenen systematischen Ermittlungen in den fünfziger Jahren doch darin gelegen habe, dass Prozesse gegen NS-Täter äußerst unpopulär waren.

23 Zum Kontrollratsgesetz Nr. 10 vom 20. Dezember 1945 Weinke (2002), *Verfolgung*, S. 25; zu den Strafverfolgungshindernissen siehe auch Birn (1995), »Strafverfolgung«. Zu den Nachkriegsprozessen zwischen 1945 und 1949 siehe Bloxham (2001), *War Crimes*.

24 Vgl. Rückerl (1979), *Strafverfolgung*, S. 49 f. Siehe auch den Beitrag Ernst Friesenhahns in: Ständige Deputation des Deutschen Juristentages (1967), *Probleme*, S. C 19; zum Ulmer Prozess siehe Just-Dahlmann/Just, *Gehilfen*, S. 17. Der frühere SS-Oberführer Fischer-Schweder war im »Dritten Reich« Polizeidirektor im litauischen Memel gewesen und hatte nun Mitte der fünfziger Jahre seine Wiedereinstellung in den Staatsdienst verlangt. Hierzu gab es Presseberichte, woraufhin ein Zeitungsleser Fischer anzeigte, weil dieser an Massenerschießungen litauischer Juden beteiligt gewesen war. Die Ermittlungen gegen Fischer führten zu einer systematischen Fahndung nach Mitgliedern des »Einsatzkommandos Stapo und SD Tilsit«. Im Sommer 1958 wurde der Prozess gegen zehn ehemalige Angehörige dieses Einsatzkommandos eröffnet. Der Prozess erregte große öffentliche Aufmerksamkeit.

25 Im Oktober 1958 beschlossen die Landesjustizverwaltungen, eine gemeinsame Behörde für die Vorermittlungen zu NS-Verbrechen zu schaffen. Am 1. Dezember 1958 nahm die »Zentrale Stelle der Landesjustizverwaltungen zur Aufklärung nationalsozialistischer Verbrechen« in Ludwigsburg ihre Arbeit auf. Zunächst war die Zentrale Stelle zuständig für die Aufklärung nationalsozialistischer Verbrechen, für die im Bundesgebiet ein Gerichtsstand des Tatortes nicht gegeben war und die zwar während des Zweiten Weltkrieges, jedoch außerhalb der eigentlichen Kriegshandlungen an Zivilpersonen begangen worden waren. Die Zuständigkeit wurde 1964 und 1965 auf alle NS-Verbrechen erweitert. Ausführlich zur Gründung der Zentralen Stelle Greve (2000), »Amnestierung«, S. 43 ff. und v. Miquel (2004), *Ahnden*. Greve geht allerdings davon aus, die Motive für die Gründung der Zentralen Stelle seien komplexer gewesen.

lungen eine Flut an Verfahren gegen NS-Täter auslöste: Von 1958 bis Anfang 1970 wurden 587 Strafverfahren aufgrund der Vorermittlungen der Ludwigsburger Stelle durchgeführt; ein Viertel der Verurteilten wurde wegen Täterschaft und drei Viertel wegen Beihilfe zum Mord verurteilt.[26] Da Totschlagsdelikte seit dem Mai 1960 verjährt waren, handelte es sich ausschließlich um Mordverfahren.[27] Erst in den siebziger Jahren waren die wichtigsten Verbrechenskomplexe ermittelt. Dabei sorgte zugleich eine Neufassung des Strafrechtsparagraphen, der die Beihilfe regelte, dafür, dass zahlreiche mutmaßliche so genannte Schreibtischtäter einer Anklage entgingen.[28]

Insgesamt gesehen waren die Regelungen des Strafgesetzbuches weder für einen derart großen Täterkreis noch für das Ausmaß der Verbrechen geschaffen. Das zeitgleich mit der Königsteiner Tagung 1966 stattfindende so genannte Tarnopol-Verfahren in Stuttgart sprengte zum Beispiel die Maßstäbe gewohnter Strafprozesse: Es ging um Einzel- und Massenerschießungen sowie die Deportation von über 40 000 Menschen in das Ver-

26 Greve, »Amnestierung«, S. 11 f., auch S. 31, Anm. 91; Just-Dahlmann/Just, *Gehilfen*, S. 47, zählen 1963 insgesamt 58 abgeschlossene Verfahren seit 1958 und ca. 590 bevorstehende Verfahren – richtig aufnehmen konnte die Zentralstelle ihre Arbeit etwa ab 1961.

27 Mitte der sechziger Jahre sowie dann jeweils noch einmal 1969 und 1979 wurde in der bundesdeutschen Öffentlichkeit heftig diskutiert, ob die Verjährungsfrist für Mordtaten verlängert werden sollte. Alle Verjährungsdebatten sind dokumentiert in einer Edition des Bundestages: Presse- und Informationszentrum des Deutschen Bundestages (1980), *Verjährung*.

28 § 50 II des StGB sah vor: »Fehlen besondere persönliche Eigenschaften, Verhältnisse oder Umstände (besondere persönliche Merkmale), welche die Strafbarkeit des Täters begründen, beim Teilnehmer, so ist dessen Strafe nach den Vorschriften über die Bestrafung des Versuchs zu mildern«. Die Beihilferegelung war im Rahmen des Einführungsgesetzes zum Ordnungswidrigkeitengesetz im Juli 1964 in diesem Sinne geändert worden. Im Bundesjustizministerium hatten die Mitarbeiter Lackner, Dreher, Göhler und der Abteilungsleiter Schafheutle für diese Novellierung plädiert. In einem Grundsatzurteil im Mai 1969 legte der BGH den neu gefassten Paragraphen so aus, dass eine erhebliche Zahl NS-Täter nicht mehr verfolgt werden konnte; das Bundesjustizministerium sprach von einer »gesetzgeberischen Panne«, so Bundesjustizminister Ehmke am 11. Juni 1969 im Bundestag, vgl. Greve, »Amnestierung«. Vgl. auch v. Miquel, *Ahnden*, S. 221 ff., der davon ausgeht, den oben genannten zuständigen Mitarbeitern des Bundesjustizministeriums könne angesichts der Diskussionen um die Verjährung der Beihilfe Anfang der sechziger Jahre kaum die Tragweite der Novellierung entgangen sein. Siehe auch unsere Einleitung zum Gespräch mit Karl Lackner.

nichtungslager Belzec.[29] Das zu rekonstruierende Tatgeschehen verteilte sich dabei auf 24 verschiedene Tatorte.[30]

Beim Umgang mit solchen Tatkomplexen musste berücksichtigt werden, dass zwischen 1933 und 1945 der Staat selbst kriminell geworden war und die Verbrechen organisiert hatte; die Vernichtungsmaschinerie funktionierte nur deshalb, weil Bürokraten in den Berliner Ministerien oder Besatzungsverwaltungen ihr ebenso zuarbeiteten wie die Täter vor Ort. In den Verfahren musste zugleich aber stets die individuelle Schuld des Einzelnen bemessen werden. Konnten hierfür die gleichen Kategorien gelten wie für Taten, die in einem demokratischen Rechtsstaat begangen wurden? Der Gesetzgeber hatte jedenfalls keine Vorkehrungen für diese Fälle getroffen. Die so genannte Gehilfenrechtsprechung, mit der sich die Königsteiner Tagungsteilnehmer zu befassen hatten, war einer der unbeholfenen Auswege aus diesem Dilemma. Die Gerichte stuften denjenigen, der an einem Mord maßgeblich beteiligt war, wegen seiner Unterordnung unter ein verbrecherisches System nur als Gehilfen und nicht als Täter ein. So versuchten sie, dem kollektiven und staatlichen Charakter der Verbrechen gerecht zu werden. Es erschien vielen Tatgerichten unbillig, einzelne für Mord nach üblichem Strafmaß zu verurteilen. Denn die Täter trugen den Gerichten vor, sie hätten geglaubt, in ihrem Handeln dem zu entsprechen, was Staat und Gesellschaft von ihnen verlangten.[31] Die Gehilfenrechtsprechung erschien jedoch vielen Zeitgenossen als der falsche Weg – denn vielfacher Mord wurde hierdurch oft mit einer solch geringen Strafe geahndet, dass dies die Rechtsordnung und ihr Wertesystem aus dem Gleichgewicht brachte. Die Staatsanwältin Barbara Just-Dahlmann führte in ihrem Buch zur Gehilfenrechtsprechung zahlreiche Beispiele für derartige Entscheidungen an – stellvertretend sei hier etwa das Urteil des Schwurgerichts Arnsberg gegen Wetzling und andere genannt, in dem zwei der drei Ange-

---

29 Urteil des Landgerichts Stuttgart vom 16. Juli 1966, abgedruckt in: Rüter (1968–2005), *Justiz*, hier: Bd. 24, lfd. Nr. 634.

30 Vgl. auch zum komplexen Bialystok-Prozess vor dem Landgericht Bielefeld Anders/Kutscher/Stoll (2003), *Bialystok*. In dem Prozess wurde Mitarbeitern der Sicherheitspolizei und des Sicherheitsdienstes in Bialystok Beihilfe zum Mord an mehr als 30000 Ghettobewohnern sowie einzelne »Exzesstaten« vorgeworfen. Die CD dokumentiert, wie der Schuldnachweis dem Gericht nur aufgrund einer schwierigen Erfassung der Zusammenhänge des Tatgeschehens gelang.

31 Vgl. hierzu das Referat von Rechtsanwalt Konrad Redeker auf dem Deutschen Juristentag 1966: »Individualschuld und Mitverantwortung von Staat und Gesellschaft«, veröffentlicht in: Ständige Deputation des Deutschen Juristentages, *Probleme*, S. C 45–52.

klagten wegen der Tötung von 151 Zwangsarbeitern, darunter 56 Frauen und einem Kind, zu Gefängnisstrafen von fünf Jahren und weniger verurteilt wurden. Das Verfahren gegen den dritten Angeklagten stellte das Gericht wegen des so genannten Amnestiegesetzes von 1954 ein.[32]

Eine Grundsatzentscheidung des Bundesgerichtshofs erleichterte den Gerichten den Ausweg in die Gehilfen-Konstruktion: In dem so genannten Staschynskij-Urteil aus dem Jahr 1962 stellte das Gericht fest, in der Regel sei Täter, wer eine Tötung eigenhändig begehe, »jedoch kann er unter bestimmten, engen Umständen auch lediglich Gehilfe sein«.[33] In dem Verfahren wurde dem Angeklagten vorgeworfen, im Auftrag des sowjetischen Geheimdienstes zwei ukrainische Dissidenten in der Bundesrepublik erschossen zu haben. Der Bundesgerichtshof verurteilte Staschynskij lediglich als Gehilfen, weil er die Tat nicht als eigene gewollt und damit keinen Täterwillen besessen habe. Die Richter verglichen in ihrer Begründung die Lage Staschynskijs mit derjenigen von indoktrinierten Befehlsempfängern im Nationalsozialismus. Jürgen Baumann, damals Strafrechtsprofessor in Tübingen, warnte die Schwurgerichte davor, das Staschynskij-Urteil einfach auf die Verfahren gegen NS-Täter zu übertragen und damit Hitler als einzigem Täter sechzig Millionen Gehilfen gegenüberzustellen.[34]

Aus heutiger Sicht sympathisierte die Rechtsprechung der Zeit wohl nur zu einem geringen Teil mit den Tätern.[35] Überwiegend schien sie einfach überfordert. Angesichts dessen können die NS-Verfahren – ebenso wie in den neunziger Jahren die Verfahren gegen DDR-Mauerschützen und -Schreibtischtäter[36] – als Auslöser einer Krise in der Strafrechtswissenschaft und -praxis der Bundesrepublik gesehen werden, die unzulänglich hinter dogmatischen Einordnungsversuchen verborgen wurde. Letztlich fehlte vor allem eine eindeutige Entscheidung des Bundestags, wie mit den

32 Vgl. Just-Dahlmann/Just, *Gehilfen*, S. 73; das genannte Urteil wurde später vom Bundesgerichtshof aufgehoben.

33 BGHSt 18, 87 ff., das Urteil vom 19.10.1962 ist auch abgedruckt in: Neue Juristische Wochenschrift 1963, S. 355. Der BGH argumentierte, Staschynskij sei nach elf Jahren »im Kern des sowjetischen Machtbereichs« »ständig indoktriniert« worden. Zugleich habe er die Tat nicht als eigene gewollt und keinen Täterwillen erkennen lassen. Insofern sei er lediglich Werkzeug seiner Hintermänner gewesen.

34 Vgl. Baumann (1963), »Beihilfe«.

35 Selbst die sehr kritische Barbara Just-Dahlmann und ihr Mann Helmut Just gehen davon aus, die Justiz sei sicher »nicht böswillig« gewesen, vgl. dies., *Gehilfen*, S. 45.

36 Vgl. Mouralis (2004), »Procès«.

nationalsozialistischen Gewaltverbrechern zu verfahren sei.[37] Anstelle dessen mussten Rechtswissenschaft und -praxis die Chimäre aufrechterhalten, die nationalsozialistischen Täter könnten nach dem Strafgesetzbuch, das für diese Art der Kriminalität gar nicht geschaffen war, erfasst werden.[38] Fritz Bauer beklagte, hierdurch werde das Geschehen »vergewaltigt (...), das nicht eine Summe von Einzelereignissen war.«[39] Bauer sah die Gefahr, dass das kollektive Geschehen durch diese juristische Art der »Aufarbeitung« atomisiert und parzelliert würde. Er befürchtete, infolgedessen könnten die nationalsozialistischen Verbrechen privatisiert und damit entschärft werden.[40] Indem der Bundestag sich der Aufgabe entzog, klare rechtliche Vorgaben für die Strafverfolgung der NS-Täter zu gestalten, schuf er eine Situation, die die beteiligten – und vielfach ja auch selbst stark belasteten – Juristen erheblich verunsicherte. Sie subsumierten die von NS-Staat und Partei angeordneten Verbrechen unter die Normen, die auf individuell verantwortliche Täter zugeschnitten waren. Diese Aufgabe ließ sich nur erfüllen, indem Motivationen und Beweggründe der Täter, die sich nicht unter die einschlägigen Paragraphen des Strafgesetzbuches fassen ließen, systematisch außer Acht gelassen oder verdrängt wurden.[41] Diese Arbeitsweise wiederum entspricht ohnehin einer Basisdisposition der Juristen: Der Jurist lernt in seiner Ausbildung vor allem, Sachverhalte auf eine Rechtsfrage zu reduzieren – hierbei unterdrückt er zwangsläufig diejenigen Aspekte, die über diese Rechtsfrage hinausgehen.[42] Dies war jedoch in den NS-Verfahren nur bedingt möglich – und wo es geschah, sahen sich Juristen dann auch massiver öffentlicher Kritik ausgesetzt.

Vor Ort blieb also den auf sich allein gestellten Verantwortlichen – wie etwa dem Frankfurter Richter Hans Hofmeyer –, trotz all dieser Probleme keine andere Wahl, als »normal« juristisch zu arbeiten.[43] Dass es sich selbst beim Auschwitz-Prozess um einen normalen Strafprozess gehandelt habe,

37 So schon Kirn, *Verfassungsumsturz*.

38 So der Strafrechtler Peter Noll (1968), »NS-Verbrecherprozesse«, S. 48; ebenso Arendt (1968), »Auschwitz-Prozeß«, S. 97.

39 Bauer, »Namen«, S. 83 f.

40 Ebd. S. 84.

41 Dazu Dencker (1990), »Vergangenheitsbewältigung«.

42 Vgl. hierzu auch Stolleis/Simon (1981), »Vorurteile«, S. 27.

43 Vgl. zur Biographie Hofmeyers Ziegler (1965), »Fanatiker«. Hofmeyer wurde 1936 zum Richter ernannt und war während des Krieges als Militärrichter tätig.

wie Hofmeyer im vorangestellten Zitat erklärte, diente als Legitimitätsanker und Beschwörungsformel für die Justiz.[44]

Zugleich muss die Auseinandersetzung um die NS-Prozesse vor dem Hintergrund einer grundlegenden Wende gesehen werden, die sich im Strafrecht ab etwa Mitte der sechziger Jahre abzuzeichnen begann. Diese Wende fand ihren Ausdruck in den Vorschlägen zur Reform des Strafgesetzbuchs: Angesichts eines konservativen Entwurfs für ein neues Strafgesetzbuch von 1962 hatten sich vierzehn jüngere Strafrechtsprofessoren zusammengefunden, die 1967 einen Alternativ-Entwurf vorlegten. Diese so genannten Alternativprofessoren, zu denen auch die Königsteiner Teilnehmer Claus Roxin, Jürgen Baumann, Ernst-Walter Hanack und der Kölner Strafrechtler Ulrich Klug zählten, lehnten die Vorstellung einer gerechten Vergeltung durch Strafe ab und sahen den Zweck von Sanktionen vor allem in der Spezialprävention. Das Jahr 1966 kann damit auch in der Strafrechtspolitik als Moment eines *radikalen Zweifels* an der bisherigen Arbeitsweise bezeichnet werden.[45] Dieser Zweifel ließ aber teilweise auch die Prozesse gegen NS-Täter fragwürdig erscheinen – insbesondere Ernst-Walter Hanack hob diesen Aspekt der Verfahren in seinen kritischen Aufsätzen hervor.

Der Essener Juristentag 1966

Innerhalb der Ständigen Deputation, der Leitungsebene des Deutschen Juristentages,[46] war die Befassung mit den NS-Prozessen stark umstritten.

---

44 Vgl. zu Hofmeyers Argumentation Pendas (2004), »Truth«, S. 30–32. Pendas arbeitet heraus, dass es Hofmeyer vor allem darum ging, die Tätigkeit der Justiz insgesamt und damit auch im »Dritten Reich« zu rechtfertigen. So sagt Hofmeyer an einer Stelle: »Die NSDAP und ihre Gliederungen hatten die Macht in der Hand, der Justiz ihren Willen aufzuzwingen«, Tonbandmitschrift vom 18. August 1965, zit. nach: ebd., S. 37, Anm. 29. Vgl. auch zur Bewertung des Auschwitz-Prozesses insgesamt Wittmann (2003), »Auschwitz«.

45 Winfried Hassemer vergleicht diese Wende unter Verweis auf Thomas Kuhn mit einem »revolutionären Schub«, siehe Hassemer (1994), »Strafrechtswissenschaft«, S. 274. Von »Momenten radikalen Zweifels« spricht Bourdieu in seiner Analyse der Wissenschaft nach 1968, vgl. zusammenfassend Bourdieu/Wacquant (1996), *Anthropologie*, S. 269–279.

46 Die Ständige Deputation ist das von den Mitgliedern gewählte Gremium des Juristentages, das dessen alle zwei Jahre stattfindende Tagung vorbereitet und die Geschäfte des Verbandes führt.

Dies entsprach der Haltung der bundesrepublikanischen Gesellschaft insgesamt zu diesen Verfahren, wie sie sich in Umfrageergebnissen widerspiegelte. So zeigte eine 1964 durchgeführte Untersuchung, dass 63 Prozent der Männer und 76 Prozent der Frauen Verfahren gegen NS-Täter ablehnten. 1966 waren bei einer Allensbach-Umfrage unter Studenten 51 Prozent der Ansicht, dass nicht mehr so viel von deutschen »Kriegsverbrechen« geredet werden sollte. 1968 unterstützten unter Studenten nur noch 13 Prozent vergleichbare Aussagen.[47] Das Bewusstsein der Öffentlichkeit über die NS-Verbrechen und die Strafverfolgung der Täter standen damit zueinander in einer Wechselbeziehung, wobei Ursache und Wirkung nicht eindeutig zu benennen sind: Die in den Strafverfahren[48] ermittelten Informationen über die nationalsozialistischen Verbrechen konfrontierten die Öffentlichkeit mit der Vergangenheit und gelten daher als Marksteine in der »Bewusstseinsentwicklung«.[49] Ohne den wachsenden öffentlichen Druck Ende der 1950er Jahre wäre es allerdings gar nicht erst zur Einrichtung der Ludwigsburger Zentralstelle und zu systematischen Ermittlungen gekommen. Zugleich lösten die Verfahren jedoch auch in weiten Teilen der Bevölkerung eine massive Abwehrhaltung aus.

Die Jurisprudenz in der frühen Bundesrepublik war geprägt von einer noch zu weiten Teilen belasteten Hochschule, Justiz und Verwaltung sowie einer primär an Wiederaufbau und eigenem Vorwärtskommen interessierten Generation. Die Prozesse gegen die NS-Täter waren ja nicht nur Sache der Gerichte, sondern auch die Wissenschaft hatte hieran gewichtigen Anteil, da sie insbesondere in die höchstrichterliche Rechtsprechung hineinwirkte.[50] Es gab jedoch in den sechziger Jahren kaum wissenschaftliche Anreize dafür, sich mit der juristischen Aufarbeitung der nationalsozialistischen Verbrechen zu befassen: Meriten verdiente sich in der Wissen-

---

47 Siegfried (2000), »Aufarbeitung«, S. 101–104. Ähnliche Umfrageergebnisse zitiert Fritz Bauer, »Namen«, S. 78.

48 Die in der Öffentlichkeit wirksamsten Verfahren waren die Prozesse 1955/56 um das KZ Sachsenhausen, der Auschwitz-Prozess 1964/65 und der Majdanek-Prozess 1975–1981.

49 So etwa Birn, »Strafverfolgung«, S. 400.

50 Im Strafrechtssystem der Bundesrepublik gibt es eine intensive Interaktion zwischen BGH-Rechtsprechung und Wissenschaft. Das lässt sich etwa an der Entwicklung der Figur von Täterschaft und Teilnahme beispielhaft belegen, siehe dazu etwa Claus Roxins Übersicht in den späteren Auflagen seiner Habilitationsschrift »Täterschaft und Tatherrschaft« (1. Aufl. 1963, 7. Aufl. 2000). Siehe zu dieser »Arbeitsteilung« ausführlich Erb (2001), »Strafrechtswissenschaft«.

schaft vielmehr, wer klassische dogmatische Themen bearbeitete.[51] Zudem verhinderte die für die deutsche Universität typische Lehrer-Schüler-Konstellation mit ihrer besonderen Abhängigkeitsstruktur lange jede offene Auseinandersetzung mit dem Erbe des Nationalsozialismus. Bis Mitte der sechziger Jahre gerieten diejenigen Juristen, die sich für eine öffentliche Auseinandersetzung mit den NS-Verbrechen einsetzten, in eine Außenseiterrolle. Dies klingt auch in unseren Interviews an, wenn etwa von Henry Ormond[52] und Fritz Bauer gesprochen wird.[53] Dementsprechend thematisierte auch der Deutsche Juristentag lange nicht die juristische Aufarbeitung der NS-Verbrechen. Doch seit 1963 forderten einzelne Mitglieder des Juristentages, darunter das Mannheimer Juristenehepaar Barbara Just-Dahlmann und Helmut Just, den Vorsitzenden der Ständigen Deputation, Ernst Friesenhahn, wiederholt auf, dass sich der Juristentag insbesondere mit der »Gehilfenrechtsprechung« befassen solle.[54] Friesenhahn engagierte sich daraufhin innerhalb der Deputation dafür, dass der Juristentag die milden Urteile gegen NS-Täter behandelte, stieß jedoch auf Widerstand. Ihm

51 Zum Zusammenhang Horstmann (2004), »Kollektivverbrechen«.

52 Henry Ormond, geboren 1901 in Kassel als Hans Ludwig Jacobsohn, wurde nach seinem Jurastudium Amtsrichter in Mannheim. Die Machtübernahme der Nazis beendete seine Karriere in der Justiz, er arbeitete daraufhin als Justitiar einer Kohlengroßhandlung in Frankfurt am Main. 1938 wurde er festgenommen und nach Dachau gebracht. Nach seiner Entlassung zwang man ihn, Deutschland zu verlassen. Jacobsohn ging nach England, wurde in Kanada interniert und trat dort der britischen Armee bei. Als Offizier einer Propagandaeinheit kam er 1945 wieder nach Deutschland – unter dem Namen Henry Lewis Ormond. In der Besatzungszeit war er für die Auswahl und Kontrolle der Lizenzträger deutscher Printmedien zuständig, unter anderem für den *Spiegel*. 1950 ließ Ormond sich als Anwalt in Frankfurt am Main nieder und vertrat unter anderem die Nebenklage im Auschwitz-Prozess; siehe: Weber (1996), »Ormond«. Zur Strategie und Vorgehensweise Ormonds als Nebenkläger im Auschwitz-Prozess Renz (2000), »Auschwitz-Prozeß«, S. 20ff. Zu den Umständen des von Ormond geforderten Ortstermins in Auschwitz, der dann vom 14.–16. Dezember 1964 stattfand: Renz (2001), »Auschwitz«.

53 Offen bleibt, inwieweit diese Außenseiterrolle bereits einem schlechten Gewissen geschuldet gewesen sein mag, das die Mehrheit gegenüber der kleinen Zahl zurückgekehrter jüdischer Exilanten empfand. Ohnehin erscheint – auch in den Interviews – das Verhältnis zu Juden im Allgemeinen und den wenigen jüdischen Kollegen im Besonderen ambivalent. Mehrfach hörten wir in den Interviews klischeehafte Anekdoten, die das vermeintlich unbefangene Verhältnis zum Judentum bebildern sollten. Diese Erzählungen belegen eher einen ambivalenten Philosemitismus – dies ist jedoch keine Besonderheit der hier befragten Juristen, sondern ein in der Bundesrepublik der Nachkriegszeit verbreitetes Phänomen. Vgl. Adorno, »Aufarbeitung«, S. 143.

54 Siehe die Schreiben des Ehepaars Just an Friesenhahn, nachgedruckt in Just-Dahlmann/Just, *Gehilfen*, S. 222ff.

wurde entgegengehalten, der Juristentag dürfe keine »Urteilsschelte« betreiben; der Juristentag betrachte es als seine Aufgabe, konkrete rechtspolitische Fragen zu behandeln, und nicht, die Gerichte zu kritisieren. Hinter diesem formalen Argument verbarg sich nicht zuletzt die Furcht mancher Vertreter der Deputation, die noch immer zahlreichen Mitglieder des Juristentages, welche im nationalsozialistischen Deutschland ihre Karrieren begonnen hatten, zu verärgern. Friesenhahn konnte sich schließlich damit durchsetzen, wenigstens eine Sonderveranstaltung auf dem Essener Juristentag 1966 zu organisieren. Die Königsteiner Tagung sollte diese Veranstaltung vorbereiten. Dies allerdings in thematisch engen Grenzen: Der Bonner Rechtsanwalt Konrad Redeker, einer unserer Interviewpartner, schlug vergeblich vor, auch über den besonderen Charakter der NS-Verbrechen als Verbrechen des Staates zu diskutieren und dazu hochrangige Staatsrechtler einzuladen.[55] Zugleich trugen die Vorbereitungen der Essener Sonderveranstaltung einen nahezu konspirativen Charakter;[56] so sandte Friesenhahns Assistent Hans Meyer einen Bericht über die Königsteiner Tagung an den Ministerialdirigenten im Bundesjustizministerium, Herrmann Maassen, mit der Bitte, diesen absolut vertraulich zu behandeln.[57]

55 Schreiben Redekers an Ernst Friesenhahn vom 25. Februar 1966, in: Archivbestand Deutscher Juristentag e. V. (Bonn), Kommissionen: NS-Gewaltverbrechen, Königsteiner Klausurtagung. Zu einer Debatte in der Vereinigung der deutschen Staatsrechtslehrer kam es erst 2000, vgl. Vereinigung der Deutschen Staatsrechtslehrer (2001), *Staatsrechtslehre*; hingegen schon Friesenhahn auf der Jahrestagung der Vereinigung der Staatsrechtslehrer 1954: Er verstehe »nicht ganz, warum ein Regime, das ganz bewußt nicht normativ sein wollte, nun plötzlich rückwirkend normativ gemessen werden soll, und warum dieses Regime plötzlich so angesehen wird, als ob es ein Rechtsstaat mit gesicherten Rechtsstellungen gewesen sei«; Redebeitrag Ernst Friesenhahn, Veröffentlichungen der Vereinigung der Deutschen Staatsrechtslehrer, Bd. 13, S. 168. Vgl. auch Kirn, *Verfassungsumsturz*, S. 255 f.

56 Siehe nur die Korrespondenz zwischen Adalbert Rückerl, Staatsanwalt in Ludwigsburg, und Ernst Friesenhahn kurz vor der Sonderveranstaltung des Juristentages in Essen: Friesenhahn hatte Rückerl um die Übersendung einschlägiger Urteile gebeten und versicherte nun: »Ich werde geradezu eine besonders durchschlagende Einleitung für meinen Generalbericht haben, wenn ich kurz einige der einschlägigen Urteile zitiere. Um der starken Empfindsamkeit gewisser Herren willen, werde ich allerdings dabei auch die Namen und die Gerichte verschweigen«; Schreiben von Ernst Friesenhahn an Adalbert Rückerl, Zentrale Stelle Ludwigsburg (ZStL) vom 12.9.1966, ZStL, 1–20/105–169, Bl. 159.

57 Vgl. Archivbestand Deutscher Juristentag (DJT) e.V., Kommissionen: NS-Gewaltverbrechen, Königsteiner Klausurtagung. Die Königsteiner Tagung wurde auch auf Tonbändern aufgezeichnet. Die Tonbänder sind jedoch nicht mehr auffindbar.

Über die damaligen Konflikte sprachen unsere Interviewpartner nur andeutungsweise, alle hoben jedoch das besondere Engagement Ernst Friesenhahns hervor. Die Königsteiner Gruppe einigte sich trotz der vorangegangenen Auseinandersetzungen und trotz ihrer heterogenen Zusammensetzung auf eine gemeinsame Erklärung. Darin stellte sie fest, dass bislang in NS-Prozessen oft zu Unrecht die Beschuldigten als Gehilfen statt als Täter verurteilt worden waren und die Strafen oftmals nahe der gesetzlichen Mindeststrafen lagen. Sie benannten eindeutig, wann ein Beschuldigter als Täter gelten müsse. Sie kritisierten, dass zu oft Entschuldigungsgründe herangezogen und Mordkriterien nicht hinreichend berücksichtigt würden. Auf der Sonderveranstaltung des Deutschen Juristentages 1966 in Essen referierten dann mehrere Teilnehmer der Königsteiner Tagung. Friesenhahn selbst eröffnete die Sonderveranstaltung und fasste in seinem Vortrag die Ergebnisse der Tagung sowie die Entschließung zusammen. Der Vorsitzende der Ständigen Deputation rechtfertigte hierbei geradezu seine Entscheidung, die Königsteiner Tagung einzuberufen:

»Sie (die Deputation) hält die Problematik aber auch nicht für geeignet, in einer Abteilung eines Juristentages verhandelt zu werden. (...) Die Deputation legt die Königsteiner Entschließung aber auch nicht dem 46. Deutschen Juristentag vor, damit sie zu einer Entschließung des Juristentages erhoben werde. Aus diesem Grund kann heute keine Diskussion darüber stattfinden, die zudem ins Uferlose gehen würde. Die Deputation legt aber Wert darauf, vor aller Öffentlichkeit zu bekunden, daß sie die Frage in Angriff genommen hat.«[58]

Friesenhahn betonte in seinem sehr engagiert vorgetragenen einführenden Redebeitrag, auch im »Dritten Reich« sei die Tötung von Menschen Unrecht gewesen, und es habe keine Pflicht zu blindem Gehorsam der Beamten gegeben. Zugleich macht seine Rede deutlich, wie heikel das Thema noch immer für den Juristentag war: Jede Diskussion im Anschluss an die kurzen Vorträge sollte auf der Sonderveranstaltung unter allen Umständen vermieden werden. Doch auch wenn sie nicht diskutiert oder formal durch den Juristentag verabschiedet wurde, blieb die Königsteiner Entschließung nicht folgenlos.[59] Nach der Essener Sonderveranstaltung 1966 stellten die Gerichte weniger Verfahren gegen nationalsozialistische Täter ein, und in den Urteilen wurden seltener Mindeststrafen verhängt als in den vorange-

58 Vgl. Ernst Friesenhahns Einleitungsreferat in Essen, veröffentlicht in: Ständige Deputation des Deutschen Juristentages, *Probleme*, S. C 12–33, hier: C 16.

59 Zahllose Kommentare in der Presse folgten, vgl. zum Beispiel im *Spiegel*: Mauz (1966), »Nicht blutüberströmt«.

gangenen Jahren.[60] Die Königsteiner Tagung steht damit für eine gewisse Zäsur in der strafrechtlichen Behandlung der NS-Täter.

Die »Königsteiner« als Zeitzeugen

Wir fragten unsere Interviewpartner nach ihren persönlichen Erfahrungen mit dem Nationalsozialismus, nach dem Verhältnis der Eltern zum »Dritten Reich«, nach Kriegserlebnissen und den eigenen Eindrücken aus der Nachkriegszeit. Wir wollten wissen, weshalb die später bekannten Professoren und Rechtsanwälte sich für ein Jurastudium und dann für ihre jeweilige juristische Profession entschieden haben: Wer waren ihre Lehrer und Mentoren an der Universität und in den ersten Berufsjahren, und welche Erfahrungen hatten die Interviewten selbst mit »belasteten« Juristen gemacht? Wann hatten sich die Interviewten erstmals mit der Strafverfolgung von nationalsozialistischen Tätern befasst, und weshalb meinten sie, zu der Königsteiner Tagung eingeladen worden zu sein? In das Berufsleben der Aufbaugeneration brach die Konfrontation mit den NS-Verbrechen zumeist eher unerwartet ein. Sie machte nachdenklich über die Grenzen des eigenen Berufs. Und damit war trotz aller Unterschiede den Befragten bereits dank ihrer juristischen Ausbildung eine grundlegend ähnliche Fragestellung im Hinblick auf die NS-Verfahren gemeinsam:[61] Alle Gespräche kreisten um die Frage, inwieweit das Strafrecht der Bundesrepublik überhaupt geeignet war, NS-Täter zu verfolgen.

Wir haben die Professoren und Rechtsanwälte dazu befragt, wie sie rechtspolitisch die strafrechtliche »Aufarbeitung« einschätzten – seinerzeit und heute. Muss man die juristische Aufarbeitung mittlerweile, nach über 35 Jahren, als gescheitert bezeichnen oder wirkte sie sich auch positiv aus? Welche Rolle spielten die Prozesse für die Öffentlichkeit? Und lassen sich die Prozesse gegen die NS-Täter in den fünfziger und sechziger Jahren

60 Greve, *Umgang*, S. 248f.

61 Lawrence M. Friedman schildert in einer soziologischen Studie zum Rechtssystem, wie die gemeinsame Ausbildung eine gemeinsame Kultur und einen Stil der Juristen prägt: »Nur wenige können bei ihrer Tätigkeit mit dem Putativnotstand etwas anfangen (...). Doch diese wundervollen Wendungen erwecken Gefühle der Zusammengehörigkeit und Erinnerungen aus der Ausbildungszeit. (...) Wörter und Wendungen – und Erinnerungen – verbinden und einigen den Stand«, Friedman (1981), *Rechtssystem*, S. 275.

etwa mit den Strafverfahren gegen DDR-Mauerschützen und -Schreibtischtäter in den neunziger Jahren vergleichen?

Unsere Interviewpartner haben seinerzeit alle – vor und nach Königstein – entweder in Veröffentlichungen oder in ihrer praktischen Tätigkeit dazu Stellung bezogen, wie strafrechtlich mit den NS-Verbrechen umgegangen werden sollte. Sie boten sehr unterschiedliche Lösungsansätze: Herbert Jäger legte eine Studie vor, in der er die individuelle Schuld der NS-Verbrecher herausarbeitete und sich gegen vage Entschuldigungsgründe wandte. Eine ähnliche Position vertrat der Tübinger Strafrechtsprofessor Jürgen Baumann.[62] Dessen Heidelberger Kollege Ernst-Walter Hanack forderte dagegen in zwei Aufsätzen eine Amnestie-Initiative des Bundestages. Claus Roxin befasste sich in seiner Habilitation mit dem juristischen Problem der Täterschaft. Gerhard Hammerstein und Konrad Redeker waren als junge Anwälte selbst an Verfahren gegen nationalsozialistische Täter beteiligt, der eine als Verteidiger eines NS-Täters, der andere als Vertreter der öffentlichen Hand in einem Verwaltungsrechtsverfahren. Allein Karl Lackner beschäftigte sich weder vor noch nach der Königsteiner Tagung publizistisch mit den NS-Prozessen.

In den Veröffentlichungen unserer Gesprächspartner lässt sich nachlesen, welche rechtspolitische oder -wissenschaftliche Haltung sie angesichts der Gehilfenrechtsprechung einnahmen. In den Interviews erklären sie jedoch darüber hinaus, wie sie diese jeweilige Haltung in ihren Lebenslauf einordneten – sie konstruieren die juristische Stellungnahme in der Rückschau auch aus ihrer eigenen Lebensgeschichte heraus. So sieht zum Beispiel Herbert Jäger die Prozesse gegen NS-Täter seit den ersten Rundfunkberichten über die Nürnberger Prozesse als sein bestimmendes Lebensthema. Er kann damit in den sechziger Jahren als eine Ausnahmeerscheinung unter Strafrechtlern und Kriminologen gelten und beklagte stets sein wissenschaftliches Einzelkämpferdasein.[63] Jürgen Baumann erzählte uns, er habe sich schon seit seiner Studienzeit gefragt, welche Litera-

---

62 Vgl. die Aufsätze Baumanns, nachgewiesen im hier vorliegenden Interview mit ihm.

63 Jäger stellte 1988 fest, dass sich nach 1945 keine kriminologische Genozidforschung entwickelt habe: »Kein Großprojekt ist initiiert, kein Institut zur Erforschung von Völkermord und Kriegsverbrechen gegründet, ja ganz im Gegenteil zu allen anderen Gebieten der Kriminalwissenschaften ist nicht einmal ein begrenzterer interdisziplinärer Arbeitszusammenhang hergestellt worden«, Herbert Jäger, »Makrokriminalität und das Selbstverständnis der Kriminologie«, in: ders. (1989), *Makrokriminalität*, S. 16. Heute wird man seine negative Einschätzung nicht mehr teilen können. Gerade das Völkerstrafrecht erfreut sich mittlerweile großen wissenschaftlichen Interesses.

tur sich wohl in den so genannten »Giftschränken« der Alliierten verbarg, und wie er sich über die Fachkollegen geärgert habe, die in den sechziger Jahre keines der Urteile gegen NS-Täter kommentieren wollten.[64]

Auf unsere Fragen hin erklären die Juristen, worauf sie sich in ihren Lebensgeschichten persönlich bezogen, als sie sich beruflich mit den Prozessen gegen NS-Täter auseinandersetzten. Diese Bezüge bilden zwangsläufig eine subjektive Wahrheit ab: Die heute siebzig, achtzig Jahre alten Interviewten blickten auf Jahrzehnte zurückliegende Ereignisse, an die sie sich mal mehr, mal weniger gut erinnerten. Ihre damalige Position wird in der Rückschau überlagert von späteren Einsichten. Wer sich etwa damals einer bestimmten herrschenden Meinung beugte, wird diese mit einem gesellschaftlichen Stimmungswandel später revidiert haben – und in der heutigen Erzählung doch weniger die Brüche als die Kontinuitäten der eigenen Anschauungen hervorheben. Der Einzelne neigt dazu, seine eigene Lebensgeschichte überwiegend als einen in sich schlüssigen »Entwicklungsroman« darzustellen, dem eigenen Erleben einen bestimmten Sinn zuzuordnen. Die Gespräche können daher nur selbst als Quellentexte zu dem individuell oder kollektiv verstandenen Selbstverständnis der befragten Wissenschaftler und Praktiker gelesen werden. Dieses Selbstverständnis der Juristen hatte Auswirkungen auf die Art und Weise des juristischen Umgangs mit den Tätern, und damit auf einen wichtigen Aspekt in den ersten Jahrzehnten der Bundesrepublik. Alle Interviewten setzten ihre persönliche Erfahrung zu den Großereignissen der deutschen Geschichte im 20. Jahrhundert in Beziehung. Gerade die Diskontinuitäten des Krieges strukturierten maßgeblich die Zeiterfahrung der älteren Interviewpartner wie Lackner, Hammerstein, Redeker oder Baumann, da ihre Lebensentwürfe sich in dieser Zeit in dramatischer Weise veränderten. Sobald die Gespräche bei der Nachkriegszeit angelangen, entfalten sich auch die Lebensläufe der Kriegsgeneration mit bekannten Referenzen und wohl auch gesellschaftlich akzeptierten Bedeutungsmustern. Alle Interviews enthalten aber ferner überraschende persönliche Erinnerungsszenen,[65] die der Zeitge-

64 Auch hier aber war das nicht nur »böser Wille« der Angesprochenen, sondern es ist bis heute eine Art ungeschriebenes Gesetz, dass sich Strafrechtsprofessoren nur zu letztinstanzlichen Urteilen als Kommentatoren äußern.

65 Auch Lutz Niethammer hat als Kernergebnis seiner eigenen langjährigen Forschungserfahrungen in der Oral-History festgestellt: »Je mehr wir uns von der beherrschten Geschichte bewährter Erinnerungsmuster entfernten, desto mehr trafen wir auf neue und unverfälschtere Erinnerungen – wenn auch nur in Fragmenten, die wie in einem Puzzle

schichte des Rechts Anstöße geben können, die juristische Aufarbeitung des Nationalsozialismus auf differenziertere Art zu deuten.

Die damaligen Teilnehmer der Königsteiner Tagung, die wir heute noch aufsuchen konnten, sind emeritierte Professoren oder Rechtsanwälte im Ruhestand. Die meisten von ihnen haben wir zu Hause besucht, unsere Gastgeber und ihre Ehefrauen bewirteten uns mit Kaffee, während wir unsere Aufnahmegeräte laufen ließen. Nach drei, vier Terminen erkannten wir ein gewisses Muster in den Lebensumständen wieder, in denen wir unsere Interviewpartner antrafen – typischerweise lebten diese in gepflegten Bungalows, Häusern, die in den späten sechziger und siebziger Jahren erbaut waren, in der Regel in gutbürgerlichen Wohngegenden, in den süddeutschen Universitätsstädten am Hang gelegen. In der Regel zogen sich die Ehefrauen respektvoll zurück, nachdem sie uns begrüßt und zum Kaffee eingeladen hatten. Und in der Regel erzählte man uns bereitwillig von jenen Auseinandersetzungen vor drei oder vier Jahrzehnten – als Juristen waren unsere Interviewpartner jedoch auch vorsichtig in ihren Aussagen über Fachkollegen und zurückliegende Ereignisse. Vermutlich sind Angehörige anderer Berufsgruppen unbefangener in derartigen Gesprächssituationen.

Wir hatten beide zuvor Erfahrungen mit Interviews gesammelt – Heike Litzinger bei journalistischen Recherchen, Thomas Horstmann bei der Befragung von ehemaligen DDR-Funktionären im Rahmen einer Studie zur Zentralen Staatlichen Kontrolle.[66] Wir hatten uns zudem mit Texten befasst, die Methoden der »Oral-History« reflektierten.[67] Doch deren Arbeitsanweisungen konnten wir nur zum Teil umsetzen. Unsere Interviewpartner sind namhafte Vertreter ihrer Zunft, jedenfalls in der Fachöffentlichkeit bekannt. Insofern arbeiteten wir anders, als wenn wir die Interviews später in anonymisierter Form hätten verwenden wollen. Teilweise

neu zusammengesetzt werden wollten – und desto mehr lernten wir über hegemoniale Sinnstiftung und die Grenzen ihrer Integrationskraft«, Niethammer (2000), »Ego-Histoire«, S. 108 f.

66 Horstmann (2002), *Logik*, S. 407–434.

67 Vgl. etwa die Arbeiten der Forschergruppe um Lutz Niethammer, z. B. Niethammer/v. Plato/Wierling (1991), *Erfahrung*; zur Praxis der Befragung siehe Stöckle (1990), *Umgang*. Als Einführung in die Praxis des Befragens kann auch für Historiker ein Artikel Pierre Bourdieus dienen, der zahlreiche zugespitzte Reflexionen zur Interviewsituation und zur möglichen Rolle des Interviewers enthält. Er erarbeitete das »Verstehensproblem« im Rahmen einer von ihm geleiteten Forschungsgruppe, die über mehrere Jahre in Frankreich qualitative Interviews führte; vgl. Bourdieu (1997), »Verstehen«.

sind unsere Interviewpartner noch wissenschaftlich oder praktisch tätig und dementsprechend gewohnt, sparsam mit ihrer Zeit umzugehen. Entgegen üblichen Verfahrensweisen mussten wir also unsere Gespräche – bis auf jenes mit Konrad Redeker – stets beim ersten Besuch durchführen. Wir hatten zuvor lediglich durch Telefonate und Briefe einen Kontakt hergestellt, es gab jedoch kein vorangehendes Treffen, um sich kennen zu lernen und Vertrauen zu schaffen. Unsere Gesprächspartner standen teilweise unserem Vorhaben skeptisch gegenüber, auch wenn schließlich alle ausführlich Stellung bezogen. Für die Interviewten war es offenkundig eigentümlich, in der Gesprächssituation von der Rolle des forschenden Subjekts in diejenige eines »Forschungsobjekts« versetzt zu werden. Selbstverständlich stellten nicht nur wir Fragen, wir wurden auch befragt: Während die Juristin stets bestätigen musste, »Volljuristin« zu sein und sich teilweise in Prüfungssituationen zurückversetzt fühlte, gaben die Juristen dem Historiker beständig zu verstehen, er gehöre als Fachfremder letztlich doch einer anderen Welt an und spreche eine andere Sprache.

Bekannte Nachkriegsjuristen wurden noch nie gemeinsam und in ähnlich ausführlicher Weise wie in diesem Vorhaben befragt. Dass sich gerade bei Juristen bürgerlicher und akademischer Habitus – jenseits aller politischen Überzeugungen – oft stark ähnelt,[68] belegen die Gespräche eindrücklich. Sie stellen damit künftigen Forschungsarbeiten neues Quellenmaterial zur Verfügung. Ebenso wollen wir bewusst einen Kontrapunkt zur bisherigen Hauptrichtung der zeithistorischen Forschung setzen. Bei den zahlreichen neueren Forschungsarbeiten zur juristischen Aufarbeitung der nationalsozialistischen Herrschaft handelt es überwiegend um archivgesättigte Studien, in denen die damals Handelnden als Zeitzeugen nicht oder nur am Rande vorkommen.[69] Das entspricht einem generellen Trend in der zeithistorischen Forschung. Im persönlichen Gespräch haben uns auch andere Kolleginnen und Kollegen erklärt, dass sie in der eigenen Forschung bewusst auf »Oral-History« verzichteten: Aufwand und Ertrag

68 Vgl. Stolleis (2000), »Historiker«, S. 180. Dies ließe sich insbesondere anhand einer Analyse der Wohnungseinrichtungen, der Vorliebe für moderne Kunst oder der sinngemäß wiederkehrenden Selbstbeschreibung nachweisen, nach 20 Uhr sei man kein Jurist mehr, sondern widme sich interessanteren Dingen.

69 Nach den bahnbrechenden Arbeiten von Herbert (1996), *Best*, und Frei (1996), *Vergangenheitspolitik* sind eine Vielzahl von Forschungsarbeiten zur Aufarbeitung der NS-Zeit erschienen. Siehe neben Greve, *Umgang*, v. Miquel, *Vergangenheitspolitik* und Weinke, *Verfolgung*: Perels (1999), *Erbe*, Freudiger (2002), *Aufarbeitung* und Brunner (2004), *Frankreich-Komplex*.

stünden hierbei einfach in keinem angemessenen Verhältnis. Und tatsächlich hatten wir uns am Anfang des Vorhabens vorgestellt, schneller zu dem nun vorliegenden Ergebnis zu kommen. Aber kann und sollte man auf eine Konfrontation der überreich vorhandenen schriftlichen Quellen, der Bücher, Akten und Urteile mit den sich erinnernden Menschen, ihren Erfahrungen und Begründungsversuchen verzichten? Beraubt man damit nicht vor allem sich selbst eines wichtigen Korrektivs, nämlich die in Archiv und Bibliothek erarbeiteten Befunde mit eigenem Erleben zu kontrastieren? Wir waren vor jedem Gespräch angespannt und gleichzeitig voller Erwartung auf die Menschen hinter den renommierten Lehrbuchautoren oder bekannten Kanzleigründern, auf die von ihnen bewohnten Räume und schließlich auch auf unsere oft sehr unterschiedliche Reaktion hierauf. Fern jeder gewohnten Forschungserfahrung enthielt jedes unserer Gespräche ungewohnte »Momente der Intensität«[70], die uns zu neuen Fragen führten.

Der Anstoß zu diesem Projekt kam aus einem Arbeitszusammenhang in Berlin. Thomas Horstmann war von 2000 bis 2002 Post-Doc-Stipendiat an der Berliner Humboldt-Universität in dem interdisziplinären Forschungsprojekt »Strafjustiz und DDR-Vergangenheit«, das von Klaus Marxen und Gerhard Werle geleitet wurde. Im Rahmen von Recherchen zum Juristentag 1966 und der Königsteiner Tagung führte er im Spätsommer 2001 das erste Gespräch mit Claus Roxin. An eine Publikation von Gesprächen war damals noch nicht gedacht. So aßen Roxin und Horstmann in einer Münchener Gaststätte zu Mittag, und nebenbei lief das Band. Roxins freundliche Bereitschaft zum Gespräch weckte die Neugier auf die anderen Teilnehmer der Königsteiner Tagung. Thomas Horstmann berichtete von dieser Interviewerfahrung, Heike Litzinger interessierte sich für Thema und Arbeitsweise. Schließlich entwickelten wir gemeinsam aus diesem ersten, wegen der Gaststättenumgebung wenig konzentrierten Interview die Konzeption des nun vorliegenden Buches. Das Gespräch mit Roxin trägt daher einen etwas anderen, gewissermaßen freieren Charakter als die übrigen Interviews.

Jedes der Interviews kann für sich gelesen werden. Eine kurze Einleitung stellt den jeweiligen Gesprächspartner vor. Namen und Fachbegriffe werden von uns in Anmerkungen erläutert. Wir haben die Texte gekürzt

70 Zum Begriff Gumbrecht (2004), *Hermeneutik*, S. 119.

und nur im Ausnahmefall auch inhaltlich Zusammengehöriges zusammengeführt, wo das Gespräch zu sprunghaft verlief.

Mit unseren Gesprächspartnern hatten wir vereinbart, ihnen die Textfassungen vor der Veröffentlichung zuzusenden. Überwiegend korrigierten die Interviewten hiernach kleinere sprachliche Details, manch einer strich die eine oder andere Zeile, weil er fürchtete, darin genannten Personen zu nahe zu treten. Wir möchten allen Befragten sehr herzlich dafür danken, dass sie bereit waren, sich unseren Fragen zu stellen.

Wir freuen uns darüber, dass das Fritz-Bauer-Institut unser Buch in der Institutsreihe veröffentlicht, und danken Micha Brumlik und Werner Renz für ihr Interesse an unserem Projekt. Thomas Horstmann möchte der Volkswagen-Stiftung sowie Klaus Marxen und Gerhard Werle für deren freundliche Unterstützung danken. Michael Stolleis hat uns bei der Suche nach einem Verlag geholfen. Thomas Ormond gewährte in Frankfurt großzügig Einblick in private Unterlagen seines Vaters. Das Manuskript haben Lothar Becker, Peter Collin, Karin Gottschalk, Claudia Heser, Susanne Lepsius und Jan Schlösser kritisch gelesen und uns für die einleitenden Texte und den wissenschaftlichen Apparat wertvolle Hinweise gegeben. Jörg Huwer hat unsere Datei in professioneller Weise technisch und redaktionell in ein Buch umgesetzt. Dankbar sind wir schließlich für die enge Zusammenarbeit mit Guillaume Mouralis in Berlin, der damals am Centre Marc Bloch forschte und uns einlud, in der Provence gemeinsam über die juristische Aufarbeitung von staatlichem Unrecht in Deutschland nachzudenken.

Köln und Berlin im September 2005

Thomas Horstmann, Heike Litzinger

Die Gespräche

Herbert Jäger

»...ich hatte die naive Vorstellung, Juristerei nach 1945 ist Auseinandersetzung mit dem Holocaust, mit Völkermord«

Auf der Königsteiner Tagung im Frühjahr 1966 war Herbert Jäger, Jahrgang 1928, einer der jüngsten Teilnehmer. Er beendete in dieser Zeit gerade seine Habilitationsschrift »Verbrechen unter totalitärer Herrschaft. Studien zur nationalsozialistischen Gewaltkriminalität«[1] und trat im Herbst jenen Jahres eine Professur in Gießen an. Für Jäger stand damit damals wie auch in der Folgezeit der juristische Umgang mit den NS-Verbrechen im Zentrum seiner wissenschaftlichen Arbeit. Hierfür hatte er sich auch die Praxis angesehen: Am 6. Juni 1966 schrieb Jäger an Barbara Just-Dahlmann, er habe seinen Urlaub des letzten Jahres weitgehend in Frankfurter und Düsseldorfer Gerichtssälen verbracht.[2] Aus der Runde unserer Gesprächspartner hatte neben Jäger nur noch Jürgen Baumann NS-Prozesse beobachtet.[3]

Bereits seit 1962 korrespondierte Jäger mit dem Mannheimer Ehepaar Just. Die Jugendstaatsanwältin Barbara Just-Dahlmann hatte Jäger Hinweise für seine Recherchen gegeben und zugleich ihn und andere Fachkollegen dazu angeregt, sich dafür zu engagieren, dass der Juristentag die »Gehilfenrechtsprechung« thematisierte.[4] Auch mit Fritz Bauer, der ihm mit Material für seine Habilitation half, hielt Jäger engen Kontakt.

---

1 Nach einem Studium der Rechtswissenschaft in Hamburg und München (1957 Promotion in Hamburg) habilitierte sich Jäger im Jahr 1966 für die Fächer Strafrecht, Strafprozessrecht und Kriminologie in Hamburg mit *Verbrechen unter totalitärer Herrschaft. Studien zur nationalsozialistischen Gewaltkriminalität* (Olten und Freiburg i. Br. 1967, Taschenbuchausgabe Frankfurt a. M. 1982).

2 Vgl. Bundesarchiv Koblenz, N 1415/2 Just-Dahlmann.

3 Gerhard Hammerstein und Konrad Redeker waren als Rechtsanwälte selbst an Prozessen beteiligt gewesen. Ernst-Walter Hanack, Claus Roxin und Karl Lackner hatten als Rechtswissenschaftler keine Verfahren erlebt.

4 Siehe auch Teile des Briefwechsel Just/Jäger als Abschrift im Privatarchiv der Familie Ormond (Frankfurt a. M.)

Ab 1972 lehrte Jäger als Professor in Frankfurt am Main, seit seiner Emeritierung 1993 lebt er wieder in seiner Geburtsstadt Hamburg. Mit seiner Habilitationsschrift, 1967 erschienen, wurde er zu einem Pionier seiner Zunft. Jäger problematisierte als erster, in welchen unterschiedlichen Formen Einzelne an kollektiven Verbrechen beteiligt sein konnten.[5] Jäger wandte sich in seinem Buch gegen eine pauschale Behandlung der NS-Täter. Beschuldigte sollten aus seiner Sicht nicht deshalb grundsätzlich entlastet werden, weil sie ihre Verbrechen in einem Unrechtsstaat begangen hatten. Jäger differenzierte vielmehr zwischen verschiedenen Typen von Tätern: Befehlstätern, Initiativtätern und Exzesstätern. Nach seiner Auffassung ließen sich diese verschiedenen Tätergruppen mit den Mitteln des geltenden Strafrechts angemessen erfassen. Noch drei Jahrzehnte später schrieb Daniel Goldhagen, Jäger habe bereits 1967 schlüssig gezeigt, wie verschiedenartig und vielschichtig die Handlungsmotivationen der NS-Täter waren. Schon Jäger habe damit Ansätze zu einer Mikrologie des Holocaust vorgelegt.[6] Dementsprechend kritisierte Jäger in den 1960er Jahren die »Gehilfenrechtsprechung« nachdrücklich, insbesondere, da sie die von ihm so genannten Initiativ- und Exzesstäter wegen Beihilfe relativ milde bestrafte. Zugleich hielt Jäger ähnlich wie Hanack das Schweigen des Gesetzgebers zu den NS-Tätern für ein Versäumnis – und erachtete die restriktive Auslegung der Gesetze, wie Hanack sie vorgeschlagen hatte, für eine denkbare Notlösung, um die Bestrafung der Täter in erträglichen Grenzen zu halten.[7] In den Strafprozessen gegen NS-Täter »individualisierte« sich für Herbert Jäger Geschichte, das heißt die Prozesse markierten jenen Punkt, »in dem sich die Weltgeschichte mit einer persönlichen Lebensgeschichte trifft und historische und individuelle Kausalität, Zeitgeschichte und Kriminologie, zu einer Einheit verschmelzen.«[8]

Seine in den sechziger Jahren begonnenen Studien hat Jäger später zu einem umfassenden Denkkonzept unter dem Oberbegriff »Makrokriminalität«[9] weiterentwickelt. Hierbei geht er davon aus, dass das herkömmliche Kriminalitätsverständnis auf den »Makrobereich« kollektiven und staat-

5 So etwa die Würdigung von Vest (2002), *Genozid*, S. 42 f.

6 Goldhagen (1996), *Vollstrecker*, S. 40 und S. 563, Anm. 52. Vgl. auch Jägers kritische Rezension zu Goldhagens »Willigen Vollstreckern«, ders. (1997), »Widerlegung«.

7 Jäger (1968), »Strafrecht«, S. 155.

8 Ebd., S. 145.

9 Jäger, *Makrokriminalität*.

lichen Handelns ausgeweitet werden müsse.[10] In den neunziger Jahren forderte Jäger schließlich, Kriminal- und Völkerrechtswissenschaft müssten stärker zusammenarbeiten.[11] Jäger beharrte hierbei allerdings darauf, dass strafrechtliche Schuld ihrem Wesen nach auf individueller Zurechnung beruhe.[12] Eine zentrale Frage ist für ihn damit die nach dem kriminellen Potential ganz gewöhnlicher Menschen: Wie werden in Gruppen gerade aus Konformität und Anpassungsbereitschaft heraus die allgemeinen Sozialnormen durch ein anderes Normengefüge ersetzt?[13]

Neben der Aufarbeitung staatlichen Unrechts befasste sich Herbert Jäger auch mit anderen Randgebieten des Strafrechts.[14] Schon in den sechziger Jahren interessierten ihn Fragen der Strafrechtspolitik und der Strafrechtsreform. Später kamen strafrechtlich-psychoanalytische Grenzfragen oder die interdisziplinäre Terrorismusforschung hinzu. 1963 war Jäger Mitherausgeber des Bandes »Sexualität und Verbrechen«,[15] der schon im ersten Jahr seines Erscheinens eine Auflage von 50 000 Exemplaren erreichte.[16] Das Buch kritisierte den konservativen Entwurf für ein neues Strafgesetzbuches von 1962 und bot alternative Positionen zu Fragen wie Ehebruch, Abtreibung, Prostitution oder Homosexualität. Hierin überschnitten sich Jägers Interessen mit denen der Strafrechtsprofessoren Hanack, Baumann und Roxin, die sich als Verfasser des so genannten Alternativ-Entwurfs ebenfalls mit diesem reformbedürftigen Gebiet des seinerzeit geltenden Strafrechts befassten.

Herbert Jäger besuchte Ende November 2002 für einige Tage Berlin. Wir waren in der Empfangshalle eines Hotels am Bahnhof Friedrichsstraße verabredet, als Erkennungszeichen vereinbarten wir, Herbert Jäger werde – wie er sagte – »Gräfin Dönhoff zu Ehren«[17] eine *Zeit* unter dem Arm tragen. Von dem Hotel aus gingen wir zu der nahe gelegenen Juristischen

10 Vgl. zu einer Würdigung aus Sicht des Kriminologen Walter (1997), »Reichweite« und Neubacher (2002), »Politik«.

11 Vgl. Jäger (1995), »Makrokriminalität als Gegenstand des Völkerstrafrechts«.

12 Unter anderem in: ebd., S. 329; vgl. auch: Jäger (1998), »Politik«, S. 129 ff.

13 Jäger (1985), »Zurechnung«, S. 29 ff. und 51.

14 Vgl. den Überblick über Jägers Arbeit: Böllinger/Lautmann (1993), »Einführung«, S. 10.

15 Bauer/Bürger-Prinz/Giese/Jäger (1963), *Sexualität*.

16 Zur Rezeption des Buches siehe Gödicke (2003), »Strafrechtsreform«, S. 267.

17 Marion Gräfin Dönhoff (1909–2002), beteiligt an der Widerstandsgruppe, die am 20. Juli 1944 den Attentatsversuch auf Hitler unternahm, ab 1968 Chefredakteurin der *Zeit*, ab 1972 deren Herausgeberin.

Fakultät der Humboldt-Universität – wir führten das Interview in einem Raum der Universität, anders als mit den meisten anderen Gesprächspartnern, die wir zu Hause besuchten. Auf dem kurzen Weg Unter den Linden erzählte Jäger, er befasse sich seit seiner Emeritierung nicht mehr mit der Juristerei, sondern mit Kunst und Musik. Für das Gespräch mit uns war er jedoch bereit, das abgeschlossene Kapitel erneut aufzuschlagen. Herbert Jäger hatte sich, so schien es uns, auf das Gespräch sorgfältig vorbereitet und sich offenkundig Antworten auf den stichwortartigen Fragenkatalog überlegt, den wir ihm vorab zugesandt hatten.

In größerem Maße als die anderen Interviewpartner hat Herbert Jäger nachträglich den Text des Interviews korrigiert und ergänzt. Ihm ging es augenscheinlich sehr darum, seine Positionen möglichst präzise zu bestimmen.[18] Leider wurden durch seine intensive Redaktion auch einige uns interessant erscheinende Passagen gestrichen oder in ihrer ursprünglichen Aussage verändert.

Kindheit und Jugend

H. Litzinger: Sie sind 1928 geboren, Sie waren 1933 fünf Jahre alt. Können Sie etwas über Ihre Kindheit im nationalsozialistischen Deutschland erzählen? Wie haben Sie diese Zeit wahrgenommen?

H. Jäger: Wie ich sie als Kind wahrgenommen habe, kann ich natürlich nicht mehr wirklich rekonstruieren. Ich glaube, dass Kinder solche Zeiten ganz anders erleben, als wir sie rückblickend zu erinnern glauben. Und ich misstraue mir auch selber als Zeitzeugen. Ich finde es jedenfalls ungeheuer schwierig, einigermaßen exakt die Perspektive des Kindes in dieser Zeit zu rekonstruieren.

Über meine Eltern sollte ich vielleicht zunächst sagen: Mein Vater war Lehrer und Mitbegründer der Hamburger Lichtwarkschule. Das wird Ihnen wohl nicht viel sagen. Die Lichtwarkschule war eine damals als sehr fortschrittlich angesehene, linksliberale Schule mit vielen jüdischen Schü-

18 Herbert Jäger ist auch der einzige unserer Interviewpartner, der selbst im Bereich biographischer Befragungen versiert ist. In seinen Arbeiten zur Terrorismusforschung ging er ausführlich auf die äußeren Bedingungen der durchgeführten Lebenslaufinterviews ein und legte Rechenschaft ab über die jeweilige Befragungssituation, vgl. Jäger/Böllinger (1981), *Studien*, hier: S. 124–141: »Terrorismusforschung zwischen den Fronten«.

lern.[19] Diese Schule wurde 1933 sofort geschlossen. Übrigens: Später bekannt geworden ist die Lichtwarkschule dadurch, dass Helmut und Loki Schmidt zu ihren Schülern gehört haben und häufig noch darüber sprechen.

Mein Vater wurde sofort beurlaubt, zunächst, und danach auf eine andere Schule versetzt. Ich glaube, dass ich das Elternhaus als antinazistisch – allerdings ohne unmittelbare Beteiligung am Widerstand – bezeichnen kann. Ich bin jedenfalls in einer ausgesprochen un- und antinazistischen Atmosphäre aufgewachsen, die sich natürlich bei mir in die kindliche Vorstellungswelt transponierte. Ich kann allerdings nicht sagen, dass ich die damalige Zeit sehr politisch wahrgenommen habe. Aber es kommt immer darauf an, von welchem Zeitraum Sie sprechen. Mit fünf, sechs Jahren ist es anders als mit 14, 15, 16.

Ich erinnere mich, dass ich zweimal Hitler gesehen habe, und zwar an zwei verschiedenen Punkten Hamburgs. Einmal an der Hamburger Esplanade – sagt Ihnen der Stadtplan von Hamburg etwas? –, das ist eine der zentralen, breiten Avenuen, die es in Hamburg gibt. Da habe ich als kleiner Junge, ich muss vielleicht sechs oder sieben gewesen sein, Hitler von dem Fenster einer Freundin meiner Großmutter aus gesehen, die eine vornehme alte Hanseatin war, jedoch eine fanatische Nationalsozialistin. Ich habe heute noch ziemlich deutliche Erinnerungen an diese Situation. Ich erinnere mich, dass ich diese fanatisierten alten Damen, die sich dort aufhielten und exaltierten, einfach eklig fand. Sie standen am Fenster und gerieten in eine Art Raserei. Und ich stand und guckte sozusagen zu ihnen hinauf und wusste nicht, was in die Köpfe dieser Personen gefahren war. Ich habe das auch nicht als etwas Politisches gesehen. Es ist eigentlich meine erste Begegnung mit einem Thema gewesen, das mich später sehr beschäftigt hat: meine erste Begegnung mit der Massenpsychologie. Das zweite Mal, das ich Hitler sah, war eine ähnliche Situation, die sich von der anderen nicht wesentlich unterschied, nur durch das Umfeld etwas.

Dann bin ich in der Hitlerjugend, oder im Jungvolk zunächst, gewesen, eine Situation, die ich sicher nicht aus tiefer politischer Überzeugung, sondern aus konstitutionellem Antimilitarismus ablehnte. Ich fand das militärische Eingebundensein in eine solche große Organisation abstoßend und

19 Die Hamburger Lichtwarkschule wurde 1925 eröffnet und galt als Versuchsschule. Musisch-künstlerische und naturwissenschaftliche Fächer wurden hier besonders gefördert. Schüler und Lehrer gestalteten den Unterricht gemeinsam, es gab keine Geschlechtertrennung.

habe versucht, dem irgendwie zu entkommen. Schließlich habe ich dann irgendeiner Kunst- und Musikgruppe am Rande angehört.

Die erste wirkliche Konfrontation mit dem, was geschah, hängt zusammen mit einer jüdischen Malerin, die zu den engsten Freunden meiner Eltern gehörte: Alma del Banco. Sie wohnte in der Nähe unseres Hauses und wagte auch in der Zeit, als der Judenstern schon getragen werden musste, doch noch den Weg bis zu unserem Garten und zu unserem Haus und war da natürlich immer sehr willkommen. Sie stammte aus einer Familie, die durch irgendeine unmittelbare Beziehung zur Familie Richthofen[20] etwas privilegiert war, so dass Göring wohl zunächst seine Hand über sie hielt. Sie hatte das fragwürdige Privileg, vor der Abholung benachrichtigt zu werden. Wenige Tage vorher bekam sie einen Bescheid, wann sie abgeholt werden würde. Und dann weiß ich – ob ich das im Moment wirklich so voll erlebt habe oder ob da auch nachträgliche Berichte mit hinein spielen, ist mir nicht ganz klar –, dass mein Vater durch eine ehemalige Lichtwarkschülerin, die Ärztin war, sich ein tödliches Mittel beschafft hat und es dem Schwager, mit dem diese alte Malerin zusammenlebte, brachte. Sie hat sich, bevor sie abgeholt werden konnte, das Leben genommen. Sie war sicher weit über siebzig, weißhaarig inzwischen. Ich bin jetzt gerade durch kunstwissenschaftliche Arbeiten wieder auf ihren Namen, ihr Bild und ihre Lebensgeschichte gestoßen. Das waren damals sehr düstere Tage bei uns zu Hause. Die habe ich auch emotional noch sehr deutlich in Erinnerung.

Sie werden mich wahrscheinlich fragen, was ich von den Lagern gewusst habe. Ich wusste, dass es Konzentrationslager gab. Ich wusste aber nicht, dass es eine Vernichtungsmaschinerie gab. Das habe ich, wenn mich nicht alles täuscht, erst nach 1945 erfahren. Wir haben zwar ständig den englischen Sender, die BBC, gehört. Aber da kamen die Informationen, jedenfalls nach meiner Erinnerung, auch nicht so direkt vor, dass ich sagen könnte, ich hätte zu einem früheren Zeitpunkt von dem Holocaust und seinem wirklichen Ausmaß gewusst.

Aus der Schule erinnere ich mich – das ist vor einiger Zeit noch einmal zur Sprache gekommen, als ein Jubiläum der Schule stattfand, bei dem die ehemaligen Klassen zusammen kamen und wir uns im Vergleich zu DDR-Verhältnissen gefragt haben, wie das eigentlich damals mit Denunziationen war –, dass es in den Schulklassen deutlich abgegrenzt drei Fraktionen gab,

---

20 Wolfram Freiherr von Richthofen (1895–1945), Generalfeldmarschall, bis Oktober 1944 Oberbefehlshaber der Luftflotte 2 in Italien.

die alle voneinander wussten. Ohne das furchtbar wichtig zu nehmen, das muss man natürlich hinzufügen. Da waren die ganz wenigen Nazis, darunter Hitlerjugendführer. Da waren die ganz wenigen Anti-Nazis, zu denen ich auch gehörte. Und es gab eine recht breite Mittelschicht von Mitläufern und politisch Uninteressierten. Aber es war vollkommen klar, dass keiner den anderen je denunziert hätte. Das war bei den Lehrern nicht so. Wir hatten vielleicht ein oder zwei Lehrer, die antinazistisch waren. Und einer verschwand eines Tages. Wir wussten hinterher auch genau, welcher Lehrer der Denunziant war. Aber es gab auch einen Lehrer, der ganz offen – es ist mir bis heute ein Rätsel, wie das überhaupt möglich war – antinazistische Äußerungen tat, und zwar so, dass alle es hören konnten, und dem seltsamerweise dennoch nie etwas passiert ist. Ich erinnere, dass irgendeine offizielle Veranstaltung stattfand, eine Hitlerjugendveranstaltung oder Schulveranstaltung – alle erschienen damals in Braunhemden –, bei der zwei Schulfreunde von mir und ich in Zivil kamen. Und der Lehrer hat so laut, dass fast alle es hören konnten, gesagt: »Endlich mal ein paar Vernünftige in diesem Wahnsinn.« Das hätte ihn den Kopf kosten können. Aber er hat es überlebt.

Ich sollte hier auch den 20. Juli zur Sprache bringen. Dieser Tag ist mir sehr deutlich in Erinnerung. Mein Vater war damals wegen einer Operation in der Innenstadt Hamburgs im Krankenhaus und wurde dauernd von dem Krankenzimmer in einen Bunker transportiert, unmittelbar nach der Operation. Ich bin nach Luftangriffen mit einem Fahrrad, wir wohnten in einem Vorort, in Blankenese, in die Innenstadt gefahren, oft durch brennende Straßen, zum Teil auch an Toten vorbei, um zu sehen, ob er noch am Leben war. Am 20. Juli 1944, also ein Jahr nach den Großangriffen, hatte ich alle Nachrichten des englischen Senders in einer Geheimschrift, die ich mir angewöhnt hatte, aufgeschrieben, war zu meinem Vater gefahren, hatte ihm darüber berichtet und nachher meine Zettel in der Krankenhaustoilette weggespült. Mit so etwas durfte man ja nicht geschnappt werden. Das Seltsame und für mich auch heute Unbegreifliche ist, dass ich seit Weihnachten 1943 wusste, dass ein Umsturzplan bestand. Und zwar hatte ich einen Patenonkel, der eine große Rolle in meinem Leben gespielt hat. Er war Thomas-Kantor in Leipzig, Günther Ramin.[21] Er war ausgebombt worden mit seiner Familie, und sie waren nun bei uns Weihnachten in Hamburg untergebracht. Von ihm erfuhr ich, dass er Kontakt mit Carl

21 Günther Ramin (1898–1956) war seit 1939 Thomaskantor in Leipzig.

Goerdeler hatte und dass dieser ihn ganz offen auf der Straße gefragt hatte, »Wenn es mal so weit ist, dann sind Sie doch bei uns?«. Das finde ich unglaublich leichtfertig.

Und da Sie nach meinem Elternhaus gefragt haben: Es gab einen engen Kontakt meines Vaters zu dieser Ärztin, von der ich erzählt habe, dass sie das tödliche Mittel beschafft hatte. Sie kämpfte für die Situation der norwegischen Gefangenen. Nicht KZ-Gefangene, sondern viele Norweger, Widerstandskämpfer, saßen im Zuchthaus Hamburg-Fuhlsbüttel. Sie hat wirklich unter Lebensgefahr diesen Männern Mitteilungen von ihren Eltern zukommen lassen, Vitamintabletten und alles mögliche sonst noch mitgebracht, immer Kontakte zu den Familien aufrecht erhalten, ständig damit rechnend, dass es mal schief gehen würde. Und alle diese Dinge waren bei uns zu Hause deponiert. Das ist die einzige Geschichte, bei der das Elternhaus unmittelbar einmal in eine direkt bedrohliche Situation geraten ist. Sonst gab es keine Kontakte zum Widerstand.

H. Litzinger: Haben Sie sich persönlich als Heranwachsender bedroht gefühlt?

H. Jäger: Eigentlich nicht durch den nazistischen Staat, wohl aber durch den Krieg. Es ist schon eine wirklich singuläre Situation, wenn man fast jede Nacht in einen Luftschutzkeller gehen muss und die Stadt immer mehr in Trümmer zerfällt. Es verwischt sich ja im Gedächtnis manches. Aber ich habe neulich wieder Bilder davon gesehen. Hamburg war seit 1943 eine Trümmerstadt. Dadurch habe ich mich bedroht gefühlt. Und dann habe ich mich auch durch die Möglichkeit, dass der Krieg noch länger dauern könnte, bedroht gefühlt, durch die Vorstellung, ich könnte noch Soldat werden müssen. Immerhin bin ich noch sechs Wochen Luftwaffenhelfer gewesen. Da hat mich aber jener schon erwähnte Patenonkel heraus geholt, und zwar aufgrund eines Hitler-Erlasses, wonach jemand aufgrund seiner musikalischen Begabung – ich habe ja erzählt, dass Musik eine ziemlich große Rolle in meinem Leben spielt – freigestellt werden konnte zur Vorbereitung auf ein Hochschulstudium. Dadurch wurde ich unter den neidischen Blicken meiner Mitschüler von der Flak entlassen. Trotzdem ist es zu diesem Studium nicht gekommen, weil wegen des »totalen Krieges« Ende 1944 die Hochschulen geschlossen wurden. Ich habe im wahrsten Sinne des Wortes noch überwintert. Und dann kam das Ende des Krieges. Das ist für mich nun wirklich einer der glücklichsten Tage meines Lebens gewesen. Ich habe das nie als Niederlage, sondern immer als Befreiung empfunden. Ich habe mich zwar in der NS-Zeit unmittelbar als Person nicht bedroht gefühlt, aber ich hatte das Gefühl, dass, wenn ich in diesem Staat auf Dauer würde leben müssen, im Berufsleben und überhaupt als erwachsener Mensch, ich mir das nicht vorstellen könnte.

Die Nürnberger Prozesse als Initialerlebnis

Th. Horstmann: Warum haben Sie Jura und nicht Musik studiert?

H. Jäger: Ich habe – anders als manche Bekannte später geglaubt haben – nicht aufgrund irgendeiner bürgerlichen Vernunft meines Vaters die Musik aufgegeben, sondern weil nach 1945 für mich das Initialerlebnis dieser ganzen Zeit kam, nämlich die Nürnberger Prozesse und Prozesse, die ich in Hamburg unmittelbar miterlebt habe. Die Auseinandersetzung mit dieser Zeit war für mich so zentral, dass die Musik darüber zunächst vollkommen am Horizont verschwand. Ich habe eine ganze Weile darüber nachgedacht, was ich beruflich aus diesem Interesse machen sollte. Ich habe auch an ein Geschichtsstudium gedacht oder an ein sozialpsychologisches Studium. Es war nicht unbedingt die Jurisprudenz. Die Tatsache, dass ich aber doch vor allem einen Eindruck von dieser Zeit durch Prozesse bekommen habe, hat mich dann zum juristischen Studium gebracht.

Th. Horstmann: Sind Sie einfach in diese Prozesse hineingegangen?

H. Jäger: Nürnberg habe ich nicht unmittelbar erlebt. Aber ich habe täglich die Rundfunkberichte gehört und alles, was an Presse und Material da war, gelesen. Die Nürnberger Prozesse sind wirklich ein auslösendes Erlebnis gewesen, aber – wie mir doch klar geworden ist – kein eigentlich juristisches Ereignis. Ich habe es eher damals so empfunden – ich wusste ja von Juristerei eigentlich noch gar nichts –, dass die Personen, die ich als politisch Handelnde erlebt hatte, plötzlich in die Situation kamen, über ihr Leben Rechenschaft ablegen zu müssen. Ich will das mal ganz unjuristisch ausdrücken, so wie es auch den Tatsachen eigentlich entsprach: Ich habe das eigentlich eher als eine Art – den Begriff habe ich damals natürlich nicht gekannt – Psychoanalyse erlebt oder doch jedenfalls wie eine Reflexion über Geschichte. Das hat mich sehr fasziniert.

Unmittelbar erlebt habe ich eigentlich nur drei Prozesse. Das eine ist der Prozess gegen den Filmregisseur Veit Harlan[22]. Den habe ich von vorne bis hinten mitgemacht, übrigens zeitweise Seite an Seite mit dem ja jetzt aus ganz anderen Gründen bekannten Ralph Giordano, der damals Journalist der kommunistischen *Hamburger Volkszeitung* war. Sein Bruder, der damals noch lebte, war der zweite Journalist, mit dem ich viel Kontakt hatte. Von dem Prozess gegen Veit Harlan habe ich in Erinnerung, dass die ganze UFA-Elite auf mich einen ziemlich niederschmetternden Eindruck machte und sich in einer Weise herumdrückte um klare Aussagen, wie ich mir das eigentlich vorher nicht so vorgestellt hätte.

Der zweite war der Prozess gegen den Generalfeldmarschall von Manstein[23]. Und der dritte Prozess war der gegen Angehörige des Lagers Ravensbrück. Bei diesem Prozess habe ich die deutliche Erinnerung, dass ich am ersten Tage die Angeklagten und unter den Angeklagten eine auf mich sehr sympathisch wirkende Frau sah, von der ich in meiner damaligen Naivität dachte, die sieht so sympathisch aus, die kann nichts Schlimmes getan haben. Die könnte zum Freundeskreis meines Elternhauses gehören. Die große Ernüchterung kam, als ich erfuhr, was ihr vorgeworfen wurde. Es waren Menschenversuche, im Wesentlichen. Sie war Ärztin. Später habe ich natürlich, als ich an dieser Thematik arbeitete, auch wieder Prozesse, unter anderem den Auschwitz-Prozess, verfolgt. Aber das sind ja nicht die

---

22 Veit Harlan (1899–1964), Filmregisseur, drehte Propagandafilme wie *Verwehte Spuren* (1938) und *Kolberg* (1944). Heute noch bekannt ist er für den von Goebbels in Auftrag gegebenen antisemitischen Hetzfilm *Jud Süß* (1940); 1947–1952 wurde Harlan in mehreren Gerichtsverfahren aufgrund der Inszenierung von *Jud Süß* wegen Verbrechens gegen die Menschlichkeit angeklagt. Die Verfahren endeten mit einem Freispruch. Ab 1951 arbeitete Harlan wieder als Filmregisseur, seine Autobiographie mit dem Titel *Im Schatten meiner Filme* erschien nach seinem Tod 1966.

23 Erich von Manstein, Generalfeldmarschall (1887–1973), ab November 1942 Oberbefehlshaber der Heeresgruppe Don, dann Süd, gelangte 1945 in britische Kriegsgefangenschaft, wurde 1949 von einem britischen Gericht zu 18 Jahren Haft verurteilt und 1953 vorzeitig entlassen. Manstein hatte als Militärstratege teilweise maßgeblichen Anteil an den Siegen der deutschen Wehrmacht. An dem militärischen Widerstand, der auf ihn gehofft hatte, wollte er sich nicht beteiligen. 1941 forderte er in einem Tagesbefehl (20.11.): »Das jüdisch bolschewistische System muß ein für alle Mal ausgerottet werden, der deutsche Soldat hat nicht allein die Aufgabe, die militärischen Machtmittel dieses Systems zu zerschlagen. Er tritt auch auf als Träger einer völkischen Idee und Rächer für alle Grausamkeiten, die ihm und dem deutschen Volk zugefügt wurden.« Diese Aufforderung zu einer enthemmten Kriegführung der deutschen Wehrmacht war nach 1945 einer der Gründe für seine Verurteilung.

Prozesse, nach denen Sie im Moment fragen. Wir sind noch bei einer anderen biographischen Station.

H. Litzinger: Was hatten Sie sonst für einen Eindruck von den Angeklagten?

H. Jäger: Sehr genaue Erinnerungen, außer diesem ersten Eindruck, habe ich daran eigentlich nicht. Ich habe sehr deutlich ein optisches Bild von dem Feldmarschall von Manstein. Veit Harlan habe ich als einen agilen Regisseur, der auch im Gerichtssaal ein bisschen Regie führte, erlebt. Ich habe hinterher erfahren, dass der Vorsitzende dieses Gerichts ein schlimmer Nazi-Jurist gewesen ist.[24] Aber ich bin mir ziemlich sicher, dass der Freispruch damit nichts zu tun hat. Ich hätte Harlan wahrscheinlich auch frei gesprochen. Denn dass das Drehen eines Filmes ein Verbrechen gegen die Menschlichkeit ist, das ist nicht leicht zu begründen. Ich hätte wahrscheinlich auch gesagt: *Nullum crimen sine lege*[25]. Das ist zwar unmoralisch, aber nicht rechtswidrig.

Studienjahre

H. Litzinger: Sind Sie in diese Prozesse gegangen, noch bevor Sie angefangen haben zu studieren?

H. Jäger: Ja, das war vorher. Ich habe erst 1949 angefangen zu studieren. Diese Prozesse waren ein Hauptmotiv für mein Studium. Als ich dann in Hamburg anfing, Jura zu studieren, merkte ich – ein bisschen zielt ja eine Ihrer Fragen darauf hin –, dass das juristische Studium mit dieser Materie

24 Am 3. März 1949 begann der Prozess im Schwurgerichtssaal am Hamburger Landgericht. Als Zeugen sagten u.a. Gustaf Gründgens, Werner Krauss, Willy Forst oder Wolfgang Liebeneiner zugunsten von Harlan aus. Am 23. April sprach das Schwurgericht unter Vorsitz von Landgerichtsrat Walter Tyrolf den Regisseur aus Mangel an Beweisen frei: Es sei nicht zu beweisen, dass aufgrund des Films einem Juden Leid geschehen sei. Tyrolf selbst war Mitglied der NSDAP und als Staatsanwalt des Sondergerichts Hamburg verantwortlich für zahlreiche Todesurteile. Unmittelbar nach der Urteilsverkündung legte die Staatsanwaltschaft Revision ein. Am 12. Dezember hob der Oberste Gerichtshof der britischen Zone in Köln das Hamburger Urteil auf. Der Fall wurde zur erneuten Verhandlung an das Schwurgericht in Hamburg zurückgewiesen. Am 29. April 1950 wurde Harlan dann erneut freigesprochen, da er sich in einer Art Befehlsnotstand befunden habe. Nur aus Furcht um Freiheit und Leben habe Harlan, der kein Antisemit gewesen sei, den Regieauftrag angenommen.

25 *Nullum crimen, nulla poena sine lege*, lat.: Kein Verbrechen, keine Strafe ohne Gesetz.

überhaupt nichts zu tun hatte. Ich habe nicht eine einzige Vorlesung gehört, in der das auch nur als Randthema vorkam. Stattdessen merkte ich plötzlich, dass die Juristen sich mit völlig anderen Fragen beschäftigen. Ich habe wirklich eine Weile gedacht, wo bin ich hier eigentlich hingeraten? Denn ich hatte die naive Vorstellung, Juristerei nach 1945 ist Auseinandersetzung mit dem Holocaust, mit Völkermord. Ich habe auch mit Verbrechen damals immer die Massenverbrechen des Staates verbunden. Ich wusste noch gar nicht, was Betrug und Untreue und Unterschlagung war, kann mich auch nicht erinnern, dass ich über die alltäglichen Straftaten, über Mordfälle etwa, in der Zeitung irgendetwas gelesen habe. Die spielten damals auch nicht annähernd die Rolle, die sie heute in der Boulevardpresse spielen. Ich kannte das Wort Genozid nicht. Und ich wusste nicht, was Völkermord war – Kriegsverbrechen im weiteren Sinne schon. Aber im Grunde war das identisch für mich mit dem Begriff des Verbrechens. Das hat dann meine spätere berufliche Entwicklung entscheidend bestimmt.

Allerdings ließe sich vielleicht sagen, ich hätte ja das Studium aufgeben können. Das habe ich aber dann doch nicht getan. Ich kann nicht ganz genau sagen, weshalb. Später habe ich dann doch häufig gedacht: Was wäre eigentlich gewesen, wenn ich nicht die Möglichkeit gehabt hätte, Hochschullehrer zu werden? Wenn ich Richter geworden wäre, Anwalt, hätte ich mich mit allem, nur mit dem kaum beschäftigt, was mich damals motiviert hat. Insofern war es ein Glücksfall, dass ich die Möglichkeit hatte, nachher mich zu habilitieren und wissenschaftlich an dieser Thematik irgendwie dranzubleiben.

Außer meiner späteren Habilitationsschrift[26] gibt es ein zweites Buch: »Makrokriminalität«[27]. Das ist für mich gleichsam der zweite Band, der in die Gegenwart hinein die Linie verlängert. Und der Schlusspunkt waren dann drei Aufsätze, die ich für die Zeitschrift »Mittelweg« und für einen Band »Strafgerichte gegen Menschheitsverbrechen« geschrieben habe.[28] Insofern war es, als ich 1993 in Frankfurt emeritiert wurde, gut, dass ich in dem Reemtsma'schen Hamburger Institut für Sozialforschung eine Weile habe arbeiten können, auch im Verbund mit anderen Wissenschaftlern, eben den Autoren dieses Bandes, von dem ich gerade gesprochen habe.

26 Jäger (1967), *Verbrechen.*

27 Jäger, *Makrokriminalität.*

28 Jäger (1992), »Strafrechtsschutz«; ders. (1993), »Kriminalisierung«; ders. (1995), »Makrokriminalität als Gegenstand des Völkerstrafrechts«.

Th. Horstmann: Wie war das damals, als Sie in Hamburg studierten? Wie war die Situation?

H. Jäger: Es war natürlich ein gänzlich anderes studentisches Klima als etwa nach 1968. Ich glaube, wir Studenten haben uns im Wesentlichen alle gesiezt.

H. Litzinger: Gab es belastete Hochschullehrer?

H. Jäger: Ich weiß darüber im Einzelnen nur wenig. Die beiden Strafrechtslehrer, bei denen ich promoviert und mich dann habilitiert habe – Heinrich Henkel und Rudolf Sieverts – standen dem Regime wohl im ganzen positiv gegenüber und waren jedenfalls keine Gegner des Systems. In Arbeiten von Henkel war eine Nähe zu nationalsozialistischem Gedankengut unverkennbar. Sieverts hatte wohl irgendetwas mit der Reichsjugendführung zu tun.[29] Wirklich Genaues kann ich aber darüber heute aus der Erinnerung nicht sagen. Beiden würde ich auch im Rückblick wirklich Böses nicht zutrauen. Henkel hatte nach meinem Eindruck ein eher schöngeistiges Verhältnis zur Wirklichkeit, jedenfalls kein realpolitisches. Dass er damals wirklich begriffen hat, worauf das alles hinauslief, erscheint mir ziemlich zweifelhaft.

Th. Horstmann: Und Sie haben dann das erste Staatsexamen gemacht und das Referendariat?

H. Jäger: Ich habe nach dem ersten Staatsexamen, bevor ich Referendar wurde, promoviert. Ich habe mir den Luxus geleistet, ungefähr zweieinhalb Jahre auf die Promotion zu verwenden und noch nicht in den Referendardienst zu gehen.[30] Allerdings habe ich viele Dinge nebenher gemacht. Ich habe Kurse an der Volkshochschule gegeben. Und ich habe Strafverteidigungen am Jugendgericht übernommen. Als geprüfter Rechtskandidat konnte man dort verteidigen. Es war ja das neue Jugendgerichtsgesetz 1953 eingeführt worden, das die Altersgrenze von 18 auf 21 Jahre ausgedehnt hatte. Es gab damals einen ausgesprochenen Mangel an Jugendstrafverteidigern. Also hat man mich gefragt, ob ich das machen will.

---

29 Rudolf Sieverts arbeitete ab 1937 in einem Unterausschuss für Jugendstrafrecht unter der Leitung von Friedrich Schaffstein an einem Entwurf für ein neues Jugendgerichtsgesetz, das 1943 erlassen wurde. Dieses Reichsjugendgerichtsgesetz wird heute als autoritärer Bruch mit dem liberalen Erziehungsstrafrecht bewertet, wie es das Jugendgerichtsgesetz von 1923 darstellte. Sieverts wurde nach dem Krieg Vorsitzender der Deutschen Vereinigung für Jugendgerichte und Jugendgerichtshilfen (DVJJ).

30 Das Thema der von Heinrich Henkel betreuten Dissertation lautete *Strafgesetzgebung und Rechtsgüterschutz bei Sittlichkeitsdelikten* (Beiträge zur Sexualforschung, Heft 12, Stuttgart 1957).

H. Litzinger: Hatten Sie Freunde, die sich genauso wie Sie für diese Prozesse nach Kriegsende interessiert haben?

H. Jäger: Kaum. Ein Schulfreund ist gelegentlich mal mitgekommen. Dieses ausgesprochene Interesse habe ich aber eigentlich sonst nicht erlebt.

Th. Horstmann: Von Ihren Kollegen in Königstein, mit denen wir bislang gesprochen haben, hat keiner einen Prozess besucht. Außer als Verteidiger.

H. Jäger: Mir fällt in diesem Zusammenhang nur Bernhard Schlink ein, der als Verfassungsrechtler eine Weile mein Kollege in Frankfurt war. Sein berühmt gewordenes Buch »Der Vorleser« lässt ja sein großes Interesse an der Materie erkennen. Wir haben über sein Buch auch einmal miteinander korrespondiert und dabei die Parallelen, die es in dieser Hinsicht in unseren Lebensgeschichten gab, kurz angesprochen.[31]

Ich habe bis zum heutigen Tag überhaupt nicht so recht fassen können, dass die Literatur über viele subtile juristische Fragen ganze Bücherregale füllt. Wenn man dagegen auf diese Thematik kommt, dann sind es wirklich nur ganz wenige, die sich dazu überhaupt geäußert haben, etwa Hanack oder Jescheck.[32] Das ist mir bis heute unverständlich geblieben. Ich habe das eigentlich immer für unerträglich gehalten. Diese Thematik hätte eigentlich die Thematik für ein Institut für Genozid-Forschung sein müssen. Ich habe gedacht, es müsse doch nach 1945 ein großes Forschungsprojekt oder ein Institut geschaffen werden, wo unter Beteiligung aller möglichen wissenschaftlichen Disziplinen diese Dinge ergründet und erforscht werden. Dass das einem Habilitanden – einem Anfänger also – damals überlassen blieb, ist, finde ich, schon eine Schande. Später habe ich dann erlebt, wie es besser hätte gehen können. Denn ich bin an der Terrorismus-Forschung beteiligt gewesen. Es gab ein Terrorismus-Projekt – damals noch in Bonn – in den Jahren 1978 bis 1981.[33] Das war interdisziplinär besetzt.

31 Schlink (1995), *Vorleser.* Schlink ist heute Professor für Öffentliches Recht an der Humboldt-Universität zu Berlin. In dem Roman entscheidet sich der Protagonist für ein Jurastudium und sieht als Prozessbeobachter in einem NS-Verfahren unerwartet die ältere Frau auf der Anklagebank sitzen, mit der als Heranwachsender ein Liebesverhältnis hatte.

32 Siehe zu Hanack das nächste Gespräch, zu Jescheck vor allem: Jescheck (1952), *Verantwortlichkeit.* Jescheck war lange Direktor des Max-Planck-Instituts für ausländisches und internationales Strafrecht in Freiburg i. Br.

33 Siehe Jäger/Schmidtchen/Süllwold (1981), *Lebenslaufanalysen.*

Und das war eigentlich eine Forschungssituation, wie ich sie mir auch für dieses Thema gewünscht hätte.

Die Arbeit an »Verbrechen unter totalitärer Herrschaft«

Th. Horstmann: War es für Sie schwierig, Ihr Thema bei Professor Sieverts vorzuschlagen?

H. Jäger: Nein. Vielleicht hing das ein wenig mit der persönlichen Vorgeschichte zusammen. Sieverts wie Henkel haben mich zwar vor meinem Vorhaben, die NS-Verbrechen zum Gegenstand meiner Habilitationsschrift zu machen, ganz vorsichtig gewarnt. Als sie aber merkten, dass ich von meinem Plan nicht abzubringen war, haben mich beide sehr unterstützt, wofür ich ihnen auch heute noch dankbar bin. Sieverts, dessen Assistent ich war, hat mich oft und auch für längere Zeit von meinen Assistentenpflichten freigestellt, um mir Forschungsreisen nach Paris, Amsterdam, München und zur Zentralstelle der Landesjustizverwaltungen in Ludwigsburg zu ermöglichen.

Th. Horstmann: Können Sie etwas über Ihre Eindrücke in Ludwigsburg oder in Paris sagen?

H. Jäger: In Ludwigsburg habe ich mich mehrere Wochen mit den dortigen Staatsanwälten zusammengesetzt und Material aufgearbeitet. Ich habe dort Zugang zu allem gehabt, sie haben mich sehr unterstützt. Zunächst war noch Schüle der Leiter, dann war es Rückerl[34]. In Paris bin ich vor allem mit einem jüdischen Historiker häufiger zusammengekommen, Léon Poliakov[35], mit dem ich mich übrigens ähnlich »konspirativ« getroffen habe wie heute mit Ihnen, also mit einer Zeitung unter dem Arm. Wir mussten uns ja erkennen. Er hatte, glaube ich, eine Blume bei sich. Wir trafen uns

34 Oberstaatsanwalt Erwin Schüle war zunächst Vertreter der Anklage im Ulmer Einsatzkommandoprozess 1958 und dann erster Leiter der Zentralen Stelle in Ludwigsburg von deren Gründung 1958 bis 1966; sein Nachfolger Adalbert Rückerl war Leiter der Zentralen Stelle von 1966 bis 1984.

35 Léon Poliakov (1910–1997), in St. Petersburg geboren, lebte seit 1919 in Frankreich und verfasste zahlreiche Arbeiten zur Geschichte der Juden, wie die zusammen mit Joseph Wulf veröffentlichte Dokumentationsreihe über *Das Dritte Reich und die Juden* (1955), Das *Dritte Reich und seine Diener* (1957) und *Das Dritte Reich und seine Denker* (1959) sowie vor allem das mehrbändige Standardwerk *Geschichte des Antisemitismus* (1979), vgl. zum wissenschaftsgeschichtlichen Kontext Berg, *Holocaust*, S. 323–370.

mehrfach im »Centre de Documentation Juive Contemporaine« in Paris. In Amsterdam bin ich in dem »Rijksinstituut voor Oorlogsdocumentatie« gewesen.

Ich habe immer große Probleme damit gehabt, dass es eigentlich nicht hätte von einem Einzelnen gemacht werden dürfen.

Th. Horstmann: Sie haben dann im Vorwort mehreren Personen gedankt. Sie fangen mit Hannah Arendt an. Welchen Kontakt hatten Sie zu ihr?

H. Jäger: Hannah Arendt – im Wesentlichen galt der Dank dem, was ich ihr durch die Lektüre verdankt habe. Persönlich haben wir uns leider nie kennen gelernt. Wir hatten einen Briefwechsel, der sich aber auf drei, vier Briefe beschränkte. Wir wollten uns immer treffen. Sie schrieb mir, es sei »eine Schande, dass wir das noch nicht zustande gekriegt haben«. Dann hatte ich angekündigt, ich würde sie bei einem Aufenthalt in New York besuchen. Aber vorher starb sie. Es ist auf diese Weise leider nie zu einer Begegnung gekommen, obwohl das, was ich von ihr gelesen habe, und ich denke vor allem an »Elemente und Ursprünge totaler Herrschaft«, sehr wichtig für mich gewesen ist – vielleicht gar nicht einmal in den Details, aber als Impuls und Anregung. Und auch den »Eichmann« habe ich mit großem Interesse gelesen – bei aller Problematik dieses Buches.[36]

H. Litzinger: Wie würden Sie die Problematik des Buches beschreiben?

H. Jäger: Es steckt natürlich sehr viel journalistische Subjektivität darin. Ein Historiker, der den Prozess verfolgt hätte, würde mit Sicherheit nicht so direkt über seine Empfindungen, etwa sein Gelächter über Eichmann, geschrieben haben. Aber das Buch war trotzdem sehr wichtig für mich. Ich finde, es muss auch erlaubt sein, subjektiv zu reagieren, auch in diesem Bereich. Ich habe nachher mit einem gewissen Entsetzen die Kontroverse über dieses Buch gelesen und lese im Moment gerade mit einem gewissen Befremden – übrigens aus einem anderen Grund – Arendts Denktagebuch aus den Jahren 1950 bis 1973.[37] Eichmann und der Prozess kommen fast gar nicht darin vor, ich glaube, nur an einer einzigen kurzen Stelle. Es kommt überhaupt die Wirklichkeit nicht vor. Es ist im Wesentlichen eine theoretische Auseinandersetzung mit Literatur, also Material, Exzerpte im Hinblick auf das, was sie schreiben wollte, vielleicht auch im Hinblick auf Vorlesungen. Es hat mich eigentlich enttäuscht. Es ist nicht das, was ich mir erhofft hatte: dass auch von ihren eigenen Erfahrungen und Erlebnis-

36 Arendt (1955), *Elemente*; dies. (1964), *Eichmann*; zur zeitgenössischen Auseinandersetzung um Arendts Buch siehe Krummacher (1964), *Kontroverse*.

37 Arendt (2002), *Denktagebuch*.

sen sich einiges darin widerspiegeln würde. Es kommt mal ihre Verletztheit durch die Angriffe, die sie erdulden musste, zur Sprache, aber auch das nur ganz am Rande.

Th. Horstmann: Mit wem hatten Sie noch Kontakt?

H. Jäger: Ich hatte mit Fritz Bauer engeren Kontakt. Staatsanwalt Koch aus Hamburg[38] verschaffte mir Material. Die Situation für Akten- und Materialbeschaffung ist ja nicht geregelt. Ich glaube, das ist heute auch nicht anders. Viele haben abgelehnt, ihre Akten herauszugeben: Gerichte, aber auch Staatsanwaltschaften. Dann habe ich mir eben auf Umwegen die Urteile beschafft. Dabei waren Frau Just-Dahlmann und Fritz Bauer unglaublich hilfreich. Bauer habe ich übrigens in ganz anderem Zusammenhang kennen gelernt, in einer Arbeitsgemeinschaft über die Reform des Strafvollzugs. Da haben wir uns häufiger gesehen. Dann haben wir 1963 zusammen mit den Hamburger Psychiatern Bürger-Prinz und Giese das Buch »Sexualität und Verbrechen«[39] herausgegeben. Daran war Bauer maßgeblich beteiligt. Da ich damals, noch als Assistent, die redaktionelle Arbeit gemacht habe, musste ich ihn auch häufiger sehen. Dann interessierte er sich sehr für das Buch, das ich schreiben wollte, und hat mich vor allem durch Urteile und Materialhinweise unterstützt. Wir haben auch miteinander korrespondiert.

Th. Horstmann: Sie haben damals an Frau Just-Dahlmann[40] geschrieben, sie seien gespannt, wie die Professoren auf dem Ei Ihrer Arbeit brüteten. Hatten Sie Angst, dass es Probleme geben könnte?

H. Jäger: Nein, ich habe eigentlich keine Angst hinsichtlich der Gutachten gehabt. Aber ich habe natürlich, aus den Gründen, die ich schon genannt habe, die Sorge gehabt: Schaffe ich das eigentlich? Kann ich diese Thematik bewältigen? Und ich habe zunächst auch eine Weile gebraucht – in der ich versucht habe, mich bei allen möglichen Personen über die Materialsituation zu informieren, um zu sehen, hat das eine Chance, an so etwas überhaupt heranzugehen. Etwas größenwahnsinnig kam ich mir damals

---

38 Vgl. zu Staatsanwalt Gerhard Koch Just-Dahlmann/Just, *Gehilfen*, S. 50, S. 180 ff.

39 Bauer/Bürger-Prinz/Giese/Jäger, *Sexualität.*

40 Die Mannheimer Staatsanwältin Barabara Just-Dahlmann und ihr Ehemann Helmut Just engagierten sich seit Anfang der 1960er Jahre sehr dafür, dass NS-Täter weiterhin verfolgt und von den Gerichten zu angemessenen Strafen verurteilt würden. Das Ehepaar Just korrespondierte zu diesem Thema unter anderem mit Fritz Bauer, Henry Ormond, Herbert Jäger, Ernst Friesenhahn und anderen Teilnehmern der Königsteiner Tagung. Jägers Engagement auch im Vorfeld des Juristentages 1966 wird in dem oben genannten Buch *Die Gehilfen* dargestellt.

schon vor, das muss ich gestehen. Und dieser »Größenwahn« hat dann eben gelegentlich auch mal zu Momenten der Resignation und der Angst geführt, abgesehen davon, dass es für jemanden in meinem Alter unglaublich deprimierend war, in welchem Tatsachenmaterial man sich da ständig zu bewegen hatte. Ich erinnere, dass auch Staatsanwälte in Ludwigsburg gesagt haben, »wir waten hier eigentlich ständig in Blut. Wie können wir das hier eigentlich aushalten?«

Ich hatte den Eindruck, das wurde in Ludwigsburg gelegentlich mit Alkohol weggetrunken. Aber es war eine sehr kooperative Atmosphäre, die ich dort vorfand und damals als sehr positiv empfunden habe.

Ich muss vielleicht einen kleinen Schlenker hier an dieser Stelle machen, zu meinem Eichmann-Aufsatz.[41] Der Aufsatz war zunächst ein Vortrag im Bayerischen Rundfunk. Der Bayerische Rundfunk hatte ein drittes Programm, das relativ linksliberal war. Gerhard Szczesny, der Gründer der Humanistischen Union, war damals der Leiter dieses dritten Programms. Mein Eichmann-Vortrag war im dritten Programm ausgestrahlt worden und sollte daraufhin in der *Monatsschrift für Kriminologie* veröffentlicht werden. Dann passierte etwas, was mich damals ziemlich getroffen hat: Der Verlag, der die *Monatsschrift für Kriminologie* herausgibt, fand den Text so heikel, dass er ihn anderen kritischen Lesern, insbesondere zwei jüdischen Emigranten, einem Juristen in Dänemark und auch noch jemand Zweitem, vorgelegt hat mit der Frage, ob man das überhaupt veröffentlichen dürfe. Der Verlag hatte wirklich Angst, dass er sich damit in die Nesseln setzen könnte. Der Jurist hat dann ganz vergnügt aus Dänemark geschrieben, selbstverständlich könne der Aufsatz veröffentlicht werden. Erst dann hat sich auch mein Lehrer Sieverts entschlossen, ihn in die Monatsschrift aufzunehmen. Das war das erste Erlebnis mit diesem Text.

Und dann, bevor der Aufsatz gedruckt wurde, erschien ein Aufsatz in der DDR-Zeitschrift »Neue Justiz« von dem damaligen DDR-Generalstaatsanwalt Streit – so hieß er nun auch noch – unter dem Titel: »Die Bonner Justizkrise verschärft sich«. Darin kommt, glaube ich, Frau Just-Dahlmann gut weg, mein Vortrag aber gar nicht, sondern er wird – wie gesagt vor dem Druck, das muss man wirklich sehr betonen – bezeichnet als eine Verteidigung nicht nur von Auschwitz, sondern auch noch von Hiroshima. Das ist nun wirklich absolut grotesk, wenn man den Text liest. Da werden Sätze, die von Eichmann-Verteidiger Servatius in Jerusalem

41 Jäger (1962), »Betrachtungen«.

stammen, mir in die Schuhe geschoben. Dieser Aufsatz von Streit war wirklich übel. Damals habe ich mit Fritz Bauer telefoniert. Er wollte versuchen, irgendetwas zu unternehmen, aber es ist ihm nicht gelungen.

Dann habe ich später einmal einen – mir war das klar – bewusst naiven Vorstoß unternommen. Ich bin irgendwann, noch Ende der sechziger Jahre, in Ostberlin gewesen, dort zur Generalstaatsanwaltschaft gegangen und habe versucht, Herrn Streit zu sprechen. Ich kam an ein Gebäude, das ich wie ein etwas kleineres NATO-Hauptquartier kennzeichnen würde, also mit Laufzetteln von einem Punkt zum nächsten, dann wieder Anmeldung und wieder neue Laufzettel. Schließlich, als ich in die Nähe des Vorzimmers vorgedrungen war, wurde mir gesagt, Streit sei leider nicht da, was natürlich gelogen war. Nachdem ich schon so weit gekommen war! Auch die Außenposten werden ja gewusst haben, ob er da war oder nicht. Kurze Zeit später hat der Ostberliner Kollege Lekschas mich gefragt, ob ich nicht einen Vortrag an der Humboldt-Universität halten wolle. Ich habe ihm geschrieben, und zwar mit einer gewissen Aggressivität: Bevor das nicht korrigiert sei, würde ich den Boden der DDR nicht betreten. Denn als Verteidiger von Auschwitz und Hiroshima träte ich da nicht auf. Er hat mir sehr freundlich zurück geschrieben und gesagt, er würde versuchen, sich mit Herrn Streit darüber auseinander zu setzen. Davon habe ich nie wieder etwas gehört. Nur kam ich dann mit freundlichen Worten in seiner »Sozialistischen Kriminologie« vor. Das war sozusagen eine stellvertretende Wiedergutmachungsleistung, so habe ich das jedenfalls empfunden.

Mein Aufsatz damals war für mich übrigens ein kleiner »Versuchsballon«: Es war ja das erste Gedruckte, was ich auf diesem Gebiet überhaupt von mir gegeben hatte, die Vorarbeit zu einer Vorarbeit, und doch war das nun schon mit merkwürdigen Skandalgeschichten behaftet. Das war für mich ein seltsames Erlebnis. Ich glaube, dass das später wohl nicht denkbar gewesen wäre.

H. Litzinger: Hatten Sie den Eindruck, dass Gerichte gerade wegen Ihrer Thematik es ablehnten, mit Ihnen zu kooperieren?

H. Jäger: Das weiß ich nicht. Es kann auch Faulheit gewesen sein. Es können manchmal ganz triviale Gründe gewesen sein. Ich kann keine Hintergründigkeiten entdecken.

Th. Horstmann: Sie schreiben an einer Stelle an Frau Just-Dahlmann, dass Sie jetzt die Ferien im Gerichtssaal verbracht hätten. Wie viele Prozesse haben Sie sich dann auch noch direkt angesehen? Oder haben Sie hauptsächlich mit den Materialien selbst gearbeitet?

H. Jäger: Worauf diese Bemerkung sich bezieht, weiß ich nicht. Aber ich habe natürlich vor allem die Semesterferien ausgenutzt, um Prozesse mitzumachen. Manches von diesem Material ist mir auch später dann in meiner Frankfurter Universitätstätigkeit zugute gekommen. Das Klima war für solche grenzüberschreitenden Problembereiche in Frankfurt so günstig, dass ich wirklich Glück gehabt habe, gerade dort gelandet zu sein. In Frankfurt habe ich zum Beispiel über den Shoa-Film von Claude Lanzmann ein Seminar gemacht und über Fechners Majdanek-Prozess[42]. Ich habe damals über ein ganzes Semester Ausschnitte des Filmes gezeigt und dann darüber mit den Studenten gesprochen. Das wäre an anderen Fakultäten schwer gewesen. In Frankfurt nicht, das muss ich dankbar, im Hinblick auf diese Situation, sagen.

H. Litzinger: Wie muss man sich denn dann in den sechziger Jahren das Interesse der Öffentlichkeit an diesen Prozessen vorstellen? Oder wie reagierte die Öffentlichkeit zu dem Zeitpunkt?

H. Jäger: Ich weiß nicht recht, wie ich Reaktionen der Öffentlichkeit überhaupt einigermaßen objektiv habe wahrnehmen können, weil man ja doch immer nur kleine Ausschnitte der Wirklichkeit erlebt. Ich glaube aber doch sagen zu können, dass die Abwehr gegen die ganze Thematik sehr groß war. Verbrechen der NS-Zeit wurden oft als weniger gravierend betrachtet als die Erscheinungsformen der Alltagskriminalität, etwa aktuelle Mordfälle. Oft wurde darauf verwiesen, dass diese Verbrechen schließlich etwas mit dem Krieg zu tun gehabt hätten und in Situationen des Befehlsnotstandes begangen worden waren, was jedoch eindeutig – auch in meiner eigenen Arbeit – widerlegt werden konnte.

Überhaupt finde ich eindrucksvoll – das ist für mich später auch ein Thema geblieben –, wie unterschiedlich die Reaktion der Öffentlichkeit auf Individual- und auf staatliche Kollektivverbrechen ist. Denn während in Deutschland diese großen NS-Prozesse stattfanden, fand ja in Amerika der Prozess gegen Charles Manson, den Mörder von Sharon Tate, statt. Mordprozesse wie diese haben damals die Öffentlichkeit aufgerührt, während die NS-Prozesse eher an den Rand gerieten, ähnlich wie später die Vietnam-Thematik. Die My Lai-Prozesse sind wohl eine ziemliche Katastrophe

42 Claude Lanzmann arbeitete zwölf Jahre an der neunstündigen Dokumentation *Shoah – Die Vernichtung des europäischen Judentums* (Uraufführung 1985 in Paris, Erstsendung im bundesdeutschen Fernsehen 1986); *Der Prozeß*, ein Dokumentarfilm (1975–1981) über den Prozess gegen die Mörder im KZ Majdanek von Eberhard Fechner wurde erstmals 1984 im Norddeutschen Rundfunk ausgestrahlt.

gewesen, was die öffentliche Reaktion betrifft. Der verantwortliche Leutnant Calley ist schließlich ziemlich schnell begnadigt worden durch den Präsidenten.[43] Aber das führt uns jetzt vom Thema ab.

Th. Horstmann: Haben Sie das bei dem Auschwitz-Prozess[44] auch so wahrgenommen? Es sind ja unzählige Artikel erschienen, so dass man heute den Eindruck hat, da entstand ein neues Interesse.

H. Jäger: Der Prozess war, wenn ich da war, eigentlich immer gut besucht. Aber es kommt ja immer darauf an: Wer ging da eigentlich hin? Es gingen ja eigentlich immer die Falschen hin, eigentlich diejenigen, die nicht mehr aufgeklärt werden mussten, aber sich für die Thematik interessierten. Ich habe in Erinnerung, dass es wohl – übrigens auch in Amerika – eine Diskussion gab, die aus der zeitlichen Parallelität des Auschwitz-Prozesses und des so genannten Milgram-Experiments[45] entstand. Das wurde dann zu so einer Art Entlastungsargument: Da sieht man, jeder kann in diese Situation der Befehlsbefolgung kommen und verhält sich auch nicht anders. Es scheint auch die Amerikaner beunruhigt zu haben.

---

43 In dem vietnamesischen Dorf My Lai töteten US-amerikanische Soldaten am 16. März 1968 etwa 500 vietnamesische Zivilisten, darunter Kinder, Frauen und alte Menschen. Prozesse gegen die verantwortlichen Offiziere wegen Mordes fanden 1969–1971 in den USA statt. Der befehlshabende Offizier Calley wurde 1971 von einem Militärgericht zu lebenslanger Zwangsarbeit verurteilt. Präsident Nixon wandelte umgehend die Strafe in Hausarrest um und kündigte eine Überprüfung der Strafe an. 1974 wurde Calley dann begnadigt.

44 Der Auschwitz-Prozess fand ab 1963 in Frankfurt am Main statt. Zu dem Prozess hat das Frankfurter Fritz-Bauer-Institut eine große Ausstellung entwickelt: »4 Ks 2/63. Historisch-dokumentarische Ausstellung zum Frankfurter Auschwitz-Prozess mit internationaler zeitgenössischer Kunst.« Bisherige Ausstellungsstationen waren Frankfurt am Main und Berlin.

45 Der amerikanische Sozialpsychologe Stanley Milgram untersuchte in den 1960er Jahren die Gewaltdisposition von Menschen: Im Rahmen des Experiments bekam eine Versuchsperson die Rolle eines Lehrers zugewiesen, ohne zu wissen, dass die übrigen Beteiligten – die Schüler – eingeweihte Mitarbeiter Milgrams waren. Dem Lehrer wurde aufgetragen, falsche Antworten der Schüler mit vermeintlich echten Stromstößen zu sanktionieren. Trotz der (vorgetäuschten) Schmerzen der Schüler weigerte sich im Verlauf des Experiments nur ein Drittel der Probanden, Schocks mit dem Hinweis »Lebensgefahr« zu verabreichen; vgl. Milgram (1974), *Milgram-Experiment.* Siehe als Vergleich zwischen Ergebnissen des Milgram-Experiment und Eichmanns Aussagen im Jerusalemer Prozess Weissmark (2004), *Justice*, S. 27–37.

Die Königsteiner Tagung

Th. Horstmann: Wenn wir zu der Königsteiner Tagung kommen: Sie hatten schon sehr früh an dem Schreiben des Koordinierungsrates mitgewirkt. Die Reaktion darauf war ja nicht so stark.[46] Erinnern Sie sich noch an die einzelnen Akteure, die daran beteiligt waren?

H. Jäger: Ich habe, gerade weil diese Frage bei Ihnen von Anfang an aufgetaucht ist, mich das auch gefragt. Aber ich erinnere mich eigentlich nur an die Akteure, mit denen ich persönliche Beziehungen hatte: vor allem Fritz Bauer, Claus Roxin, Hanack. Ich erinnere von der Diskussion so gut wie gar nichts. Ulrich Klug hat mir nahe gestanden, auch später. Er war ja zeitweise Justizsenator in Hamburg, und in der Zeit haben wir viel Kontakt gehabt. Friesenhahn erinnere ich, Buchheim und Rückerl, mit denen ich im Zusammenhang mit meiner Arbeit zu tun hatte.

Th. Horstmann: Und ansonsten an die Tagung selbst…

H. Jäger: Ich selbst bin nicht auf dem Juristentag gewesen. Das hatte damit zu tun, dass ich nach dem Abschluss der Arbeit, und bevor ich dann nach Gießen ging, wirklich erschöpft war und Urlaub brauchte. Da wollte ich nun nicht noch mal irgendetwas mit dem Thema zu tun haben. Ich musste mich ja für den Winter schon auf ein volles Lehrprogramm einstellen und hatte im Mai überhaupt erst die Arbeit abgeliefert. Das war ein ausgesprochener Engpass.

Th. Horstmann: Nach Königstein hat sich ja die Zusammenarbeit zwischen den Beteiligten auch nicht fortgesetzt. Woran lag das wohl?

H. Jäger: Ich glaube, es lag daran, dass es eben für Strafrechtler in der Theorie wie in der Praxis ein Randthema war und blieb. Ich glaube: letzten Endes selbst bei den Engagierteren. Die hatten dann ihre anderen Aufgaben und ihre anderen Bereiche. Bauer habe ich noch ein paar Mal getroffen. Aber es gab dann ja auch keinen Arbeitszusammenhang mehr, der uns zusammenhielt. Ich habe auch nicht den Eindruck gewonnen, dass die

46 In dem Schreiben des Koordinierungsrates der Gesellschaft für Christlich-Jüdische Zusammenarbeit vom 9. Juli 1963 an alle deutschen Strafrechtslehrer weist der Rat darauf hin, dass von den Schwurgerichten der Bundesrepublik Massenmorde und Gewaltverbrechen der nationalsozialistischen Zeit milder beurteilt wurden als gewöhnliche Mordfälle. Das Schreiben warnt vor den Gefahren, die mit einer solchen Entwicklung verbunden sind, und bittet daher die Strafrechtslehrer um ihre wissenschaftliche und publizistische Unterstützung. Das Schreiben ist im Wortlaut überliefert in: Bundesarchiv Koblenz (BAK), B 136 (Bundeskanzleramt), Sign. 4916.

Stellungnahme des Juristentages und die vorbereitende Königsteiner Tagung irgendeine größere Bedeutung gehabt haben.

Th. Horstmann: Ich habe kürzlich einen Film angesehen, von Alexander Kluge, in dem auch Fritz Bauer auftritt: »Der Abschied vom Gestern«. Darin gibt es eine Szene, in der Fritz Bauer durch ein neu errichtetes modernes Gerichtsgebäude in Frankfurt geht. Er wird herumgeführt von dem Bauleiter. Dieser sagt an einer Stelle stolz, »und hier können die Sachverständigen sitzen und 16 Angeklagte«. Darauf Fritz Bauer: »Können Sie sich vorstellen, dass wir eines Tages einmal hier ein Round-Table-Gespräch machen, gewissermaßen Oberstaatsanwalt, Verteidiger, Angeklagter und das Gericht um einen runden Tisch herum sitzen, gemeinschaftlich um die Wahrheit kämpfen, um das, was wir Recht nennen…?«

H. Jäger: …ja, das war seine Richtung, aber auch der Widerspruch, den es in ihm selbst gab. Er war im Grunde als Kriminalpolitiker ein Gegner des Strafrechts, wie es bisher ist. Er hat die Strafe im Grunde weitgehend durch Maßnahmen ersetzen wollen. Es ist ihm ja häufig zum Vorwurf gemacht worden, dass er zum Beispiel gesagt hat, die Verbrechensbekämpfung sei letzten Endes ein politisch zu bewältigender Vorgang wie die Gas- und Wasserversorgung. Das ist ein berühmter, immer wieder aufgespießter Satz von ihm gewesen. Er war unter den Strafrechtskollegen, auch wenn er von nicht wenigen menschlich geschätzt wurde, eigentlich sehr umstritten. Es gibt sein Buch »Das Verbrechen und die Gesellschaft«[47]. Das ist seine Kriminologie gewesen. Und die ist heute im Grunde völlig veraltet. Ich habe nach seinem Tode – zusammen mit meiner Frankfurter Kollegin Ilse Staff – überlegt, ob wir Arbeiten von ihm neu herausgeben sollten. Ich habe dann ein ganz schmales Bändchen herausgegeben mit vier Aufsätzen.[48] Darauf haben wir überlegt, ob man diese Kriminologie von ihm neu veröffentlichen sollte, und sind sehr schnell dazu gekommen, das nicht zu tun, weil die Zeit darüber hinweggegangen ist.[49] Man hätte das Buch gänzlich neu schreiben müssen. Dann wäre es aber nicht mehr sein Buch gewesen. Die gesamte neuere Kriminologie Ende der sechziger, Anfang der siebziger Jahre war darin nicht mehr berücksichtigt, Bauer ist ja schon 1968 gestorben. Wir waren damals übrigens gerade verabredet. Ich

47 Bauer (1957), *Verbrechen.*

48 Bauer (1969), *Strafrecht,* mit einem Vorwort von Herbert Jäger.

49 Die kriminologischen Beiträge wurden später zum Teil doch noch veröffentlicht in: Bauer (1998), *Humanität.*

wollte ihn besuchen. Wir mussten das einige Tage verschieben. Ich war inzwischen kurz in Holland. Als ich zurückkam, hörte ich, dass er tot sei.

Ich habe auch nie ganz klar gesehen, wie er mit diesem Widerspruch fertig geworden ist. Der Kriminalpolitiker Fritz Bauer war etwas anderes als der Generalstaatsanwalt Fritz Bauer. Das ist ihm auch oft zum Vorwurf gemacht worden.

Aber ich denke, die ihm das zum Vorwurf gemacht haben, machen es sich zu leicht. Ich würde eher sagen: Zwischen Makro- und Mikrokriminalität muss auch kriminalpolitisch unterschieden werden. Sanktionen, die für jugendliche Straftäter und für Täter des Alltagsbereichs sinnvoll sind, sind im Makrobereich nicht sinnvoll. Ich sehe eigentlich nicht, dass Milošević ein Therapiefall ist. Und von den Nazitätern würde ich das großenteils auch nicht annehmen.

Th. Horstmann: Wie haben Sie damals das Schweigen des Gesetzgebers empfunden zu dieser ganzen Thematik?

H. Jäger: Es gab immer wieder die Diskussion über die Generalamnestie und über die Verlängerung der Verjährungsfristen. Noch während meiner Assistentenzeit haben wir in Hamburg eine Stellungnahme ausgearbeitet zur Verjährungsfrage, die in der *Zeit* ganzseitig veröffentlicht wurde.[50]

H. Litzinger: Konnten Sie eine Entwicklung bei der rechtswissenschaftlichen Behandlung der NS-Verbrechen von den 1960er bis in die 1990er Jahre beobachten?

H. Jäger: Meine Habilitationsschrift ist 1982 noch mal als Taschenbuch bei Suhrkamp erschienen. Und da hatte ich erst große Sorgen. Ich habe gedacht: erste Auflage 1967, und dann sollte dieses Buch 15 Jahre später noch einmal erscheinen? Da war ich mir völlig unklar, was ich nun eigentlich machen sollte. Mich noch mal daranzusetzen, um diesen Zeitraum materialmäßig zu überbrücken, dazu kam ich nicht. Dann drängte mich aber der Suhrkamp-Verlag. Und ich habe eine Lösung gefunden, die vielleicht auch vertretbar ist. Ich habe Herrn Rückerl gebeten, das Buch noch mal kritisch zu lesen und zu sagen, ob sich eigentlich an den entscheidenden Aussagen etwas verändert hat. Er hat damals gesagt, »Nein, das Buch ist uneingeschränkt aktuell geblieben«. Nun könnte man an sich ja denken, dass man sich als Autor über so eine Aussage freut. Ich habe mich nur insofern gefreut, als ich das Buch veröffentlichen konnte, ohne mich Jahre

---

50 Hamburger Seminar für Strafrecht und Kriminalistik (1965), »Verjährung«. Vgl. zur Verjährungsproblematik auch unsere Einführung zu diesem Buch.

hinsetzen zu müssen, um das ganze Material, das inzwischen durch weitere Prozesse entstanden ist, durchzuarbeiten. Das kam nicht in Frage. Aber ich war trotzdem entsetzt darüber, dass das Buch nicht überholt war. Ich hätte eigentlich gedacht, in der Wissenschaft geht es doch sonst auch so: Da sind Erkenntnisse. Es kommen Anschlussforschungen. Die korrigieren und verbessern und differenzieren. Aber davon gab es nichts. Das fand ich deprimierend. Ich denke, was 1982 galt, gilt auch heute noch. Es gibt eigentlich kaum etwas anderes. Der einzige Autor, der in einem zentralen Punkt in ähnliche Richtung gearbeitet hat, war Goldhagen.[51] Man kann ja gegen sein Buch dieses und jenes sagen. Aber er ist derjenige gewesen, der – ähnlich wie mein Buch – die Perspektive des Individuums versucht hat auszuleuchten, also die Tätersituation. Also nicht einfach zu sagen, der Einzelne war Teil eines riesigen kollektiven Geschehens, sondern: Welchen Einfluss hatte der Einzelne eigentlich in dieser Situation? Was haben die Einzelnen in dieser kollektiven Situation getan? Da habe ich sozusagen den Faden aufgenommen gefühlt.

Mein Buch war überhaupt, als es 1967 erschien, also gerade kurz vor den »68ern«, auch in einer merkwürdigen Situation, und ich eigentlich ebenso. Auf der einen Seite war es eine Zeit, die der Beschäftigung mit der nazistischen Vergangenheit günstig war. Insgesamt in dieser Generation gab es ein Interesse, eine Offenheit gegenüber der – wie es damals hieß – Aufarbeitung des Faschismus. Das ging allerdings oft reichlich ideologisch vor sich. Aber immerhin, es war eine Offenheit dafür da, die vorher nicht vorhanden war. Und daher war ich bei den 68ern insofern in ganz gutem Ansehen, aber eigentlich doch aufgrund eines Missverständnisses. Denn mein Buch, das die individuelle Dimension des Handelns in den Mittelpunkt stellt, widerspricht natürlich – ich will es mal vereinfacht sagen – der These von der gesellschaftlichen Bedingtheit kriminellen Handelns. Die damals im Vordergrund stehende These, auch in der Kriminologie, lautete: es sind im Wesentlichen die gesellschaftlichen Bedingungen, die auch das individuelle kriminelle Handeln bestimmen. Diese Bedingtheiten will ich gar nicht leugnen. Aber diese These schloss eigentlich aus, das Scheinwerferlicht mit dieser Deutlichkeit auf die individuelle Situation, auf die Disponibilität, die Handlungsfreiheit, Freiräume, auch das Unrechtsbewusstsein des Einzelnen zu richten. In meinem Buch wollte ich aber sichtbar

51 Siehe Goldhagen, *Vollstrecker*, S. 559, Anm. 32. Eine Erwiderung Herbert Jägers findet sich in Jäger, *Widerlegung*.

machen, dass die Sache von dem Rädchen im Getriebe so nicht stimmt. Das war meine Tendenz damals. Es war aber nicht die Tendenz der 68er.

Es war dann wiederum die Tendenz bei Goldhagen. Wir haben uns einmal in Hamburg, als er an irgendeiner Talkshow mitwirkte, kurz gesprochen. In einer Beziehung waren wir uns allerdings gar nicht einig, was auch in seinem Buch selber zum Ausdruck kommt. Es geht dabei um meine Position zum Totalitarismusmodell.

Neulich hat mir eine Kollegin, als wir irgendwie auf mein Buch »Verbrechen unter totalitärer Herrschaft« kamen, in einem Brief geschrieben, sie hätte das Gefühl: »Wer zu früh kommt, den bestraft das Leben.« Es erschien 1967, als die 68er-Bewegung gerade einsetzte. Es kam damit in eine Zeit, wo die Tendenz, es gut zu finden, dass so etwas erscheint, parallel lief mit der Tendenz: aber nicht so! Letztlich war also der Zeitpunkt der Rezeption des Buches nicht allzu günstig.

H. Litzinger: Wie war Ihr Eindruck von der so genannten Gehilfenrechtsprechung?

H. Jäger: Wenn man genau die individuellen Situationen ausleuchtete, wurde das Ausmaß von Initiativen deutlich. Wenn jemand nur unter Befehlszwang, ohne dass es Befehlsnotstand sein muss, gehandelt hat, finde ich die Entlastung im Prinzip berechtigt, aber nicht da, wo Spielräume gegeben sind. Ich habe ja diese Unterscheidung von Befehlstätern, Initiativtätern und Exzesstätern gemacht. Bei Exzess- und Initiativtätern jedenfalls kann die Gehilfenrechtsprechung nicht überzeugen.

Th. Horstmann: Haben Sie so auch die Urteile des Bundesgerichtshof damals wahrgenommen? Die waren ja auch unterschiedlich, wenn man sich die Entscheidung von 1956 und dann das Staschynskij-Urteil ansieht.[52]

---

52 In der Entscheidung von 1956 hatte der 5. Strafsenat des Bundesgerichtshofes (BGHSt 8, 393) das Urteil gegen einen Täter bestätigt, der wegen Mordes zu lebenslangem Zuchthaus verurteilt worden war. Der Angeklagte hatte auf Drängen einer Frau deren Ehemann getötet. Mit dieser Entscheidung stellte der BGH fest, dass ein Täter, der auf Befehl oder Drängen eines anderen gehandelt hat, deswegen nicht automatisch nur Gehilfe ist. Allerdings schrieben die Richter des BGH auch in einer Passage dieses Urteils, dass in den Fällen, in denen ein Vorgesetzter eine strafbare Handlung durch seinen Untergebenen begehen lasse und diesen hierbei wie ein Werkzeug einsetze, der Untergebene lediglich Gehilfe sei. Für zahlreiche NS-Prozesse war diese Entscheidung wichtig, da die so genannte »Gehilfenrechtsprechung« sich gerade auf diese Ausnahme von der Regel berief: Angeklagte, die während des Dritten Reiches selbst getötet hatten, machten vor den Gerichten erfolgreich geltend, sie hätten auf Befehl gehandelt und seien damit nur Gehilfen der Befehlsgeber gewesen; vgl. Greve, *Umgang*, S. 148ff. und unsere Einführung zu diesem Buch.

H. Jäger: Ja, das Staschynskij-Urteil ist eines der umstrittensten gewesen, die es überhaupt gegeben hat. Ich würde es auch für sehr problematisch halten.

Die Wirkung der Prozesse gegen NS-Täter

H. Litzinger: Sie haben in einem Ihrer Aufsätze darüber gesprochen, dass nach 1945 eine Unsicherheit des Rechtsempfindens angesichts der NS-Verbrechen geherrscht habe. Der Mörder in einem normalen »Strafverfahren« könne ungleich klarer von der Bevölkerung verurteilt werden, da jeder Einzelne hier ein klares Rechtsempfinden habe, während angesichts der NS-Verbrechen große Unsicherheit herrsche. Ihre These war dann und Ihre Forderung, dass – um diese Unsicherheit zu beheben – diese Prozesse notwendig seien, auch wenn all diese Probleme – staatlich gewolltes Unrecht – berücksichtigt werden müssten. Steckt hinter diesem Gedanken die Vorstellung, dass eine Art Naturrecht wieder hergestellt werden müsse?

H. Jäger: Nein. Ich würde hier nicht von Naturrecht sprechen. Ich denke, das positivierte Recht im Bereich des Völkerstrafrechts hat die Funktion – genau wie Sie es ja auch gesagt haben – das Bewusstsein des Unrechts zu intensivieren, das durch viele Faktoren verunsichert gewesen und immer noch verunsichert ist, und es zu stabilisieren. Also weithin sichtbar zu machen, dass es auch hier Verbrechen gibt und dass sie nicht zweideutige, sondern ganz eindeutige Verbrechen sind. Darin sehe ich überhaupt die Hauptfunktion des Völkerstrafrechts. Ich sehe nicht in erster Linie die Strafe. Ob Milosevic nun fünf oder zehn oder 20 Jahre im Gefängnis sitzt, ist nahezu gleichgültig. Wenn überhaupt nicht, wäre das allerdings problematisch, aber ich sehe keine Resozialisierungsaufgabe. Ich sehe auch keine Abschreckungsaufgabe. Ich denke da eher in den Kategorien der positiven Generalprävention: Ein solches Verfahren muss bewusstseinsbildend sein. Viel mehr wird das Völkerstrafrecht auch gar nicht leisten können. Es werden immer exemplarische Bestrafungen bleiben, einzelne. Und da kann man nur darauf hoffen und vielleicht auch regelnd in dieser Richtung wirken, dass es die Richtigen trifft, also wirklich die Spitzen, die Initiativtäter, die Machthaber, nicht die unteren Chargen.

Ich glaube, dass viele Bereiche der Makrokriminalität ohne sehr weitgehende Amnestien gar nicht zu bewältigen sind. Im Grunde ist es ja praktisch bei den Naziverbrechern auch nicht anders gewesen, nur dass es nicht diese Formen angenommen hat. Insgesamt geht wohl die heutige Wissenschaft hierzu von – schwer zu sagen, was nun Täter sind und was Gehilfen und was überhaupt nicht mehr bestraft wird – Hundert- bis Zweihunderttausend beteiligten Personen aus. Wie viele sind verurteilt oder abgeurteilt worden? 6 000 ungefähr. Das spricht dafür, dass, auch wenn es keine richtige Amnestie gab, eine kalte Amnestie stattgefunden hat. Das ist wohl auch gar nicht anders möglich. Das Wesentliche ist, dass exemplarisch deutlich wird, dass es sich um einen Verbrechensbereich handelt und nicht etwa um moralisch bedenkliche Politik oder irgend etwas in dieser Richtung.

H. Litzinger: Ein Rechtsbereich, der dann von der jetzigen und heutigen Gesellschaft als Verbrechen qualifiziert wird, also etwas, was sich über den Grundsatz *nulla poena sine lege* hinweg setzt aufgrund einer Entscheidung der jetzigen Gesellschaft?

H. Jäger: Nein, es setzt sich nicht über *nulla poena sine lege* hinweg. Es haben viele immer geglaubt für die Nazizeit: Andere Zeit, anderes Recht – aber es ist ja nicht der § 211 aufgehoben worden. Es gab ihn. Und es stand auch nicht darin, »wer einen Arier tötet, ist als Mörder zu bestrafen«, sondern es stand da, »wer einen anderen tötet«. Es gab nie eine Sonderregelung im Hinblick auf Juden, und auch bei der Euthanasie gab es nur dieses Hitlerschreiben an Karl Brandt und andere, diese Ermächtigung. Es hat jedenfalls nie eine Legalisierung dessen stattgefunden.[53]

Das war übrigens auch teilweise der Gegenstand der Königsteiner Tagung: Ob man Besonderheiten – etwa im Hinblick auf Täterschafts- oder Teilnahmekriterien – noch ins Gesetz einbauen müsste oder nicht. Aber dass es sich im Prinzip um strafbares Verhalten handelte und nicht um eine ganz andere Zeit mit einer anderen Kultur, mit einer ganz anderen Rechtsordnung, war allen Teilnehmern klar. »Was damals Recht war, kann heute nicht Unrecht sein«, Filbinger hat das ja wohl gesagt[54] – das hat von den in Königstein Anwesenden keiner gesagt.

53 Die so genannte »Vernichtung lebensunwerten Lebens« wurde im Oktober 1939 von Hitler mit einem rückdatierten Ermächtigungsschreiben (1. September 1939) eingeleitet. Die Kanzlei des Führers und einige Hitler nahe stehende Personen wie der Arzt Karl Brandt organisierten unter Tarnnamen (z. B. Reichsarbeitsgemeinschaft Heil- und Pflegeanstalten) die Ermordung von ca. 70 000 Geisteskranken und körperlich Behinderten im Rahmen der so genannten Aktion T4.

54 Hans Filbinger (geboren 1913), Ministerpräsident für die CDU in Baden-Württemberg 1966–1978, trat als von seinem Amt zurück, nachdem bekannt geworden war, dass er während des Zweiten Weltkrieges als Marinerichter mehrere Todesurteile gefällt hatte.

H. Litzinger: Wie würden Sie rückblickend die juristische Aufarbeitung der NS-Verbrechen einschätzen? Denken Sie, sie ist gescheitert?

H. Jäger: Sie ist meiner Meinung nach nicht völlig gescheitert. Es ist schon sehr wichtig, dass es die Prozesse gegeben hat. Man kann natürlich fragen, was ist der Effekt dieser Prozesse gewesen? Ich glaube, wir würden über die Nazizeit wesentlich anders denken, wenn es die Prozesse mit ihrer Aufklärungsfunktion nicht gegeben hätte. Es gäbe viel mehr Menschen, die die Untaten der Nazis wie eine Naturkatastrophe erlebt hätten, wie eine Geschichtskatastrophe. Und erst die Tatsache, dass auf der Täterseite wie ja auch auf der Opferseite individuelle Gesichter sichtbar geworden sind, hat das Bild der Zeit grundlegend verändert. Ich bin immer wieder beeindruckt, wie sehr die Sichtbarmachung von Einzelschicksalen in der Öffentlichkeit angekommen ist. Man muss dabei nicht unbedingt nur an Anne Frank denken. Es gibt auch andere Beispiele. Ich habe mal einen Vortrag gehalten vor Psychiatern und Psychologen in Hamburg, als ich an meinem Buch arbeitete. Das muss etwa 1965 gewesen sein. Da waren nun Ärzte anwesend, die deutlich älter waren als ich und die Zeit miterlebt haben und die vollkommen sprachlos waren, als sie hörten, was ich ihnen vortrug. Weil da plötzlich individuelle Täterschaften sichtbar wurden und sie eben bis dahin von dem Gefühl ausgegangen waren, »was konnte man damals machen, in der damaligen Zeit, es war eine große Katastrophe, mit der muss man irgendwie fertig werden«. Ich glaube, dass die Individualisierung des Unrechts eine unglaublich aufklärende, eine suggestiv aufklärende Wirkung gehabt hat. Angeklagte des ersten Auschwitz-Prozesses wie Boger und Kaduk[55] vergisst man ja nie wieder, wenn man sie einmal gesehen hat. Ich glaube, dass das die eigentliche Funktion ist. Ich denke weniger an die im engeren Sinne traditionellen Strafzwecke, sondern ich denke eigentlich mehr an die gesamte sozialpsychologische Wirkung solcher Prozesse.

Die Diskussion um Filbingers Vergangenheit, vor allem aber um seine uneinsichtige Haltung im Jahr 1978, lässt sich anhand der Dokumentation der Berichterstattung nachvollziehen in: Knesebeck (1980), *Filbinger.*

55 Wilhelm Boger gehörte zur Politischen Abteilung der SS in Auschwitz, Oswald Kaduk war dort ein Rapportführer der SS; beide wurden im Frankfurter Auschwitz-Prozess wegen ihrer Beteiligung an dem Massenmord an den Gefangenen angeklagt und zu lebenslangem Zuchthaus verurteilt. Boger erklärte in seinem Schlusswort, es habe für ihn während der »nationalsozialistischen Herrschaft« nur den »Gesichtspunkt gegeben, die Befehle des Vorgesetzten ohne Einschränkung auszuführen«, siehe Renz (1998), »Völkermord«. Siehe auch den Ausstellungskatalog Wojak (2004) »Auschwitz-Prozess«, der grundlegend über den Auschwitz-Prozess informiert.

Unter diesem Aspekt, denke ich, sind die Verfahren nicht gescheitert. Nur wer der Meinung ist, die Vergeltung muss komplett sein, wird das sagen können.

Man wird natürlich unter keinen Umständen bestreiten können, dass es manche Fehlurteile gab. Das war ja auch Gegenstand des Kontakts mit Frau Just-Dahlmann. Darüber waren wir uns einig. Aber das würde mich nicht zu dem Fazit veranlassen, dass generell die Aufarbeitung gescheitert ist, abgesehen davon, dass natürlich auch Nürnberg und die deutschen Prozesse in gewisser Weise Vorläufer zum Internationalen Tribunal gewesen sind. Ohne Nürnberg kein Internationales Tribunal.

H. Litzinger: Wenn Sie die individuelle Zurechnung im Völkerstrafrecht für unabdingbar halten: Würden Sie das auch für Umwelt- oder Wirtschaftskriminalität so sagen?

H. Jäger: Ich lasse mich ungern auf diese Schiene ein, weil ich ein bisschen den Begriff der Makrokriminalität verteidigen möchte in der ursprünglichen Fassung, die mir wichtig erscheint. Dabei geht es mir natürlich nicht um den Terminus, das Wort. Aber es geht mir um das fundamental Andere solcher staatlicher Verbrechen gegenüber sowohl Wirtschaftskriminalität als auch Umweltkriminalität. Das sind letzten Endes dann doch Taten in einer sonst mehr oder weniger intakten staatlichen Umwelt. Das ist ja doch eine ganz andere Situation. Wenn der Staat insgesamt die Tendenz hat, Verbrechen nicht zu bekämpfen, sondern zu begehen, ist das eine so fundamental andere Situation, dass ich immer in der Diskussion – übrigens gelegentlich auch mit Frankfurter Kollegen – mich darüber streite, dass man das nicht mit anderen Großverbrechen vermischen kann. Das Wort Makrokriminalität könnte vielleicht eine solche Gleichsetzung nahe legen. Das halte ich aber nicht für gut, weil es die Motivation nimmt, das Spezifische dieser Verbrechen zu erkennen und die wirklich ganz andere Situation, die bei dieser Art von Kriminalität besteht. Daher möchte ich auf diese Frage nicht weiter eingehen.

Aber ich glaube, in Ihrer Frage steckte noch die Weiterentwicklung. Der Band »Makrokriminalität« hat ja eine andere Grundlage. Denn er versucht im Grunde, die historische Linie bis in die Gegenwart weiter zu ziehen. Und insofern beschäftigt er sich ja auch mit Themen, die zunächst etwas erstauntes Kopfschütteln hervorgerufen haben, nämlich mit der Frage, ob zum Beispiel Atomrüstung oder der Vietnamkrieg kriminologische Probleme sind – und überhaupt die Geschehnisse in Kriegen.

Dazu gehört auch meine Beteiligung an dem Terrorismus-Projekt. Das ist natürlich keine Makrokriminalität in dem gekennzeichneten Sinne, aber es gibt durchaus Parallelen, also etwa die Ideologisierung von Verbrechen, aber auch, dass die Mitglieder der Rote Armee Fraktion ihr Handeln häufig als kriegsähnliches Verhalten interpretiert haben, wenn sie zum Beispiel den Kriegsgefangenenstatus gefordert haben und ähnliches mehr. Selbst der Gegenspieler, der damalige Chef des Bundeskriminalamtes, Herold, hat das Geschehen häufig mit Worten kommentiert, die eine Art Krieg zwischen der Roten Armee Fraktion und dem Staat durchaus für eine Interpretationsmöglichkeit gehalten haben.

Eine kuriose Umkehrung hat das Ganze durch den 11. September bekommen. Da haben ja nicht die Terroristen, sondern Bush Wert darauf gelegt, dass es sich um einen Krieg handele. Damals war es also umgekehrt. Ich habe gelegentlich mit Kollegen darüber gesprochen, wie das eigentlich zu beurteilen ist. Das ist eine so weite Materie, dass ich das jetzt nicht näher diskutieren kann, aber ich denke, es ist das Problem der heutigen Völkerrechtswissenschaft: Dass sie nicht recht weiß, wie ein Konflikt mit einem terroristischen Netzwerk statt mit einem Staat völkerrechtlich einzustufen ist.

H. Litzinger: Wie sind Sie denn zu diesem Terrorismus-Projekt gekommen?

H. Jäger: Für mich gab es aus den Gründen, die ich eben schon genannt habe – Ideologisierung des Verbrechens, kriegsanaloge Situation – eine innere thematische Verbindung mit meiner bisherigen Arbeit. Mich hat der Bereich der politischen Kriminalität im weitesten Sinne immer sehr interessiert. Und dann musste man auf der anderen Seite auch wieder sagen, dass in der Strafrechtswissenschaft – das haben wir ja zu Beginn schon einmal angesprochen – im Hinblick auf Forschung auf diesem Gebiet eine Mangelsituation bestand. Die Kommission zusammengestellt hat der damalige Innenminister Maihofer[56]. Er hat mich gefragt, ob ich mich beteiligen würde. Die Zusammenstellung der Kommission war ein intensives politisches Erlebnis insofern, als die Bund-Länder-Kommission mitzureden hatte. Die versuchte nun, aus der ursprünglich – wie ich fand – sehr gut zu-

56 Werner Maihofer (geb. 1918) war von 1972 bis 1974 für die FDP Minister für Besondere Angelegenheiten unter Willy Brandt und danach bis 1978 Bundesinnenminister. Am 6. Juni 1978 trat er von seinem Amt zurück und übernahm damit die politische Verantwortung für eine Fahndungspanne bei den Ermittlungen zur Entführung von Hanns-Martin Schleyers.

sammengestellten Gruppe einige auszusondern und andere hineinzusetzen. Es wurden von der CDU einzelne neue Mitglieder der Kommission vorgeschlagen. Dann hat die Kommission einige nicht akzeptiert, bei anderen hat sie sich darauf eingelassen.

Th. Horstmann: Wenn man jetzt eine Organisation selbst betrachtet, und deren interne Entscheidungsstrukturen – ich denke zum Beispiel an den Grenzschutz der DDR – kann da der Einzelne durch die Einbindung in die Organisation entlastet werden?

H. Jäger: Juristisch würde ich sagen nein, psychologisch ja. Sicherlich hat die Zugehörigkeit zu einem Kollektiv eine psychisch entlastende, das heißt eine das Gewissen entlastende Funktion. Viele werden sagen, »Gott, ich habe doch nur das getan, was die anderen auch getan haben und was von mir verlangt worden ist. Wäre diese politische Situation nicht gewesen, wäre dieses politische Kollektiv nicht gewesen, dann hätte ich ganz friedlich meinen Beruf als Arzt oder als Gefangenenwärter ausgeübt.« Das hat sicherlich eine enorme psychologische Wirkung. Aber nicht unter dem Gesichtspunkt der individuellen Zurechnung. Es gibt keinen Entlastungsgrund, der daraus herzuleiten ist. Vielleicht bei der Strafzumessung – das ist ja wohl auch letzten Endes geschehen, wenn auch häufig auf dem Umweg der Täterschaftslehre, so dass eben doch viele Bereiche als Beihilfe betrachtet worden sind, bei denen man sehr zweifeln könnte, vorsichtig ausgedrückt, ob das eigentlich die richtige Interpretation war.

Th. Horstmann: Wenn wir jetzt zu der DDR-Aufarbeitung kommen: Meinen Sie, dass das Wissen um die Defizite der Aufarbeitung der NS-Verbrechen eine Rolle gespielt hat bei der jetzigen Aufarbeitung?

H. Jäger: Mein Eindruck ist, dass die allgemeine psychologische Situation nach 1945 eine prinzipiell andere war als nach 1989. Und zwar weil die schwierigen inneren Probleme und Ambivalenzen, die es nach 1945 gab – einerseits musste dieses Deutschland oder die Bundesrepublik nach 1945 die Probleme strafrechtlich aufarbeiten, andererseits waren viele Menschen, die damals lebten, irgendwie in das verbrecherische Geschehen verstrickt gewesen und fühlten sich sozusagen selber mit angeklagt –, doch eigentlich im Fall der DDR anders waren. Da gab es, jedenfalls soweit der Westen im Spiel war und soweit Bürgerrechtsbewegungen im Spiel waren, ein eindeutiges Feindbild. Es war keine innere Bremse eingebaut. Wenn es trotzdem auch da nicht so wirklich befriedigend abgelaufen ist, dann muss das irgendwelche anderen Gründe haben, über die ich aber im Moment nicht spekulieren will.

Es gab wohl gegenüber der DDR und den Tätern der DDR eine distanzierte Unbefangenheit, also nicht die Befangenheit, die deutsche Richter und deutsche Juristen nach 1945 gehabt haben.

Ernst-Walter Hanack

»... dass man die Täter doch mit besonderen Maßstäben messen müsse«

Ernst-Walter Hanack wurde 1929 in Kassel geboren. Er war zunächst ab 1963 Professor für Strafrecht, Strafprozessrecht und Kriminologie in Heidelberg, bevor er 1970 einem Ruf an die Universität Mainz folgte.[1] Die Schwerpunkte von Hanacks wissenschaftlicher Arbeit lagen im Strafverfahrensrecht und im Medizinrecht, er befasste sich intensiv mit dem Maßregelvollzug und entwickelte ein besonderes Interesse am Sanktionensystem.[2] Wie auch Roxin und Baumann arbeitete Hanack im Kreis der »Alternativprofessoren« mit an einem Gegenentwurf für ein neues Strafgesetzbuch. Er war allerdings stets ein eher besonnener Reformer, ein zurückhaltender Mann des Ausgleichs.[3]

Hanack befasste sich erst nach der Königsteiner Tagung in Veröffentlichungen mit den Problemen der Prozesse gegen NS-Täter. Bereits unmittelbar nach der Königsteiner Tagung zeigte er sich in Briefen betroffen darüber, dass aus seiner Sicht die Mehrheit der Königsteiner Tagungsteilnehmer zu wenig berücksichtigte, was die besondere Situation der NS-Zeit für den einzelnen Täter bedeutete. Ihm schien problematisch, das herkömmliche Strafrecht auf Taten anzuwenden, die im Kontext eines verbrecherischen Systems begangen wurden. Die Rechtsprechung löste in ihm Unbehagen aus, da die Täter zu ihren Taten nur gekommen seien, »weil sie verhaftet waren in die fürchterliche Maschinerie der nationalsozialistischen Ideologie und der obrigkeitlich statuierten Massenvernichtung«.[4]

---

1 Habilitiert hatte sich Hanack 1961 in Marburg *Über den Ausgleich divergierender Entscheidungen in der oberen Gerichtsbarkeit* (veröffentlicht 1962). Hanack blieb bis zu seiner Emeritierung in Mainz.

2 Hanack hat den Maßregelvollzug im Leipziger Kommentar erläutert.

3 Auch die Herausgeber der Hanack-Festschrift sprechen in ihrem Vorwort von einer für Hanack »typischen Balance«; siehe Udo Ebert u. a. (1999), *Festschrift*, S. XIII.

4 Hanack (1967), »Problematik«, S. 302.

So schrieb Hanack in einem Brief an Ernst Friesenhahn nach der Königsteiner Tagung, er sei »darüber in Unruhe, daß wir auf der Tagung eigentlich keine Wege gefunden haben, wie wir (um eine Formulierung Lackners wiederzugeben) den Staatsanwälten ihr gutes Gewissen wiedergeben könnten; es bedrückt mich, daß in der Einstellungspraxis der Staatsanwaltschaften eine graue Zone offenbar nicht zu vermeiden ist und wir letztlich wenig darüber gesprochen haben, welche Bedeutung das für die Gesamtproblematik unseres Fragenkreises hat. In diesem Zusammenhang bedauere ich auch, daß wir die legitimen oder illegitimen Gründe für das ›psychologische Widerstreben‹ zu wenig aufhellen konnten.«[5]

Hanack bezieht sich hier darauf, dass Staatsanwälte häufig Verfahren gegen NS-Täter aus vorgeblich prozessrechtlichen Gründen einstellten. Den wahren Grund für viele Verfahrenseinstellungen sieht Hanack dagegen in dem Widerstreben der Staatsanwälte, das Unrecht, das der einzelne in einem Unrechtsstaat begangen hat, mit dem gleichen Maß zu messen wie das Unrecht in einem Rechtsstaat.

Das Königsteiner Treffen erschien Hanack notwendig und in seinen Ergebnissen erfolgreich, aber bei weitem nicht ausreichend. Seine Bedenken gingen zugleich über Gerechtigkeitserwägungen im Hinblick auf den einzelnen Täter hinaus. Er schrieb weiter in dem Brief an Friesenhahn:

»Mir persönlich ist sogar fraglich, ob nicht vielleicht einmal eine Zeit kommen wird, in der die Verfahren mehr Schaden als Nutzen stiften: wegen ihrer Ergebnisse, ihrer problematischen Differenzierung nach erfaßten, nicht erfaßten oder begnadigten Tätern, ihrer fortschreitenden Beweisschwierigkeiten, ihrer negativen psychologischen Rückwirkungen (Abstumpfung) und einer mangelnden Kraft des Volkes, sie ohne gefährliche Gegenreaktion zu ertragen; wer weiß, ob das nicht dazu zwingt, sie in bestimmtem Umfang noch weiter zu beschränken, zumal eine Rechtsordnung nun einmal primär dazu dient, das Heute zu ordnen, und Strafverfahren ohnedies das Maß des vorliegenden Unrechts nicht ahnden können oder zu erfassen vermögen, was totalitäre Machthaber vor 20 oder 30 Jahren aus Menschen gemacht haben.«

Auf dem Essener Juristentag hielt Hanack 1966 einen Vortrag »Zur Frage geminderter Schuld der vom Unrechtsstaat geprägten Täter«, in dem er diese Fragen erörterte. Und in den Folgejahren veröffentlichte er Aufsätze, etwa unter dem Titel »Die Problematik der gerechten Bestrafung national-

5 Archivbestand Deutscher Juristentag (DJT) e.V., Kommissionen: NS-Gewaltverbrechen, Königsteiner Klausurtagung.

sozialistischer Gewaltverbrecher«[6], mit denen er seine Leser zu überzeugen suchte, dass das »ehrwürdige Prozessrecht« den NS-Verfahren nicht angemessen war.[7] Es wird bei der Lektüre deutlich, dass Hanack hierdurch vor allem ausgewogen auch die Täterseite, die besonderen Tatumstände berücksichtigt sehen will. Zudem beklagt er die Ungerechtigkeit, die dadurch entstehe, dass die Gesellschaft die gesamte Schuld auf einige Verurteilte ablade und so die zahllosen Mitwisser und bürokratisch Mitwirkenden entlaste.

Im Ergebnis gelangt damit er, der doch eigentlich äußerst differenziert und ausgewogen alle Seiten berücksichtigen will, zu einer recht pauschalen Darstellung der Tatbedingungen im NS-Staat schlechthin, und damit zu einer ebenso pauschalen Forderung nach Entlastung der Täter.[8] Zugleich arbeitet jedoch Hanack sorgfältig heraus, inwieweit Begriffe und juristische wie ethische Bewertungen in den Verfahren gegen NS-Täter durcheinander geworfen wurden, und macht hierfür den Gesetzgeber mit verantwortlich, der seiner Auffassung nach zu dem strafrechtlichen Problem dieser Prozesse hätte Stellung beziehen müssen.

Das Hamburger Landgericht bezog sich in einer Urteilsbegründung aus dem Jahr 1976 konkret auf Hanacks Vorschläge für eine Schuldminderung. In dem Verfahren ging es um die Erschießung von mindestens 50 Menschen in Weißrussland.[9] In der Urteilsbegründung hieß es, dass sich in einem System staatlich befohlener Verbrechen der einzelne Täter in einer grundsätzlich anderen Lage befinde als der Straftäter im demokratischen Rechtsstaat. Daher könne die Schuld des Täters auch dann gemindert sein, wenn weder Irrtum noch Notstand vorlägen. Das Gericht bezog sich hier-

---

6 Hanack, »Problematik«.

7 Ebd., S. 298.

8 Manche Erläuterungen Hanacks erscheinen heute nicht nachvollziehbar. In der Tarnung der Gaskammern als Duschräume sieht er »so etwas wie einen humanen Zug im grausigen Gesamtgeschehen« und begründet derart, dass das Mordmerkmal Heimtücke nicht gegeben sei, ebd., S. 301.

9 Der seinerzeit 21-jährige Angeklagte war in den Jahren 1942/43 als SS-Unterscharführer eines Lagers für jüdische Zwangsarbeiter eingesetzt. Vorgesetzte hatten ihn angewiesen, die Lagerinsassen bis zur Erschöpfung arbeiten zu lassen, untaugliche und kranke Zwangsarbeiter habe er zu beseitigen. Im Laufe eines Jahres wurden über 1 000 Zwangsarbeiter ermordet, der Angeklagte selbst ließ persönlich mindestens 50 Menschen erschießen. Das Schwurgericht verurteilte ihn hierauf wegen Mordes zu einer Freiheitsstrafe von zwölf Jahren, es nahm also einen »übergesetzlichen Schuldminderungsgrund« im Sinne Hanacks an, der die Strafe für Mord (lebenslänglich) auf zwölf Jahre minderte; vgl. Neue Juristische Wochenschrift 1976, S. 1756–1758, Anmerkung Hanacks: S. 1758 f.

bei auf den von Hanack vorgeschlagenen übergesetzlichen Schuldausschließungsgrund für Täter in einem verbrecherischen Staat und sprach selber für den genannten Angeklagten von einem übergesetzlichen Schuldminderungsgrund. Hanack wiederum lobte in einer Besprechung dieses Urteils das intensive Bemühen des Gerichts, den Kategorien von Recht und Gerechtigkeit zu entsprechen – wobei er betonte, dass damit der Widerspruch, die »makabre Konsequenz« auszuhalten wäre, dass im Bereich des größten Massenunrechts direkt Beteiligten nur eine geminderte Strafrechtsschuld zugewiesen würde. Dies »macht den Konflikt so bitter«.[10]

Zugleich spricht Hanack in seinem oben genannten Aufsatz auch an, wie sehr die Justiz durch die Verfahren belastet war. Er wisse »von Juristen der jüngeren Generation, die deswegen nicht Richter werden«.[11] Hanacks Äußerung belegt, dass sich Juristen in den sechziger Jahren einer Auseinandersetzung mit den NS-Prozessen kaum entziehen konnten.

Hanacks Position wurde damals wie heute scharf kritisiert. So kann man zum Beispiel lesen, Hanack habe als Referent auf der Essener Sonderveranstaltung des Juristentags »Möglichkeiten zur Exkulpation von NS-Tätern aufgezeigt, was die Intention der Entschließung ad absurdum führte«.[12] Doch diese Kritik scheint einseitig angesichts Hanacks Bemühungen um eine differenzierte Sichtweise – sowohl die Lektüre von Hanacks Texten als auch die persönliche Begegnung hinterließ bei uns den Eindruck, Hanack wolle äußerst ausgewogen argumentieren. Gelegentlich erschwert es dem Leser sogar, hinter dem beständigen »ja, aber«, das sich durch Hanacks Texte zieht, dessen eigene Position zu erkennen. Seine Stellungnahme zu den NS-Prozessen sollte jedenfalls auch im Kontext der damaligen, breit diskutierten Strafrechtsreformansätze gesehen werden. Die reformorientierten Professoren, die den Alternativ-Entwurf zum Strafgesetzbuch vorbereiteten und zu deren Kreis Hanack zählte, wollten eine Abkehr von dem alten Schuldstrafrecht und forderten, das Strafrecht müsse sich vor allem die Resozialisierung der Täter zum Ziel setzen. Die NS-Täter waren nahezu durchgehend in den sechziger Jahren in die Nachkriegsgesellschaft integriert – Hanack weist wiederholt darauf hin. Sein Vorschlag, einen »übergesetzlichen Schuldausschließungsgrund« anzunehmen, muss auch unter diesem Blickwinkel gesehen werden. Damit erscheinen Hanacks kriminalpolitische Forderungen kohärent – etwa verglichen mit denjenigen

10 Neue Juristische Wochenschrift 1976, S. 1758.

11 Hanack, »Problematik«, S. 297.

12 Greve, *Umgang*, S. 401.

Fritz Bauers, dem wiederholt vorgeworfen wurde, gegenüber den NS-Tätern eine ganz andere Haltung einzunehmen, als er sie ansonsten als Strafrechtspolitiker vertrat.
Das Gespräch mit Ernst-Walter Hanack fand Ende April 2002 in Mainz statt. Es war das erste Interview, das wir gemeinsam führten,[13] was sich für uns ob der angenehmen Gesprächssituation und Hanacks großem Interesse an unserem Vorhaben als Glücksfall erwies. Hanack empfing uns in dem eleganten Haus einer Bekannten am Stadtrand. Er hatte sich offenkundig auf das Interview vorbereitet, insbesondere seine ersten Sätze zu seiner Familie und Kindheit erschienen etwas zurechtgelegt. Doch im Folgenden entspann sich ein sehr offenes Gespräch, in dem Hanack seine frühere und heutige Haltung zu den Prozessen reflektierte und sich sehr ausführlich an zahlreiche Details zu der Königsteiner Tagung und den sechziger Jahren erinnerte – er vermochte uns die damalige Situation anschaulicher zu schildern als irgendein anderer unserer Gesprächspartner. Hanacks nachdenkliche und ehrliche Haltung ermutigte uns sehr, die Gesprächsreihe fortzusetzen.

Kindheit und Jugend

Th. Horstmann: Wir haben einige Fragen für dieses Gespräch vorbereitet. Könnten Sie damit beginnen, ein wenig Ihren Lebensweg zu schildern?

E.-W. Hanack: Ich bin aus einer bürgerlichen Familie. Ich bin Arztsohn, in Kassel aufgewachsen, und habe den Krieg mit der Familie relativ gut überstanden. Der Vater war ein idealistischer Nationalsozialist, aber ein sehr besonderer Mann. Die Spruchkammer[14] hat ihn außerordentlich freundlich behandelt, weil er in der Heimatstadt Kassel verbotenerweise Juden geholfen hat – das war ganz typisch für ihn.

---

13 Zuvor hatte Th. Horstmann allein bereits mit Claus Roxin in München, Konrad Redeker in Bonn und mit dem Ehepaar Just in Mannheim gesprochen.

14 Die Spruchkammern waren gerichtsähnliche Organe zur Durchführung der Entnazifizierung, geschaffen durch das von den Landesregierungen der amerikanischen Besatzungszone erlassene »Gesetz zur Befreiung von Nationalsozialismus und Militarismus« vom 5. März 1946, das durch Direktive des Alliierten Kontrollrates vom 10. Dezember 1946 auch auf die anderen Besatzungszonen übertragen wurde. In den Spruchkammern saßen Laienrichter und öffentliche Ankläger.

Die entscheidende Figur ist die Mutter, die mich gelehrt hat – entschuldigen Sie die Formulierung –, dass Juden auch Menschen sind. Sie hat mich mit der jüdischen Literatur vertraut gemacht, zum Beispiel mit Schnitzlers Werken, schon im Dritten Reich. Sie hielt von dem Ein-Parteien-System nichts, und sie hat einen ganz tiefen Einfluss auf mich gehabt.

Ich habe normal Abitur gemacht, das erste angebliche Friedensabitur, und habe in sechs Semestern in Marburg studiert. Dann habe ich einen akademischen Weg eingeschlagen und bin sehr jung Ordinarius geworden, nicht, weil ich so gut war, sondern weil der Nachwuchs damals fehlte. Es waren paradiesische Zeiten: Der Wissenschaftsrat hatte die Universitäten begangen und die so genannte Bibel des Wissenschaftsrates erstellt, worin er Vorschläge zur Zahl der Lehrstühle machte. So entstanden auf einen Schlag zwölf strafrechtliche Lehrstühle in der Bundesrepublik. Es gab drei oder vier Nachwuchskräfte. Daraufhin habe ich in Heidelberg gelehrt. In diese Zeit fällt dann die Sache mit dem Juristentag. Wollen Sie noch mehr wissen? Also, ein ganz unspektakuläres Studium.

Th. Horstmann: Spielte das Recht im Nationalsozialismus in Ihrem Studium eine Rolle?

E.-W. Hanack: Nein. Überhaupt keine. Es wurde an Universitäten nicht darüber geredet. Ich fiel auf, als ich später darüber redete.

H. Litzinger: Weshalb haben Sie sich denn für ein Jurastudium entschieden?

E.-W. Hanack: Das ist eine lange Geschichte. Eigentlich wollte ich Musikwissenschaftler werden. Aber da dachte ich, ich könnte nur Studienrat werden, und das erschien mir ein Graus. Dann war die Alternative Medizin, schon als Kind, wovon man mir abgeraten hat. Letztlich war die Empfehlung eines Klassenlehrers ausschlaggebend, die völlig idiotisch war: Er sagte, ich sei der geborene Diplomat. Das imponierte mir. So kam ich zur Juristerei. Und die hat mich sofort gefesselt.

Es gab noch eine Besonderheit: Zwischen meinem Abitur und meinem Studium lag ich ein Semester brach und habe ein Praktikum beim Amtsgericht machen können. So kam ich richtig in die Justizwelt hinein. Ich saß beim Amtsgericht in Strafsachen neben einem Einzelrichter, der mit mir die Fälle besprach. Ich habe den ersten Angeklagten meines Lebens gesehen, der vorgeführt wurde. Und das hat mich sofort fasziniert.

H. Litzinger: Was hat Sie daran fasziniert?

E.-W. Hanack: Meine Idee war eigentlich am Anfang, dass ich Richter werden wollte. Und zwar Strafrichter. Das Amt des Strafrichters ist ein geradezu grausiges Amt, aber einer muss es machen. Das faszinierte mich. Aber im Zentrum stand eigentlich der Mensch. Dass ich Wissenschaftler werden würde, habe ich für völlig abstrus gehalten. Ich bin nie auf den Gedanken gekommen.

H. Litzinger: Warum sind Sie nicht Strafrichter geworden?

E.-W. Hanack: Vor dem Assessor-Examen hatte mir der Landgerichtspräsident zugesichert, dass ich ohne Rücksicht auf die Examensnote Richter werden könnte an seinem Landgericht. Ich müsste aber vorher zusagen. Und das wollte ich nicht. Ich hatte ein Konkurrenzangebot von der Industrie- und Handelskammer, da sollte ich Justitiar werden, und von der Universität das Habilitationsangebot. Und das Letztere hat dann doch am meisten gelockt. Verstehen Sie: Ich liebe das Strafrecht nicht, aber es ist ein sehr spannendes Fach. Gelangweilt habe ich mich als Strafrechtler nie. Das hat einfach überwogen, das Interesse an diesem Bereich.

Ich habe Glück gehabt. Ich habe in einer Zeit gearbeitet, in der Rechtspolitik eine große Rolle spielte, Reformen, etwas, was mir sehr lag. Sonst wäre ich wahrscheinlich als Strafrechtler gar nicht sonderlich reüssiert.

Th. Horstmann: Sie waren Assistent bei Professor Schwinge in Marburg.[15]

E.-W. Hanack: Ja. Das ist auch ein Kapitel für sich.

Schwinge hat sehr viel in Politik gemacht. Und er hat Kriegsgefangene, also Kriegsverbrecher, in Frankreich und in Italien verteidigt. Er war eine sehr eindrucksvolle Persönlichkeit, jedenfalls für einen jungen Menschen damals. Was aber vielleicht charakteristisch für die Zeit ist: Ich habe überhaupt nicht gewusst, dass er ein harter Militärstrafrechtler war. Ich wusste, er hat den entscheidenden Kommentar zum deutschen Militärstrafgesetzbuch geschrieben. Aber davon war in meiner Zeit nie die Rede. Ich habe mir das auch nie angesehen, auch nicht als Assistent. Und was sich dahinter verbarg, wusste ich nicht. Schwinge hat die Meinung vertreten und 25 Jahre in Deutschland halten können, dass die deutsche Militärgerichtsbarkeit vorzüglich gewesen sei: menschlich und so weiter. Diese Auffassung ist dann

---

15 Erich Schwinge (1903–1994), Professor für Strafrecht, Strafprozessrecht, Zivilprozessrecht und Rechtsphilosophie, unterrichtete ab 1936 in Marburg. Ab 1941 amtierte Schwinge als Militärrichter. 1948 wurde er erneut an die Universität Marburg berufen. Neben seiner Lehrtätigkeit war Schwinge zehn Jahre lang als Strafverteidiger in Kriegsverbrecherprozessen tätig und veröffentlichte unter dem Pseudonym Maximilian Jacta von 1962 bis 1974 in zwölf Bänden »Berühmte Strafprozesse«. Siehe auch seine Selbstdarstellung Schwinge (1997), *Juristenleben.*

kurz vor seinem Tod – er ist in seinen neunziger Jahren gestorben – zusammengebrochen, als das Bundessozialgericht nun plötzlich erklärte, das stimme alles nicht – aufgrund mittlerweile durchgeführter Forschung.[16] Es gab dann in dem Zusammenhang ein Verfahren gegen Schwinge wegen eines Todesurteils, das er als Kriegsrichter gesprochen hatte gegen einen 17-jährigen. Der war wegen belangloser Plündereien nach einem Bombenangriff angeklagt. Schwinge hat diesen 17-jährigen zum Tode verurteilt. Das Urteil wurde in der Frankfurter Rundschau abgedruckt.[17] Ich habe sofort die Handschrift erkannt, den Sprachstil. Das war für mich innerlich das Ende der Beziehung zu dem Lehrer.

Es ist eigentümlich und vielleicht charakteristisch für die Zeit. Man hat über so etwas nicht geredet. Das war eine vergangene Welt.

Ich bin sein Schüler, sein Doktorand, Habilitand und jahrelang sein Assistent gewesen – ich wusste nichts davon.

H. Litzinger: Hat sich seine Haltung nicht auch in seinen Vorlesungen ausgedrückt?

E.-W. Hanack: Nein. Überhaupt nicht. Nein. Er berichtete nur, und das höchst eindrucksvoll, aber unpolitisch, über seine Kriegsverbrecherverteidigungen. Er verteidigte in Frankreich und in Italien und war deswegen häufiger bei der Vorlesung nicht da. Wenn er dann zurückkam, redete er

16 Das Bundessozialgericht (BSG) hatte am 11. 9. 1991 (Neue Juristische Wochenschrift 1992, 934) der Witwe eines im Zweiten Weltkrieg als Deserteur hingerichteten Wehrpflichtigen eine Entschädigung nach dem Bundesversorgungsgesetz zugesprochen. Die Klage hatte deshalb Erfolg, weil nach Auffassung des BSG eine Vermutung für die »offensichtliche Rechtswidrigkeit« der Urteile der damaligen Militärjustiz spreche. Der Ehemann der Klägerin sei demgemäß an den Folgen einer militärdienstlichen Schädigung gestorben, die als offensichtliches Unrecht zu qualifizieren sei, und löse somit einen Anspruch der Klägerin auf Witwenrente aus. Mit diesem Urteil setzten sich im Folgenden zwei Beiträge in der Neuen Juristische Wochenschrift auseinander: Während Schwinge die Entscheidung sowohl dem Tenor als auch den Gründen nach ablehnte, stimmte Otto Gritschneder ihr in vollem Umfang zu: Schwinge (1993), »Urteile«; Gritschneder (1993), *Entschädigung*.

17 Frankfurter Rundschau v. 11. 9. 1986: Der damals 17-jährige Anton Reschny war im August 1944 zum Militärdienst eingezogen worden. Bei Aufräumarbeiten nach einem Bombenangriff auf Wien hatte er eine leere Geldbörse und zwei Uhren an sich genommen. Dafür wurde er vor dem Kriegsgericht wegen Diebstahls unter Ausnutzung der Kriegsverhältnisse angeklagt. Erich Schwinge ging als Richter über den Antrag der Anklage hinaus und verurteilte Reschny aus Gründen der »Abschreckung« wegen »Plünderung« nach dem Militärstrafgesetzbuch zum Tode. Die Verurteilung schien dem Befehlshaber des Ersatzheeres, Heinrich Himmler, allerdings zu hart. Er wandelte die Strafe in 15 Jahre Zuchthaus um.

über diese Prozesse. Das hatte keinen im engeren Sinne politischen Anstrich, war sehr eindrucksvoll, bewegte ihn selbst. Ich habe ihn mit Tränen in den Augen am Podium stehen sehen, als er von einer Verteidigung nach Hause kam, die mit Todesurteilen endete. Oder er berichtete: Wenn es um die Vollstreckung eines Todesurteils ging, hörte sich der französische Präsident den Verteidiger in einem persönlichen Gespräch an. Und solche Begegnungen mit dem damaligen Staatsoberhaupt hat er gehabt. Da wusste er fesselnd von zu erzählen.

Es gibt eine kleine Monographie oder Biographie über ihn.[18] Die trifft ihn nicht so ganz. Er erscheint aber auch dort nicht als Nazi. Und das war er zweifellos auch nicht. Er war ein nationalbewusster Mann, sehr nationalbewusst, sehr eigen, aber er hat auch den eigentlichen Kampf gegen die so genannte Kieler Schule geführt.[19]

Als nationaler Deutscher wollte er möglichst wenig Dreck auf Deutschland wissen und verteidigte deutsches Verhalten sehr. Im Alter schrieb er dann auch problematische Bücher darüber.[20]

Th. Horstmann: Hat man, als Sie im Berufsleben standen, die Tätigkeit von Juristenkollegen im »Dritten Reich« thematisiert? Zum Beispiel über diejenigen geredet, die Sonderrichter waren?

E.-W. Hanack: Es wurde nicht viel darüber geredet, und wenn, dann in kleinem Kreise. Ein berühmter Bundesrichter, Baldus[21], Vorsitzender eines

---

18 Garbe (1989), *Einzelfall.*

19 Die juristische Fakultät der Kieler Universität war nach 1933 besonders stark von nationalsozialistisch ausgerichteten Professoren geprägt. Die von den Strafrechtlern Georg Dahm und Friedrich Schaffstein geprägte so genannte »Kieler Schule« des Strafrechts lehnte die geläufigen formalen Kriterien Tatbestand, Rechtswidrigkeit und Schuld im Strafrecht ab und beurteilte eine Handlung rein »ethisch«; Maßstab war nicht ein etwaiger materieller Schaden, sondern vielmehr die »gemeinschaftswidrige Gesinnung des Täters«, durch die gegen die »völkische Ordnung« verstoßen werde. Schwinge entwickelte gegen dieses Verständnis die so genannte »Rechtsgutlehre«, die das verletzte Rechtsgut zum Maßstab für die Beurteilung der Handlung machte. Jedoch sollte bei Schwinge ebenfalls dieses Rechtsgut bedingt sein durch die herrschende Weltanschauung: Auch die Rechtsgutlehre, so Schwinge, diene nämlich »der Durchdringung der Rechtsprechung mit dem Geiste des Nationalsozialismus«, Schwinge/Zimmerl (1937), *Wesenschau,* S. 64; vgl. auch Schwinge (1938), *Irrationalismus.*

20 Hanack bezieht sich vermutlich auf Veröffentlichungen wie Schwinge (1979), *Bilanz.*

21 Paulheinz Baldus war bis 1971 Vorsitzender des zweiten Strafrechtssenats des Bundesgerichtshofs. Als im Frühjahr 1971 dort die Revision in einem Prozess gegen Euthanasieärzte anstand, lehnte der Ostberliner Rechtsanwalt und Vertreter der Nebenklage, Friedrich Karl Kaul, Baldus wegen Befangenheit ab. Kaul bezog sich in seinem Antrag auf die Aussage des im Auschwitz-Prozess zu lebenslanger Haft verurteilten SS-Unter-

Strafsenates, über den wurde öfter geredet, er habe eine böse Vergangenheit, er habe schlimme Urteile gefällt. Aber der war in einer führenden Position, Kollege von Sarstedt.[22] Da tuschelte man, gewissermaßen – aber mehr nicht. Sonderrichter, das wusste die damalige Zeit noch, das konnte sehr Verschiedenes sein. Es gab üble Sondergerichte, und es gab andere, die sich von normalen Strafkammern wenig unterschieden.[23]

Auch über Professoren mit brauner Vergangenheit wurde meist nur getuschelt.

Th. Horstmann: Wann wollten Studenten über das Thema sprechen?

E.-W. Hanack: Die große Unruhe brach aus an der Universität Heidelberg mit der Debatte um die Notstandsgesetze.[24] Ich habe da zum ersten Mal in meinem Leben die Sprengung einer Veranstaltung von Professoren erlebt. Es war gar nicht nachvollziehbar, dass Studenten so etwas wagten. Aber Drittes Reich – da habe ich viel über die Sachen von mir aus gelesen. Ich erinnere mich nicht, dass das überhaupt angesprochen wurde.

---

scharführers Oswald Kaduk. Kaduk hatte ausgesagt, er habe damals seine Befehle von Baldus bekommen. 1939 war Baldus von der Strafrechtsabteilung des Reichsjustizministeriums als juristischer Mitarbeiter zur Führerkanzlei gewechselt. Im Krieg war er Feldkriegsrichter. Baldus trat wegen der von Kaul initiierten Diskussion um seine Vergangenheit wenige Monate vor seiner regulären Pensionierung zurück; vgl. Müller (1978), *Juristen*, S. 218 f.

22 Werner Sarstedt (gest. 1985) war seit 1952 Bundesrichter. Am 1. August 1939 war er in das Reichsjustizministerium einberufen worden und lernte dort alle hochrangigen NS-Justizfunktionäre kennen. Rückblickend schrieb Sarstedt: »Wenige Wochen später war ich Soldat. Polen, Frankreich, wieder Polen, Rußland, Italien. Damals schien mir das ein hartes Schicksal. Aber nachträglich bin dankbar für alles, was mir dadurch erspart geblieben ist. Wer kann wissen, wie er allen Verstrickungen entgangen wäre, ob er allen Versuchungen widerstanden hätte, denen er unter demselben Dach mit Freisler, Schlegelberger, Thierack und solchen Leuten begegnet wäre?«; Sarstedt (1987), »Richter«, S. 324. Erstmals veröffentlicht wurde diese autobiographische Skizze, die auch ausführlich auf die Nachkriegszeit eingeht, in: Strafverteidiger 1981, S. 42–46. In dem Vierteljahrhundert zwischen 1953 und 1978 kamen insgesamt mindestens 63 Verfahren vor seinen Senat, die einen Bezug zu den NS-Prozessen hatten, Zählung nach Rüter/Mildt (1998), *Strafverfahren*.

23 Vgl. hierzu etwa Greve, *Umgang*, S. 126: Hiernach gingen in den sechziger Jahren selbst diejenigen, die eine weitreichende Aufklärung der Justizverbrechen forderten, davon aus, dass »die Zugehörigkeit zu einem Sondergericht an sich noch kein Grund für Konsequenzen darstelle«.

24 Der Bundestag beschloss im Mai 1968 die Einführung einer Notstandsverfassung, der eine äußerst kontroverse öffentliche Debatte vorangegangen war. Vgl. zur damaligen Stimmung an der Universität Heidelberg Schlink (2003), »Sommer«.

Die Königsteiner Tagung

Th. Horstmann: Haben Sie eigentlich selber Prozesse gegen Kriegsverbrecher und NS-Verbrecher besucht?

E.-W. Hanack: Nein. Ich habe einen als Verteidiger geführt. Aber mehr durch Zufall. Damals war ich Professor in Heidelberg. Ich hatte der Tochter des Angeklagten ein paar Ratschläge gegeben, und dann wurde der Vater teils verurteilt, teils frei gesprochen. Der Bundesgerichtshof verwies einen Komplex zurück. Dieser Komplex war äußerst kritisch, es war eine eigenhändige Tötung. Der Angeklagte behauptete, in Notwehr gehandelt zu haben. Die Staatsanwaltschaft sagte, es war eiskalter Mord. Diese Sache musste neu verhandelt werden.

Ich habe ihm einen Spitzenverteidiger vermittelt, und der rief mich acht Tage vor dem Prozess an, er werde damit nicht fertig. Ich möchte mit verteidigen. Das habe ich gemacht. Es endete mit einem Freispruch. Das Ganze war kein Naziverbrechen. Ein Kriegsverbrechen, würden wir sagen. Der Angeklagte war der so genannte Gestapochef von Norwegen, aber in Wahrheit war er Chef der Abwehr.[25] Er hatte im Zuge einer Abwehrhandlung, also der Spionagebekämpfung, in einem Kohlenkeller einen norwegischen Gastwirt erschossen. Es war bei einer Razzia, er behauptete, es sei Notwehr gewesen. Freigesprochen worden ist er wegen Putativnotwehr[26]. Was wohl richtig war.

Aber sonst habe ich nicht an Prozessen teilgenommen. Nein. Ich bin auch kein Nazi, um das zu sagen. Ich bin durch die Mutter höchst kritisch gegenüber dem Nationalsozialismus aufgewachsen. Die Hitlerjugend lag mir nicht. Ich habe mich auch schließlich drücken können. Diese Welt war und blieb mir sehr fremd.

H. Litzinger: Wann haben Sie sich als Strafrechtsprofessor erstmals mit diesen Prozessen gegen NS-Täter befasst? Wie kamen Sie zu der Königsteiner Tagung?

E.-W. Hanack: Ich bin zu dieser Königsteiner Tagung für mich völlig überraschend gekommen. Ich hatte nie irgendwie vorher auf dem Gebiet gearbeitet. Ich war nicht einmal ein besonderer Experte in den Fragen, die dahinter stehen, also Täterschaft, Teilnahme und so weiter. Meine Interes-

25 Auf schriftliche Nachfrage teilte Herr Hanack uns den Namen des Angeklagten mit: Reinhard, angeklagt später unter dem Namen Patzschke.

26 Putativnotwehr ist gegeben, wenn der Täter irrig die Voraussetzungen der Notwehr annimmt, also irrig meint, dass er angegriffen sei oder angegriffen werde.

sen lagen ganz woanders. Ich weiß nicht, warum man mich aufgefordert hat. Ich vermute, weil ich Professor Klug sehr gut kannte. Ein anderer denkbarer Grund: Roxin und ich waren wohl die einzigen beiden Teilnehmer der echten Nachkriegsgeneration, also die jüngsten Ordinarien. Ich vermute, dass man deswegen gerade uns wollte.

Th. Horstmann: Wie waren denn die persönlichen Kontakte zwischen den Teilnehmern in Königstein?

E.-W. Hanack: Die Umgangsformen waren zivilisiert, die Auseinandersetzungen sehr hart. Und es bildeten sich gewisse Grüppchen, Flügel. Am schwierigsten für mich war Herr Ormond, mit dem man überhaupt nicht reden konnte. Ich ging am Morgen des einen Tages in dem Park in Königstein spazieren, begegnete ihm, er sah mich und bog ab. Ormond war Jude und lebte im Kampf gegen die Nazis. Ein Mann, der mir sehr Leid tat. Er war verbittert. Machte Nebenklagevertretungen.[27] Ja, ein verbitterter Mann, der aus dem Hass lebte. Das war schlimm.

Die anderen, na ja – das war unterschiedlich. Der Generalstaatsanwalt Bauer und ich, wir standen wissenschaftlich in sehr verschiedenen Lagern. Aber er war reizend. Er hat mich im Auto mit nach Hause genommen. Er fuhr nach Frankfurt und hat mich da zum Hauptbahnhof gebracht. Er war an der Meinung der jungen Leute, also Roxin und mir, interessiert. Lackner war ja mein Fakultätskollege, den ich gut kannte. Das war kein Problem. Dünnebier kannte ich auch. Buchheim kannte ich. Das waren unkomplizierte Verhältnisse.

H. Litzinger: Können Sie darstellen, wo der Unterschied zwischen Bauers und Ihrer Auffassung lag?

E.-W. Hanack: Bauer – ich muss jetzt ein bisschen vergröbern – war im Grunde gegen das Schuldstrafrecht und wollte ein Maßregelstrafrecht. Er war insoweit – er hat ja auch manches geschrieben – in der Bundesrepublik ein Außenseiter. Ich war, ich will nicht sagen konservativer Jurist, aber normaler Jurist und hielt Schuldstrafrecht, Verbotsirrtum, all diese Dinge, für richtig. Insofern waren wir also ganz verschieden im Denken. Auch lagen wir natürlich auf der Königsteiner Tagung sehr auseinander. Aber das hat er mit der größten Noblesse behandelt, und mit einem wachen Interesse. Er war wohl ein bisschen isoliert. Ich bin ihm später mal auf einer Tagung begegnet. Er saß im Frühstücksraum, in dem viele Leute saßen, ganz alleine an einem Tisch, und niemand setzte sich dazu. Er freute sich, als ich

27 Zu Henry Ormond siehe Anm. 52 in der Einleitung.

gekommen bin und mich zu ihm setzte. Ganz merkwürdig. Vereinsamt, so wirkte der Generalstaatsanwalt.

Th. Horstmann: Was erwarteten Sie von der Tagung?

E.-W. Hanack: Ich hatte mir vorgenommen, da nicht viel zu tun. Ich war kein Fachmann. Aber es entwickelten sich sehr schnell zwei Lager. Die einen, rund um Friesenhahn, die vor allem beklagten, dass die Urteile zu milde seien. Die eine härtere Linie durchsetzen wollten und keinen Sinn dafür hatten, dass das Täter in ganz abnormalen Situationen waren, von denen die meisten ohne die Verhältnisse des Dritten Reiches nie kriminell geworden wären.

Und dann entwickelte sich eine Gegengruppe, entschuldigen Sie, die von mir so ein bisschen angeführt wurde. Oder ich war der Erste, der das Problem anschnitt, dass man die Täter doch mit besonderen Maßstäben messen müsse.

So entwickelten sich zwei Lager und ein Mittellager, das mehr oder weniger zu der Frage schwieg.

Es war eine höchst intensive Tagung, die übrigens ein wenig desolat endete. Und zwar waren Ermüdungserscheinungen vorhanden. Man war auch ein bisschen unbefriedigt, ob der Ergebnisse, das ist jedenfalls mein Eindruck. Und dann kam am Ende der Tagung der Generalstaatsanwalt Bauer und berichtete von, wie er damals sagte, etwa zwei Millionen verhungerter russischer Kriegsgefangener, die auf das Konto Deutschlands gingen. Wir wissen heute, dass es mehr waren. Und das war ein Schock. Darüber wurde nicht mehr diskutiert. Es gehörte eigentlich auch nicht zum Gegenstand der Tagung.[28]

Es gab einen Streit, wie man die Ergebnisse der Königsteiner Tagung verkaufen solle. Durchgesetzt wurde eigentlich gegen den Widerstand von Friesenhahn, dass die Ergebnisse referiert und Kurzvorträge eingestreut werden. Ich legte sehr großen Wert auf diese Kurzvorträge, denn mein Vertrauen in Friesenhahns Objektivität war ein bisschen erschüttert.

Mich hat damals gestört, wie Friesenhahn diese Erklärung von Königstein vorbereitet hat. Mit einer kleinen Gruppe. Er hat versucht, eine Marschrichtung vorzugeben, die meiner Linie nicht entsprach. Ich war sehr erschöpft. Ich hatte die vorangegangene Nacht sehr schlecht geschlafen, bezeichnenderweise. Und ich überlegte mir, wenn ich zu sehr kritisieren

28 Wir haben bei Herrn Hanack im Nachhinein gebeten, diesen Punkt noch etwas auszuführen. Er antwortete, er könne dem nichts hinzufügen, da es sich nach seiner Erinnerung nur um eine kurze Bemerkung von Bauer gehandelt habe.

würde, würde die Erklärung platzen. Sie war auf Einstimmigkeit ausgerichtet. Und so habe ich einiges geschluckt, was ich eigentlich von meiner Warte aus nicht hätte schlucken sollen. Dann gab es den Kompromiss: Wir machen eine Veranstaltung, im Rahmen oder im Zusammenhang mit dem Juristentag. Und es kam diese Idee mit den Kurzreferaten auf, gegen die sich Herr Friesenhahn erkennbar wehrte.

Th. Horstmann: Wie haben Sie denn die Rechtsanwälte eingeschätzt, die nach Königstein kamen – Schmidt-Leichner, Roesen?

E.-W. Hanack: Herr Friesenhahn hat behauptet, Schmidt-Leichner habe nationalsozialistische Gewaltverbrecher verteidigt. Das hat er nicht getan. Er hat ein einziges Verfahren geführt, mit mir zusammen, wegen der Tötung dieses Norwegers.[29] Sonst hat er nationalsozialistische Täter nicht verteidigt. Schmidt-Leichner war der Star-Verteidiger damals in der Bundesrepublik. Ein richtiger Star, aber ein begabter Mann. Zu Roesen aus Düsseldorf gehörte eine große Kanzlei, die viele Strafsachen vertrat, aber eine sehr große Rolle hat er nicht gespielt. Hammerstein war ein interessanter Mann, von den Anwälten vielleicht der Interessanteste.

Th. Horstmann: Insgesamt war es ja eine sehr illustre Schar von Strafrechtlern, die dort zusammenkam. Wir wollen nach Ihnen Herbert Jäger interviewen.

E.-W. Hanack: Ich schätze Jäger sehr. Er lebt jetzt in Hamburg, wie Sie wissen. Er hat immer, darin waren wir uns relativ ähnlich, über etwas besondere Themen gearbeitet. Eine Habilitationsschrift über die nationalsozialistischen Gewaltverbrechen – das war ja schon ein Hammer. Dazu eine Dissertation über Sexualstrafrecht. Das war auch ungewöhnlich. Herbert Jäger war einer der Stillen im Lande. Es gibt sehr schöne Arbeiten von ihm. Er war ein besonderer Mann. Ich habe ihn ganz früh bei irgendeiner Veranstaltung kennen gelernt. Und da erzählte er, dass er immer noch in den Osten fuhr, um bei dem Thomaskantor Ramin Orgelstunden zu nehmen, von Hamburg aus.

Th. Horstmann: Wie ging es nach dem Essener Juristentag 1966 weiter? Welche Resonanz gab es auf die Sonderveranstaltung?

E.-W. Hanack: Nach dem Juristentag geschah zunächst eigentlich nichts. Die Kollegen fragten einen aus. Und nach dem Juristentag, wo es natürlich auch Presseberichte gab und später dann diese Veröffentlichung[30], da

---

29 Erich Schmidt-Leichner war der Verteidiger des oben angesprochenen Gestapo-Chefs in Norwegen.

30 Ständige Deputation des Deutschen Juristentages, *Probleme*.

kamen Briefe, Fragen im Zusammenhang mit meinem Doppelaufsatz in der Juristenzeitung[31]. Die Gerichte interessierten sich sehr lebhaft für meine Thesen. Ich habe oft gehört, sie seien intensiv diskutiert worden, weil die Richter ja zum Teil in Gewissensnot waren. Aber durchgesetzt haben sie sich, wie Sie wissen, nicht.

Th. Horstmann: Aber gab es nicht Urteile, die konkret auf Ihren Thesen beruhten?

E.-W. Hanack: Ja. Das ist mir bekannt. Eines ist auch veröffentlicht, jedenfalls auszugsweise, in der *Neuen Juristischen Wochenschrift.* Dazu habe ich sogar eine Anmerkung, eine kurze, geschrieben.[32] Der Fall war ganz eindrucksvoll. Es handelte sich um einen einundzwanzigjährigen Angeklagten, dem man statt lebenslang etwa 12 Jahre gegeben hat. Das entspricht genau dem, was ich mir vorgestellt hatte. Interessant war übrigens, dass der Vorsitzende dieses Gerichts mich während des Prozesses anrief. Ich war verreist, es war Sonntagabend um halb zehn, und in großer innerer Erregung diskutierte der Richter mit meiner Frau über die Probleme.

Insgesamt waren die Reaktionen unterschiedlich. Dass ich ein Nazi sei und irgendwelche Nazigedanken vertrete, das kam höchstens unterschwellig. Es stand aber sehr deutlich in einem Aufsatz im *Neuen Deutschland.* Ich erhielt Widerspruch insbesondere von Verfolgten des Naziregimes. Zum Teil waren das recht böse Angriffe. Und ich erhielt versteckten Beifall von nationaler Seite. So ungefähr: »Endlich mal einer, der was sagt gegen die Nestbeschmutzer.«

H. Litzinger: Hatten Sie damit gerechnet?

E.-W. Hanack: Ja. Es war mir klar, dass das Unruhe geben würde. Als ich den Doppelaufsatz in der Juristenzeitung veröffentlichte, da ging das Manuskript an sämtliche Herausgeber der Juristenzeitung. Dazu gehörte Professor Bader, ein Rechtshistoriker.[33] Er spielte in der Nachkriegszeit eine große Rolle in Deutschland. Er war Generalstaatsanwalt in Freiburg, wurde dann später Professor für Rechtgeschichte und war Mitherausgeber der Juristenzeitung. Bei dem lief mein Manuskript und die Fahnen durch,

---

31 Hanack, »Problematik«.

32 Siehe oben S. 69, Anm. 9, Urteil des Landgerichts Hamburg vom 9. März 1976, veröffentlicht in: Neue Juristische Wochenschrift 1976, 1756 ff.

33 Karl S. Bader (1905–1998), seit 1945 Professor an der Universität Freiburg, ab 1953 an der Universität Zürich Professor für Schweizer und Deutsche Rechtsgeschichte, seit 1947 Mitherausgeber der Juristenzeitung.

und er schrieb mir spontan einen Brief: Er begrüße das. Aber er mache mich darauf aufmerksam, ich würde viel Kummer erleiden.

Th. Horstmann: Gab es Repressionen wegen dieses Artikels?

E.-W. Hanack: Na ja, man fühlte sich eine Zeit lang schon so ein bisschen sehr aufmerksam beobachtet. So etwa möchte ich es formulieren. Aber das es irgendwie Nachteile oder Repressalien gegeben hätte – nichts, nein.

Ich war übrigens nie der Meinung, dass man alles unter den Tisch kehren sollte, etwa durch eine Generalamnestie. Ich wollte die Verfahren auf eine andere Grundlage stellen. Ich fand vieles, was *in praxi* gemacht wurde, nicht richtig. Dass der Mensch, der da an der Grube schießt und reihenweise Juden oder wen auch immer tötet, nur Gehilfe sei – das widerstrebte mir. Ich denke, es gab andere Lösungen, also etwa meinen übergesetzlichen Schuldminderungsgrund, um den Tätern gerecht zu werden – soweit man das überhaupt kann. Dazu hätte ich mir eine Teilamnestie gewünscht, für die kleinen, untergeordneten Personen, die vielleicht auch unter Druck standen, unter Befehl oder Pseudobefehl. Das hat ja Güde[34] versucht. Ich weiß nicht, ob Ihnen der Name Güde noch etwas sagt?

Th. Horstmann: Er sollte wohl auch erst zur Tagung kommen und wurde dann von Friesenhahn doch nicht eingeladen, weil er Politiker war und man Politiker nicht dabei haben wollte.

E.-W. Hanack: Aha. Ja, Güde war Generalbundesanwalt der Bundesrepublik und ließ sich dann für den Bundestag aufstellen, wurde Abgeordneter und wollte Minister werden. Das wurde er nicht. Güde hat in einem Gesetzentwurf gewisse Einschränkungen in der Verfolgung empfohlen.[35]

---

34 Max Güde (1902–1984), Jurist und Rechtspolitiker, war 1929–1932 Staatsanwalt in Mosbach und Amtsrichter in Bruchsal. Er wurde 1933 wegen kritischer Äußerungen als Amtsrichter in die Kleinstadt Wolfach versetzt. 1956 wurde Güde zum Oberbundesanwalt ernannt (1957 Umbenennung des Amtes in Generalbundesanwalt beim BGH). 1961 wurde er für die CDU in den Bundestag gewählt. In der Frage der Verfolgung von NS-Tätern suchte Güde nach einer Kompromisslösung: »Kleine« Täter sollten nicht mehr verfolgt werden, die Verjährung nicht aufgehoben, der Beginn des Verjährungsfristlaufs aber um fünf Jahre aufgeschoben werden. Sein Vorschlag wurde jedoch abgelehnt; siehe zu Güde Tausch (2002), *Güde*.

35 Güde rechtfertigte seine Initiative im März 1965 im Bundestag damit, dass einfache »Henkersbuben« von damals von der weiteren Strafverfolgung ausgenommen werden müssten. Gegen die Vorschläge Güdes wandten sich vor allem die SPD-Abgeordneten Jahn und Erler, siehe zum näheren Zusammenhang Greve, *Umgang*, S. 324 f.

H. Litzinger: In einem Brief an Friesenhahn nach der Königsteiner Tagung haben Sie geschrieben, Sie fürchteten negative Auswirkungen der NS-Prozesse. Was meinten Sie damit?

E.-W. Hanack: Ich glaube, in dem Punkt habe ich mich getäuscht. Ich hatte gemeint, dass in der Folge ein zunehmender Verdruss gegen diese Prozesse entstehen könnte – die Leute wollten vor allem nichts mehr davon hören. Das ist für uns, aus heutiger Sicht, schwer nachvollziehbar. Aber die Ablehnung dagegen, über das, was mit dem Dritten Reich zu tun hatte, noch zu reden, die war sehr, sehr verbreitet.

Ich habe gedacht, wegen der Prozesse könnte es zu massiveren Gegenreaktionen kommen. Das ist nicht der Fall gewesen. Ein anderes Problem – es ist sehr sensibel – war, dass man das ganze fürchterliche Geschehen derart abwälzt auf ein paar hundert Kriminelle. Und alle anderen Bürger sind mehr oder weniger rein. Das stimmte ja nun zutiefst nicht. Das hat mich beschäftigt, ja beschwert, denn so ist eine innere Verarbeitung dessen, was da geschehen war, viel zu wenig erfolgt. Das hängt natürlich auch zusammen mit der ganzen Entwicklung nach 1945, der Stunde Null, der schwierigen Zeit bis zur Währungsreform, die ja doch sehr schlimm war für die meisten. Dann das Wirtschaftswunder.

Ich glaube nicht, dass eine wirkliche Bewältigung, eine geistige Bewältigung der Dinge erfolgt ist. Mich hat dann gestört, dass gerade auch auf der Königsteiner Tagung die Neigung bestand, die Täter als exzeptionelle Kriminelle anzusehen, die durch weite Ferne von der übrigen Bevölkerung getrennt seien. Das stimmt nicht.

Th. Horstmann: Gibt es denn eine Alternative zum Umgang mit den Tätern, wie zum Beispiel eine Wahrheitskommission wie in Südafrika?

E.-W. Hanack: Ja, die Wahrheitskommission hat mich fasziniert. Ich würde aber wohl ein bisschen weiter gehen. Es gab zweifellos Personen, die vor den Strafrichter gehörten – zum Beispiel Exzesstäter. Ich hätte mir eine andere juristische Grundlage für die Prozesse gewünscht, die nicht unbedingt zu ganz anderen Ergebnissen geführt hätte, und eine saubere Lösung für die »Kleinen« – jetzt meine ich nicht die Schützen an der Grube, sondern die sonstigen Mitwirkenden. Ich habe das mal beschrieben: Die Sekretärin, die einen Todesbefehl schrieb. Der Zugführer, der wusste, er fährt mit seinem Zug Menschen in die Vernichtung. Das ist ja alles Beihilfe zum Mord, jedenfalls, wenn sie es wussten, und sie wussten es ja in der Regel. Da ist natürlich keine Strafverfolgung erfolgt. Das ging auch gar nicht. Da hätte ich mir eine Amnestie gewünscht. So ähnlich wie das Güde vorgesehen hatte. Er schlug vor, dass man gegen untere Befehlsempfänger, untere Ausführende, die Verfahren mit Zustimmung des Gerichts einstellen können sollte. Schien mir eine vernünftige Lösung.

Th. Horstmann: Sie haben selber in Ihrem Artikel in der *Juristenzeitung* dem Gesetzgeber ein Versäumnis vorgeworfen. Wie hätten denn Sondernormen aussehen sollen?

E.-W. Hanack: Ja, das war vielleicht ein bisschen idealistisch. Ich denke, verfassungsrechtlich wäre es möglich gewesen, da es eine Einschränkung des Strafrechts bedeutet hätte. Ich habe mir vorgestellt, dass man für Mörder, Täter nationalsozialistischer Gewaltverbrechen, unter besonderen Voraussetzungen einen milderen Strafrahmen gesetzlich vorsieht. Dass man klarstellt, was ein Exzesstäter ist. Und auch die schwierige Frage klärt, dass jemand, der einen eigenen Entscheidungsspielraum hatte, wenn er den ausfüllte, im Zweifel Täter war.

Dann hätte ich mir, das habe ich eben angedeutet, ähnlich wie Güde, Möglichkeiten des Absehens von Strafe oder des Absehens von Verfahren für Randbeteiligte gewünscht. Es war eine bodenlose Unehrlichkeit, dass viele Tausende in die Sache verstrickt waren – nicht als ausführende Täter, aber mit all dem, was damit zu tun hatte – und praktisch nicht verfolgt, aber auch nicht von Strafe freigestellt worden sind.

Ich wollte auch nur das geltende Recht gewissermaßen entschärfen. Da, wo es mir nötig schien. Das hätte im Ergebnis, glaube ich, nicht zu Urteilen mit sehr viel anderen Strafen geführt. Aber mit einer anderen Konstruktion. Es ist für mich einfach ein Problem gewesen, ich habe es vorhin gesagt: der Mensch, der an der Grube mit der Maschinenpistole reihenweise tötet, und dann Gehilfe ist zum Mord. Das passt nicht. Andererseits Höhergestellte, die überhaupt nicht verfolgt wurden, aber aus damaliger Sicht Anstifter waren. Das passt alles nicht.

H. Litzinger: Sie hatten in Ihrem Aufsatz angedeutet, welche Rolle der Schuldgedanke spielen muss. Es war klar, dass Spezialprävention keine große Rolle spielen konnte in diesen Prozessen, weil die Täter nach 1945 unauffällig lebten. Welche Rolle spielte für Sie der Gedanke einer Generalprävention im Sinne einer Erziehung der Gesellschaft?

E.-W. Hanack: Eine geringe. Und zwar einfach deswegen: Generalprävention war damals noch etwas anderes als heute. Das war die so genannte negative Generalprävention, Abschreckung. Und heute geht es bei Generalprävention um die so genannte positive Erhaltung des Rechtsbewusstseins der Bevölkerung. Nach dem alten Gedanken der negativen Generalprävention war ich der Meinung, und bin das wohl auch noch heute, dass eine Generalprävention nicht nötig sei, denn das werde sich in Deutschland nicht wiederholen.

Natürlich werde ich nachdenklich. Rechtsradikalismus konnten wir uns damals kaum vorstellen, so, wie wir ihn heute haben.

Th. Horstmann: Gab es denn damals eigentlich schon Bücher, nichtjuristische Bücher, mit denen Sie sich als Jurist das nötige Wissen verschaffen konnten?

E.-W. Hanack: Ja, es gab einiges. Es gab Henkys[36], ein gutes Buch. Dann Baumann[37]. Für mich ist ein Schlüssel zu den Dingen das Buch über die Konstruktion der KZs, das kurz nach dem Zusammenbruch erschien. Eugen Kogon: »Der SS-Staat«.[38] Oder Mitscherlich/Mielke, »Medizin ohne Menschlichkeit«, ein kleines Buch, das damals an alle deutschen Ärzte ausgehändigt wurde und das die so genannten Euthanasie-Tötungen zum Gegenstand hatte.[39]

Th. Horstmann: Haben Sie das Eichmann-Verfahren damals verfolgt?

E.-W. Hanack: Ja, sicher hat man das verfolgt.

Th. Horstmann: Fragten da Studenten danach?

E.-W. Hanack: Ich erinnere mich nicht. Glaube nicht, dass. Wenn, wäre es eher beiläufig gewesen. Aber dass das eine größere Rolle gespielt hätte – nein. In unser Bewusstsein trat die Aufarbeitung oder der Versuch einer gewissen Aufarbeitung eigentlich durch den Auschwitz-Prozess.[40]

H. Litzinger: Sie hatten an Herrn Friesenhahn später, nach der Königsteiner Tagung, geschrieben, Sie hätten schon zuvor den Gedanken gefasst, sich publizistisch damit zu befassen.

E.-W. Hanack: Nein, das muss einen anderen Zusammenhang haben. Ich habe den Brief hier[41]: »Darf ich mitteilen, dass ich die Absicht habe,

---

36 Henkys (1964), *Gewaltverbrechen.*

37 Baumann, »Problematik«.

38 Das im Jahr 1946 in Düsseldorf erschienene Buch »Der SS-Staat. Das System der deutschen Konzentrationslager« war der erste Versuch einer umfassenden Darstellung der nationalsozialistischen Terrorherrschaft, insbesondere des deutschen Konzentrationslager-Systems; Kogon, *SS-Staat.*

39 Mitscherlich/Mielke (1960), *Medizin.*

40 Hier entstand eine Pause. Uns ist heute unklar, warum wir nicht näher nachgefragt haben. Auf unsere schriftliche Bitte im Nachhinein, an dieser Stelle etwaige Erinnerungen zu ergänzen, antwortete Herr Hanack schriftlich, er wisse nicht, was er ergänzen solle.

41 Wir hatten Herrn Hanack eine Kopie des Briefes vor dem Treffen zugeschickt.

über den in Königstein verhandelten Fragenkomplex literarisch zu arbeiten. Ich weiß nur noch nicht, in welcher Form.«

H. Litzinger: Königstein gab also den Anstoß.

E.-W. Hanack: Ja. Das hat mich sehr erregt – insbesondere die Art, in der die Mehrheit die Dinge sah.

H. Litzinger: Und wenn Sie sagen, die negativen Folgen dieser Prozesse sind so nicht eingetreten, wie Sie befürchtet haben: Meinen Sie, es hatte doch auch positive Konsequenzen? War vielleicht die Bevölkerung durch die Prozesse gewissermaßen gezwungen, sich überhaupt mit dem Thema zu beschäftigen? Denn das war es ja, was aus Ihrer Sicht fehlte.

E.-W. Hanack: Eine gewisse Entlastung bei Schuldgefühlen der Bevölkerung ist vielleicht durch die Prozesse eingetreten, das weiß ich nicht. Nötig waren die Prozesse. Das denke ich schon. Man hätte nicht das alles unter den Teppich kehren können. Das war undenkbar. Es gab ja auch die Unruhe, weil zunächst nichts geschehen war. Wofür es viele einleuchtende Gründe gibt: Dass sich zunächst die Staatsanwaltschaften nicht um irgendwelche Sachen gekümmert haben, die außerhalb Deutschlands passiert sind, Zuständigkeitsstreitigkeiten und so weiter. Positive Wirkung? Ja, vielleicht hat es doch manche nachdenklich gemacht. Weniger die Urteile mit den Strafen, denke ich, sondern zu sehen, wozu Menschen fähig sind.

Th. Horstmann: Haben Sie denn damals das Schwurgerichtsverfahren[42] für angemessen für diese Prozesse gehalten? Wie standen Sie zu der Laienmitwirkung? Es gab ja damals auch eine Diskussion, wonach gerade die Laien und nicht die professionellen Richter für die niedrigen Strafen verantwortlich gemacht wurden.

E.-W. Hanack: Ja. Es gibt ein paar Schwurgerichtsurteile, wo zweifellos die Laienrichter die Urteile bestimmt haben. In Aurich gab es einen berühmten Prozess.[43] Sarstedt, mit dem ich gut bekannt war, hat ihn dann am Bundesgerichtshof entscheiden müssen, und beim zweiten Durchgang hat der Bundesgerichtshof lebenslänglich verhängt. Daran ist sehr ungewöhnlich[44], dass das Revisionsgericht die Strafe selbst festsetzte. Das Schwur-

42 Schwurgerichtsverfahren wurden bis 1974 in einer Besetzung aus drei Berufsrichtern und sechs Laien durchgeführt. Vgl. jetzt Koch (2005), »Rückkehr«.

43 Zu den Umständen des Falles: Rüter, *Justiz*, hier Bd. XX (12.04.1964–03.04.1965), lfd. Nr. 579.

44 Auf schriftliche Nachfrage ergänzte hier Herr Hanack: »Der BGH konnte dies hier (§ 354 I StPO), wenn die Feststellungen des Schwurgerichts zur äußeren und inneren

gericht in seiner damaligen Besetzung, drei Berufsrichter, sechs Laien, war ein sehr gefährliches Gericht. Sie mussten die Laien im Auge behalten, als Mitwirkender, und die Berufsrichter. Aber normalerweise dominierten natürlich die Berufsrichter. Die brachten ihre Laien schon dahin, wo sie sie wollten. Insofern habe ich da keine besonders großen Probleme gesehen. Anderes konnte mal vorkommen, aber eher in Einzelfällen. Da bin ich ziemlich sicher.

Th. Horstmann: Sie sprachen jetzt gerade vom Bundesgerichtshof und von Herrn Sarstedt. Gab es Unterschiede zwischen der Rechtsprechung der verschiedenen Senate des Bundesgerichtshofes?

E.-W. Hanack: Die Unterschiede waren so groß nicht, gerade zur Täterschaft: Es war der fünfte Senat, der Senat Sarstedts, der eine Zeit lang zu einem Modell tendierte, das in der Wissenschaft befürwortet wird, während die anderen Senate die so genannte subjektive Theorie praktizierten, die aber keine subjektive Theorie ist, weil sie angereichert ist durch objektive Gesichtspunkte. Ich habe die Divergenzen zwischen den Senaten nicht als groß angesehen, obwohl unverkennbar in den Entscheidungen des Bundesgerichtshofes Widersprüche stecken.

Sie müssen die Rolle des Revisionsgerichts sehen: Das prüft nur, ob das Urteil des unteren Gerichts haltbar ist. Es entscheidet nicht im engeren Sinne selbst.

Th. Horstmann: Können Sie Herrn Sarstedt etwas charakterisieren?

E.-W. Hanack: Ja. Ich kannte ihn sehr gut. Wir haben jahrelang zusammen in einem Strafrechtsausschuss der Bundesrechtsanwaltskammer gesessen. Wir haben sogar mehrere Jahre zusammen Fortbildungskurse für Anwälte, für Strafverteidiger betrieben. Er war eine sehr eigenwillige Persönlichkeit. Er war bei seinen Richterkollegen nicht unbedingt beliebt. Er führte seinen Senatsvorsitz sehr herb, auch im Umgang mit Verteidigern, die vor seinem Gericht auftraten. Aber er war ein hochintelligenter Mann. Brillant war er. Ich kann Ihnen nicht mal sagen, wie er politisch dachte. Ich kann nur sagen, wie er rechtspolitisch dachte: vernünftig.

– Sie antworten nicht. Entschuldigen Sie, war ein bisschen dünn. Nicht?

Tatseite erschöpfend und zweifelsfrei sind. Und dabei verfährt der BGH aus gutem Grund sehr zurückhaltend.«

Th. Horstmann: Ich überlege gerade noch. In seinen Veröffentlichungen schien mir, dass er sich sehr richteraristokratisch definiert. Kann man das so sagen?

E.-W. Hanack: Ja. Das kann man. Aber Richteraristokratie nicht durch das Amt, sondern durch die Intelligenz. Er war ein sehr scharfsehender, redegewandter Mann.

Th. Horstmann: Zeitgleich gab es ja damals das Verjährungsproblem. Wie war Ihre Position zur Verjährung damals, nach der großen Debatte im Bundestag 1965?

E.-W. Hanack: Es war für mich am Anfang ein Problem, dass die Verjährung für Mord aufgehoben wurde. Da habe ich ziemlich daran geschluckt, denn eine Mordstraftat nach 30 Jahren oder 35 Jahren zu verfolgen, scheint mir ein Problem. Und wir haben einige Probleme dieser Art mittlerweile gehabt. Aber ich habe mich daran gewöhnt, und wahrscheinlich ist es richtig.

Th. Horstmann: Was hielten Sie von Roxins Aufsatz zu organisatorischen Machtapparaten[45]?

E.-W. Hanack: Ja, das hat sich ja durchgesetzt. Den Aufsatz mit den organisatorischen Machtapparaten bejahe ich im Grunde. Der tut meiner Auffassung auch nicht weh.

Th. Horstmann: Liegen bei diesen Fällen von staatlich gebilligtem Unrecht und Organisationsverbrechen die Grenzen des Strafrechts?

E.-W. Hanack: Ich glaube nicht, dass man irgendein Unrecht dieser Art oder vergleichbarer Art wirklich aufarbeiten kann. Man kann punktuell etwas bewirken, man kann – wie das jetzt mit der Aufarbeitung der DDR geschah, die etwas geschickter erfolgt ist – bestimmte Delikte, also Mauerschützen oder dergleichen, herausgreifen. Wobei das schon problematisch ist. Die Verfahren zur DDR halte ich im Prinzip für richtig, so, wie sie gelaufen sind. Obwohl sie dogmatisch auf schwachen Füßen stehen.

Aber eine Unrechtszeit aufzuarbeiten bis in die Einzelheiten, halte ich für völlig unmöglich.

Th. Horstmann: Würden Sie sagen, dass die juristische Aufarbeitung der NS-Zeit gescheitert ist oder nicht?

E.-W. Hanack: Sie ist unbefriedigend geblieben. Gescheitert ist ein etwas hartes Wort.

45 Roxin (1963), »Straftaten«.

Th. Horstmann: Warum gab es in den fünfziger Jahren dieses Schweigen über die NS-Verbrechen unter den Juristen – wie würden Sie das erklären?

E.-W. Hanack: Für mich ist das einfach zu erklären. Da ist einmal die Hilflosigkeit der Staatsanwälte. Wie sollten die wegen eines KZs in Polen ermitteln, rein technisch? Ein Staatsanwalt war es nicht gewohnt, über auswärtige Ämter sich Beweismaterial, die Namen von Zeugen zu beschaffen, und so weiter. Dann eine gewisse Trägheit: Warum soll ich mir als Staatsanwalt solch einen Prozess anlasten? Er bedeutete ja fürchterlich viel Arbeit. Oft hatten die Staatsanwälte auch gar nicht das Wissen um die Hintergründe und die begangenen Taten. Dazu kam – ich kann das immer nur betonen, ich habe es so erlebt – dieser Wunsch, mit der Vergangenheit nichts mehr zu tun zu haben. Das sind für mich die wesentlichen Gründe.

Th. Horstmann: Haben Sie die Zentrale Stelle in Ludwigsburg begrüßt, die dann gegründet worden ist, oder wie fanden Sie das?

E.-W. Hanack: Ich fand das vernünftig, ja.

Th. Horstmann: Aber auch in dieser Form? Oder hätte es besser eine zentrale staatsanwaltliche Ermittlungsbehörde sein sollen, die selber anklagen kann?

E.-W. Hanack: Das wäre wohl zu problematisch gewesen, insbesondere im Hinblick auf die Zuständigkeiten der Länder und die Größe der Zentralen Stelle. Ich fand es so gar nicht schlecht.

Professur in Mainz

Th. Horstmann: Warum sind Sie 1970 nach Mainz gegangen? Gab es besondere Gründe?

E.-W. Hanack: Der Wechsel hatte mehrere Gründe. Der eine Grund war, dass das kollegiale Klima in Heidelberg nicht sehr ideal war. Die Kollegen im engeren Sinne vertrugen sich, dachten aber sehr unterschiedlich. Und im Bereich der Assistentenschaft gab es Rivalitäten, die uns in Mitleidenschaft zogen.

Dann die Studentenunruhen. Ich war noch mit der Jüngste der Juristen in Heidelberg und konnte nicht mehr arbeiten. Sie können sich das nicht vorstellen: neun- bis zehnstündige Sitzungen; dreimal hintereinander ist das Semester mehr oder weniger am Anfang abgebrochen worden. Die Belästigung erreichte eine hohe Intensität. Die Fakultät wurde geschlossen, samt den Vorlesungen. Ich habe wiederholt körperliche Gewalt erlebt, also körperliche Angriffe im Hörsaal. Ich hatte es bis oben hin satt.

Ich habe überlegt, ich war damals um die vierzig, in die Praxis zu gehen. Das tut man nicht als Ordinarius. Ich hatte mich schon bemüht, also Fühler ausgestreckt, um zu sehen, was ich machen könnte. Und dann ergab sich die Situation mit Mainz, wo ein Lehrstuhl frei wurde. So bin ich nach Mainz gekommen. Ich habe innerhalb eines Monats den Ruf angenommen. Ich habe nicht mit Baden-Württemberg, wie man das sonst tut, zurückverhandelt. Ich wollte nicht bleiben.

In Mainz waren die Verhältnisse völlig anders. Peter Schneider war damals Rektor und wurde dann der erste Präsident der Universität. Ein Schweizer, der mit Schweizer Beharrlichkeit, Liberalität und Väterlichkeit die Universität Mainz geführt hat – praktisch komplikationslos. Es gab nur ein bisschen Ärger, manchmal eine Institutsbesetzung oder dergleichen. Aber sonst war hier tiefer Frieden. Sie können sich das nicht vorstellen.

Rechtspolitische Schlachten – der Alternativ-Entwurf zum Strafgesetzbuch

Th. Horstmann: Wie sah in den sechziger Jahren die Haltung der Juristen gegenüber den Medien aus?

E.-W. Hanack: Eigentlich nicht viel anders als heute. Juristerei und Presse ist immer ein Problem, weil die Presse eine Neigung zu den sensationellen Dingen und zur Verkürzung hat. Und so sind wir Juristen überwiegend nicht sehr glücklich damit, was die Presse über juristische Probleme berichtet, wie sie berichtet und wie die Prozessberichte aussehen. Es gibt natürlich Ausnahmen, etwa die Süddeutsche Zeitung.

Vor allem haben wir – oder ich, muss ich jetzt sagen – im Zusammenhang mit späteren rechtspolitischen Schlachten um die Reform des Strafrechts die Presse fürchten und lieben gelernt. Es gab Ende der sechziger Jahre, Anfang der siebziger Jahre den Wunsch nach einem neuen Strafrecht. Und es bildeten sich entsprechende Initiativen. Darunter die so genannten Alternativprofessoren, die einen eigenen Entwurf eines Strafgesetzbuches schufen. Ein liberales Strafgesetzbuch. Das hat die Presse begeistert aufgegriffen. Sie hat uns in einer Weise geholfen, die Sie sich schwer vorstellen können. Aber später haben wir dann im Zusammenhang mit anderen Entwicklungen, sei es Terrorismus, sei es was auch immer, andere Verhaltensweisen der Presse beobachten müssen, über die wir oft nicht glücklich waren. Gerade im Bereich des alten Terrorismus der siebziger Jahre.

Th. Horstmann: Können Sie noch etwas mehr über die Arbeiten an dem Alternativ-Entwurf zum Strafgesetzbuch erzählen? Wie kann man sich die Arbeit vorstellen?

E.-W. Hanack: Es bildete sich 1965, glaube ich, nach einer Strafrechtslehrertagung eine kleine Gruppe mit der Idee, einen Alternativ-Entwurf zum Strafgesetzbuch zu entwickeln. Das waren zunächst 14 Personen, dann später mehr. Wir wurden gefördert von einer Stiftung. Wir bekamen also für unsere Zusammenkünfte, die in irgendwelchen ländlichen Hotels stattfanden, eine finanzielle Unterstützung. Wir haben mit einem ungeheuren Elan gearbeitet. Also – 14 Strafrechtler, das sind 28 Meinungen. Wir haben innerhalb kurzer Zeit einen allgemeinen Teil des Strafgesetzbuches erstellt.[46] Die Arbeit wurde verteilt. Jeder hatte bestimmte Partien. Interessant war der Diskussionsstil. Es gab keinen ständigen Vorsitzenden, sondern der Vorsitz wechselte unter den Kollegen. Einer fing an und leitete, und wenn er nach zwei Stunden müde wurde, übernahm ein anderer. Es entwickelte sich natürlich nachher doch so, dass immer wieder dieselben, weil sie das am besten konnten, diesen Vorsitz führten. Es gab auch eine Art Geschäftsstelle. Die wechselte auch, immer ein Lehrstuhl machte das. Die Lehrstühle waren damals ärmer. Und schon das Papier kostete Geld.

Ich denke an diese Zeit sehr gerne zurück. Es war ein ungeheurer Impuls.

H. Litzinger: Was war die zentrale Motivation? Was war sozusagen der kleinste gemeinsame Nenner, auf den man sich geeinigt hatte?

E.-W. Hanack: Der Kampf gegen den Entwurf '62, das war der staatliche Entwurf eines neuen Strafgesetzbuches. Der schien uns schrecklich überholt. Es waren höchst ehrenwerte Strafjuristen, die diesen Entwurf verfasst haben, aber sie waren geprägt durch Weimar, durch Pessimismus gegenüber den Menschen, sie ziselierten das Strafgesetzbuch bis in die kleinsten Feinheiten. Der Entwurf war sehr konservativ. Von der Homo-

46 Der *Alternativ-Entwurf eines Strafgesetzbuches, Band I: Allgemeiner Teil* wurde 1966 (Tübingen) von Jürgen Baumann, Anne-Eva Brauneck, Ernst-Walter Hanack, Arthur Kaufmann, Ulrich Klug, Ernst-Joachim Lampe, Theodor Lenckner, Werner Maihofer, Peter Noll, Claus Roxin, Rudolf Schmitt, Hans Schultz, Günter Stratenwerth und Walter Stree vorgelegt.

sexualität zwischen Männern, die immer noch strafbar sein sollte, bis zu den Abtreibungsregelungen. Das war wirklich eine Welt von gestern. Sie ist dann eingestürzt. Da hatten wir natürlich auch Glück. Die FDP hat den Alternativ-Entwurf übernommen und ihn als Bundestagsentwurf eingebracht. So ist es zur Neuberatung des staatlichen Entwurfs und zur Beratung des Alternativ-Entwurfs gekommen. Daraus ist das heutige Strafgesetzbuch entstanden.

Wir haben uns immer überlegt, in dieser Gruppe der Alternativprofessoren, wir müssen eigentlich in die Politik. Und einige sind ja auch gegangen. Maihofer, der ist später Innenminister geworden, Klug, Baumann…

Th. Horstmann: Und wenn Sie das jetzt im Rückblick betrachten? Wurde man wieder konservativer? Gab es einen Rollback?

E.-W. Hanack: Ja. Natürlich. Das beginnt mit den siebziger Jahren, mit dem Terrorismus. Der Staat ist ja mit dem Terrorismus schwer fertig geworden. Die Probleme waren groß. Es tauchten Angeklagte auf, die unsere Justiz nicht gewöhnt war. Man hatte Angst, was sich entwickeln würde. Ich war damals in einem Beraterkreis beim Bundeskanzler. Der hatte eine Gesprächsrunde gebildet, der Kanzler Schmidt, mit der er ganz unbefangen die Probleme besprach. Das war höchst eindrucksvoll. Hat mich fasziniert. Das waren so unsere Ängste: Was machen wir, wenn sie einen Kindergarten kidnappen, die Terroristen? Oder einen Eisenbahnzug, und die Insassen als Geiseln nehmen? Das war ein fast unlösbares Problem. Ja, und da beginnt also durch die Reaktion auf diese Dinge der Rollback. Der ist unverkennbar.

H. Litzinger: Wer war damals in diesem Beraterkreis noch dabei?

E.-W. Hanack: Der Generalbundesanwalt, der Präsident des Bundesgerichtshofes, ein paar Polizeispezialisten, darunter der damalige Polizeipräsident von München, Schreiber, ein höchst eindrucksvoller Mann. Der hat den ersten Todesschuss abgeben lassen. Der Fall Rammelmayer[47] sagt Ihnen nichts mehr? Nein? Also: Bankraub, und der Räuber kommt aus der Bank. Man hat ihm wohl irgendwelche Zusicherungen gemacht. Und schießt dann von der Seite auf ihn. Er hatte eine Geisel genommen und hat noch schießen können. Er hat die Geisel noch getötet.

47 Hans Rammelmayer und Dimitri Todorov überfielen 1971 eine Bank in München und nahmen Geiseln unter den Bankangestellten; Rammelmayer und eine Geisel wurden bei dem Überfall getötet, Todorov wurde verurteilt und schrieb später ein Buch über seine Lebensgeschichte: Todorov (2002), *Knast*.

Weiter saßen in dem Kreis die Spitzen der politischen Parteien. Da habe ich Herrn Kohl kennen gelernt, damals als Oppositionsführer der CDU. Strauß kam nicht, sondern immer Herr Zimmermann. Genscher. Maihofer natürlich. Das war sehr interessant.

DDR-Unrecht

E.-W. Hanack: Sie haben mich übrigens gar nicht nach der DDR gefragt.

Th. Horstmann: Das stimmt. Das würden wir gern noch.

E.-W. Hanack: Das macht mir nämlich ein bisschen Schwierigkeiten. Ich würde sagen, die Aufarbeitung der DDR ist besser gelungen. Aber das hatten Sie ja mit Recht – denke ich – gesagt: Man war klüger geworden.

H. Litzinger: Was denken Sie über die öffentliche Wirkung von diesen Prozessen?

E.-W. Hanack: Die halte ich auch für gering. Aber eine gewisse Befriedigung in der ostdeutschen Bevölkerung über die Mauerschützen-Prozesse ist wohl eingetreten. Ich kann das allerdings nicht aus eigenem Wissen sagen.

Zugleich waren für mich die Prozesse gegen die Mauerschützen ein dickes Problem. Da ist wieder das, was mich auch beim Dritten Reich beschäftigt hat: die Verhetzung, der ideologische Einfluss. Ich glaube, man kann Menschen sehr verbiegen.

Th. Horstmann: Haben Sie diese Prozesse damals intensiv verfolgt?

E.-W. Hanack: Nein, ich arbeitete damals an anderen Projekten, die liefen. Ich habe mich dazu nie literarisch geäußert. Aber beschäftigt hat es mich natürlich.

Th. Horstmann: Wenn Sie ein Resümee seit dieser Königsteiner Tagung Mitte der sechziger Jahre bis heute ziehen – wie würden Sie selber gerade die Rolle der Strafrechtswissenschaft heute beschreiben? Haben sich die Erwartungen an Ihr Fach gewandelt?

E.-W. Hanack: Im Ganzen hat die Aufarbeitung von Systemunrecht eine geringe Rolle gespielt. Es waren eigentlich ganz andere Probleme, die uns zentral beschäftigten. Ich habe meine Meinung nach diesen damaligen, sehr spontanen Äußerungen in Königstein und in der Folge dann auf dem Juristentag nicht grundsätzlich geändert. Befriedigt Sie nicht, diese Antwort? Ja, ich weiß nicht ganz, was Sie wollten.

Th. Horstmann: Ich habe als Laie den Eindruck, dass in Deutschland die Strafrechtswissenschaft immer noch sehr systemorientiert ist.

E.-W. Hanack: Das ist mir ein Lebensproblem gewesen. Ich hab mich oft ein wenig als Außenseiter im Kreise meiner Kollegen gefühlt, weil mir die strafrechtstheoretischen Erörterungen, die zum Teil ja groteske Formen annehmen, wenig besagen. Ich finde, dass die Mehrzahl der Strafrechtler sich mit den drängenden und realen Problemen des Strafrechts etwas zu wenig befasst. Es gibt viele Strafrechtler. Aber es gibt dicke Löcher in den wissenschaftlichen Untersuchungen, die praktische Probleme betreffen.

Es gibt Rechtsgebiete des Strafrechts, die völlig vernachlässigt sind. Ich bin Experte für Maßregeln der Besserung und Sicherung. Dabei geht es um Süchtige, um geistig geschädigte Täter, um die Sicherungsverwahrung von Schwerstverbrechern. Mich stört, dass darüber kaum jemand arbeitet. Das liegt nicht im Schnitt. Aber es gibt ungezählte Abhandlungen über den Rücktritt vom Versuch: ein wunderbares dogmatisches Problem. Ich formuliere ein bisschen grob, es ist differenzierter, das Bild. Aber im Ganzen ist die deutsche Dogmatik im Strafrecht überzüchtet, und es wird sehr interessant sein zu beobachten, wie sie im Zuge des werdenden Europas sich entwickelt. Es gibt jetzt Überlegungen, ob sie versinkt, pragmatischen angloamerikanischen Denkweisen unterliegt und ähnliches.

Schlaglichter auf Kindheitserinnerungen

E.-W. Hanack: Sie haben nach meinem Werdegang gefragt, und auf die Frage war ich ja vorbereitet. Aber Sie haben mich nicht gefragt, wie ich das Dritte Reich erlebt habe – da war ich ja noch Kind, als es zu Ende war, war ich 16 Jahre alt. Sie haben nicht nach irgendwelchen Eindrücken gefragt. Da gibt es aber welche. Da sind zwei Schlaglichter. Das eine muss Anfang 1942 gewesen sein. Da gehe ich über einen breiten Bürgersteig, und ein Mann kehrt diesen Bürgersteig. Ein Straßenkehrer. Ich gucke – es ist irgendwie eine komische Situation – und sehe einen Judenstern und darunter ein Eisernes Kreuz Erster Klasse. Das ist eine hohe Auszeichnung. Die durfte er zweifellos nicht tragen. Der Mann sieht, dass ich den Orden erkenne, schaut mich an, ich schaue ihn an, ein wunderbares, altes, völlig durchgeistigtes Gesicht von einer großen Traurigkeit. Er sieht mein Erschrecken – und lächelt ein ganz klein wenig. Ich habe das nie vergessen. Was aus dem Mann wohl geworden ist?

Das andere ist ein Erlebnis in meinem Elternhaus. Da gehört ein Großonkel dazu, der evangelischer Geistlicher war. Der Großonkel und meine Eltern unterhielten sich, und ich lauschte als Kind hinter der Tür. Das waren für mich immer sehr interessante Gespräche. Da sagte mein Großonkel, der Pfarrer: »Die deportieren meine Juden in den Osten und bringen sie um.« Und mein Vater springt auf – mein Vater war ein sehr ruhiger Mann, es war das einzige Mal, dass ich ihn so erlebt habe –, und ruft: »Das ist nicht wahr!«. Ich merkte, dass das kritisch würde, und bin also von meinem Lauschposten zurückgetreten. So weiß ich nicht, wie sich das Gespräch entwickelt hat. Ich weiß, dass ich darüber nachdachte: Wer hat Unrecht? Ich hatte schon ein mulmiges Gefühl, es fing also offenbar an, dass man sich das vorstellen konnte.

Das war 1942. Ich weiß das deswegen, weil mein Vater im Juni 1942 nach Russland musste. Es muss also davor gewesen sein.

H. Litzinger: Sie hatten zu Beginn gesagt, Ihr Vater hätte auch Juden unterstützt. Was haben Sie davon mitbekommen?

E.-W. Hanack: Das ist hinterher bei der Spruchkammerverhandlung herausgekommen und klar bewiesen worden. Es gab eine Zeitlang in meiner Heimatstadt ein kleines Juden-Ghetto, das zu dem Pfarrbezirk dieses eben genannten Großonkels gehörte. Mein Vater ist dort als Arzt heimlich mit Medikamenten, Spritzen und so weiter hingegangen und hat Juden behandelt. Sein Spruchkammerverfahren war damit eigentlich erledigt.

Das sind Widersprüche – mein Vater mochte Juden nicht. – Ich weiß das nur durch meine Mutter, die das zu erklären versuchte: mit der Studentenzeit in Frankfurt, kurz nach dem Ersten Weltkrieg, mit den desolaten Verhältnissen, dem Verhalten mancher wohlhabender Frankfurter Juden. Mein Vater war Pfarrerskind. Er habe verschimmelte Zigaretten geraucht, hat meine Mutter immer erzählt. Dass er Juden nicht mochte, hat ihn dann auch wieder nicht gehindert, sich intensiv um die beste Freundin meiner Mutter zu kümmern, die Jüdin war. Ich kann mich in diese Widersprüche nicht hineinversetzen.

Th. Horstmann: Haben Sie mit Ihrem Vater nach dem Krieg über das »Dritte Reich« gesprochen?

E.-W. Hanack: Überhaupt nicht. Höchstens über moderne Politik. Ich habe mit meinem Vater auch während des Dritten Reiches nicht über das Dritte Reich gesprochen. Komisch.

H. Litzinger: Wollte Ihr Vater darüber nicht sprechen?

E.-W. Hanack: Ja. Aus welchen Gründen auch immer. Ausschließen kann ich aber, dass er noch dessen Gedankengut anhing – doch, das kann ich ausschließen. Es muss wohl – ja, Scham gewesen sein. Wobei der Vater unter der Niederlage, dem Zusammenbrechen Deutschlands litt. Das war für ihn eine schlimme Sache. Ich war ein Kind, aber ich war froh, dass die ganze Geschichte zu Ende war. Die Bomben ohnehin, aber auch der Nationalsozialismus.

H. Litzinger: Was haben Sie als Kind – jenseits der zwei Erinnerungen – im Alltag als belastend empfunden?

E.-W. Hanack: Ich habe auch darüber nachgedacht, weil ich dachte, dass Sie mich dazu interviewen. Ich habe keinerlei Erinnerungen an Einflüsse durch die Schule. Also müssen die gering gewesen sein, wenn sie überhaupt da waren. Ich erinnere mich aber an den Volksschullehrer, der hereinkam und sagte: »Heil Hitler. Wir wollen beten.«

Da war dann der Krieg, die ganze ungeheuerliche Verrohung des Krieges, die man auch als Kind mitbekam. Man sah die Frauen, die auf die Briefe aus dem Feld warteten. Man sah sie dann plötzlich Trauer tragen. Man erlebte den Bombenkrieg. Und die Einflüsse, die durch Rundfunk und Zeitungen erfolgten. Dieses Sich-Überschreiende, von der germanischen Rasse, von Großdeutschland, vom Sieg gegen die Bolschewisten und so weiter – das war schon eine schauerliche Atmosphäre. Typisch, dass Sie in ein Geschäft nicht gehen konnten, ohne »Heil Hitler« zu sagen. –

Ich war als Junge sehr stolz auf eine Begebenheit: Ich bin zu einem Frisör gegangen und habe gesagt: »Heil Hitler«. Er antwortete, »Guten Tag, mein Herr«. Das war das erste Mal in meinem Leben, dass ich mit »mein Herr« angeredet worden bin. Und das war etwas Besonderes.

Konrad Redeker

»Der Schlegelberger-Prozeß war für mich ein Schlüsselerlebnis«

Konrad Redeker gehört zu den bekanntesten Anwaltspersönlichkeiten der Bundesrepublik.[1] In seiner Tätigkeit als Fachanwalt für Verwaltungsrecht und Mitbegründer einer großen Anwaltssozietät in Bonn,[2] Vizepräsident des Deutschen Anwaltvereins, Honorarprofessor der Bonner Universität, Herausgeber der Neuen Juristischen Wochenschrift ebenso wie als Autor zahlreicher Standardwerke hat er das deutsche Verwaltungsrecht mit geprägt.[3]

Für uns war Redeker ein besonders wichtiger Gesprächspartner, da er von 1964 bis 1976 der Ständigen Deputation des Deutschen Juristentages angehörte und von 1966 bis 1970 diesem Leitungsgremium vorstand – Redeker löste also nach dem Essener Juristentag Ernst Friesenhahn als

---

1 Redeker vertrat die Bundesregierung wiederholt vor dem Bundesverfassungsgericht, und noch in jüngerer Zeit vertrat er das Land Hessen und seinen Ministerpräsidenten Roland Koch im Wahlprüfungsverfahren über die Gültigkeit der Landtagswahl von 1999. Er vertrat auch den Spiegel-Gründer Rudolf Augstein ebenso wie den Bundeswehrgeneral Günther Kießling, der der Homosexualität bezichtigt und als Sicherheitsrisiko suspendiert worden war. Redeker erreichte, dass Kießling vollständig rehabilitiert und mit allen militärischen Ehren verabschiedet wurde.

2 Die Kanzlei geht auf eine 1929 von Hans Dahs sen. (1904–1972) in Bonn gegründete Einzelpraxis zurück. Im Jahre 1954 schlossen sich Dahs, der damals insbesondere als Strafverteidiger bundesweites Renommee erlangt hatte, und Konrad Redeker zu einer Sozietät zusammen. Daraus ergab sich als neuer Schwerpunkt der Sozietät Verfassungs- und Verwaltungsrecht. Dahs war einer der bekanntesten deutschen Strafverteidiger. Seine bei seinem Tod auf fünf Anwälte angewachsene Bonner Sozietät betreute zahlreiche Prozesse für Politiker und Behörden in Bonn. Dahs führte auch seit Ende der vierziger Jahre bis zu seinem Tod den Vorsitz im Strafrechtsausschuss des Deutschen Anwaltsvereins sowie den Vorsitz des Strafrechtsausschusses der Bundesrechtsanwaltskammer. In die Große Strafrechtskommission des Bundesjustizministeriums wurde er 1954 als einziger Anwalt berufen. Dahs war seit 1954 auch Mitherausgeber der »Neuen Juristischen Wochenschrift«. Seine Bücher »Handbuch des Strafverteidigers« und »Die Revision im Strafprozeß« wurden zu juristischen Standardwerken.

3 Schriftenverzeichnis Konrad Redekers in: Bender (1993), *Rechtsstaat*, S. 3–10, S. 643ff.

Vorsitzenden ab. Auf der Essener Sonderveranstaltung war Redeker einer der drei »Königsteiner«, die in Kurzreferaten die zentralen Probleme mit den Verfahren gegen NS-Täter benennen sollten. Neben Hanack und Lackner referierte Redeker über die Frage der »Individualschuld und Mitverantwortung von Staat und Gesellschaft«. Gerade der staatsrechtliche Aspekt war nach Redekers Auffassung auf der Königsteiner Tagung vernachlässigt worden. In einem Schreiben an Ernst Friesenhahn vom 25. Februar 1966 gibt Redeker zu bedenken: »Ich finde bei den gesamten Strafverfahren das eigentliche Problem darin, wie die Staatsanwaltschaft als Verfechter des staatlichen Strafanspruchs die Strafen für Taten verlangen kann, die der Staat selbst, wenn auch unter anderen Umständen, verlangt hat.«[4]

In seinem Kurzreferat warf nun Redeker die Fragen auf, die ihm aus dem Blickwinkel eines Staats- und Verwaltungsrechtlers gewichtig erschienen: Während der gewöhnliche Mörder mit seiner Tat gegen die staatliche Ordnung handele, könne »der nicht exzessive Täter von NS-Verbrechen (…) dagegen glauben, in seiner Tat mit Staat und Gesellschaft oder mindestens mit dem Staat konform zu sein.«[5] Redeker betonte dabei, dass nicht etwa die NS-Verbrechen der Rechtsordnung entsprachen, denn Mord war auch unter dem nationalsozialistischen Regime Unrecht. Doch neben der Rechtsordnung habe eine »ideologisch-normative Ordnung« gestanden, die diese Taten gebilligt habe.[6] Redeker plädierte in seinem Vortrag vor dem Juristentag dafür, zu sehen, dass wenigstens graduell an das Gewissen des Täters im NS-Staat eine andere Forderung gestellt wurde, als an das Gewissen desjenigen, dessen Taten von Staat und Gesellschaft missbilligt wurden – auch wenn der NS-Täter zweifelsfrei sich hätte verweigern müssen. Daraus folgt für ihn, dass »alles Judizieren in diesem Bereich von der Einsicht in die Mitverantwortung von Staat und Gesellschaft« getragen sein musse. Eine »Solidarität der Schuld« möchte Redeker in den Verfahren zugrunde gelegt sehen.[7]

4 Vgl. die Korrespondenz des Deutschen Juristentags in deren Akte zur Sonderveranstaltung in Essen 1966. Für die Möglichkeit zur Einsichtnahme danken wir Redeker.

5 Redeker (1967), »Individualschuld«, S. C 46f.

6 Für die parallele »ideologisch-normative Ordnung« bezieht sich Redeker auf Buchheim, vgl. ebd., S. C 47.

7 Siehe ebd., S. C 51f.; für den Begriff einer »Solidarität der Schuld« bezieht sich Redeker auf den Rat der Evangelischen Kirche Deutschlands, der diese Formulierung in Stuttgart 1945 geprägt hatte.

Redeker war selbst in seiner juristischen Praxis erstmals in dem Verfahren gegen Franz Schlegelberger mit der Frage konfrontiert, wie die Justiz mit den NS-Verbrechen umgehen sollte. Schlegelberger war bereits vor 1933 Staatssekretär im Reichsjustizministerium gewesen und leitete in dieser Funktion das Ministerium zwischen 1940 und 1942, bis Hitler einen neuen Minister ernannte. Schlegelberger bezog nach dem Krieg – und nach seiner Verurteilung im Nürnberger Juristenprozess – eine Staatssekretärspension. Erst 1959 erkannte man ihm auf öffentlichen Druck hin die Zahlungen ab, wogegen Schlegelberger klagte. Redeker vertrat in diesem Verfahren die öffentliche Hand. Schlegelberger erzielte schließlich vor dem Bundesverwaltungsgericht einen Vergleich, der ihn für den Verzicht auf seine Pensionsrechte finanziell entschädigte.[8] Redeker führte im folgenden noch einige ähnliche Verfahren und veröffentlichte 1964 auch einen weithin beachteten Aufsatz zu diesem Thema,[9] der dazu führte, dass der Staatsrechtler Theodor Maunz wegen seiner NS-Vergangenheit als bayerischer Justizminister zurücktreten musste.[10] Bis heute beschäftigt er sich etwa mit der Situation jüdischer Anwälte unter dem Nazi-Regime – der Schlegelberger-Prozess war in seiner Berufslaufbahn der Auslöser dafür, sich mit dem nationalsozialistischen Unrecht zu befassen.

In Königstein war Redeker nicht als Experte geladen, sondern er hörte für die ständige Deputation den Diskussionen zu. In dem Gespräch mit ihm wird besonders deutlich, wie die Diskussionen um die Königsteiner Tagung und die Essener Sonderveranstaltung innerhalb der Leitung des Juristentages verliefen, und in welcher Umbruchsituation sich die traditionsreiche Institution Juristentag im Jahre 1966 befand. Zugleich veranschaulicht das Interview, wie unausweichlich Juristen der unterschiedlichen Berufsrichtungen in den sechziger Jahren mit dem NS-Unrecht und seiner »Aufarbeitung« konfrontiert wurden.

Das Gespräch mit Konrad Redeker fand 2002 in den Räumen seiner Bonner Kanzlei statt. Für Thomas Horstmann war das Treffen bereits der

---

8 Vgl. Frei, *Vergangenheitspolitik*, S. 92; siehe zu Schlegelberger auch Nathans (1990), *Schlegelberger*.

9 Redeker (1964), »Bewältigung«.

10 Der frühere NS-Jurist Theodor Maunz trat zwar 1964 von dem Ministerposten zurück, doch blieb er Professor für Öffentliches Recht; Maunz hatte großen Einfluss und war u.a. Betreuer der Dissertation von Roman Herzog. Nach seinem Tod 1993 wurde bekannt, dass er lange unter einem Pseudonym für rechtsextremistische Zeitungen geschrieben und auch am Parteiprogramm der »Deutschen Volksunion« mitgearbeitet hatte; vgl. Stolleis (1998), »Maunz«.

zweite Anlauf – er hatte schon im Vorjahr mit Redeker gesprochen und von ihm einige Akten zu dem Deutschen Juristentag erhalten, die er in den Räumen der Kanzlei einsehen durfte. Redeker, als Senior-Partner noch immer in sein Unternehmen eingebunden, hatte uns freundlicherweise erneut Zeit in seinem Terminplan eingeräumt, obwohl er offenkundig unserem Vorhaben etwas skeptisch gegenüberstand. Er arbeitete unseren Fragenkatalog pflichtbewusst und zielstrebig mit uns ab, geriet jedoch kaum ins Erzählen – dies wäre ihm wohl nicht professionell erschienen.

Kindheit und Jugend[11]

H. Litzinger: Wir würden Sie gerne chronologisch befragen, und zwar zunächst zu Ihrer Kindheit. Könnten Sie uns erzählen, welche Erinnerungen Sie an Ihre Jugend und Kindheit im »Dritten Reich« haben? Welche Haltung Ihre Eltern zu den Nationalsozialisten hatten, das würde uns interessieren.

K. Redeker: Ich bin 1923 geboren und dann in die Grundschule gekommen, in Osnabrück. 1932 zogen meine Eltern nach Berlin. Mein Vater war Mediziner, Amtsarzt, und gleichzeitig Tuberkuloseforscher. Er hatte einen großen Namen und sollte Ende 1932, ich glaube in der Papen-Zeit, in einem Ministerium eine Abteilungsleiterstelle übernehmen. Daraufhin zogen wir nach Berlin. Und ehe wir dorthin umgezogen waren, waren die, die ihn holen wollten, alle verschwunden. Vater wurde dann in Berlin Oberregierungsrat und Medizinalrat, also Amtsarzt.

H. Litzinger: Das heißt, er war nicht im Ministerium?

K. Redeker: Als er dort anfangen sollte, war die Stelle schon vergeben. Es herrschten inzwischen die Nachfolger. In der preußischen Zeit war die Gesundheitspolitik im Wohlfahrtsministerium angesiedelt. Das wurde dann abgeschafft, und die Gesundheitspolitik ging ins Innenministerium. Ab 1933 hätte mein Vater dort nie eine Stelle bekommen. Er war nicht Parteigenosse und auch in keiner Einrichtung Mitglied. Er war beförderungsgesperrt und war bis Kriegsende Oberregierungs- und Medizinalrat. Nach Kriegsende war er mit Sauerbruch zusammen für ein Jahr Chef der

11 Auf Wunsch von Konrad Redeker wurde für die Wiedergabe des Gesprächs die alte Rechtschreibung beibehalten.

Gesundheitsverwaltung von Berlin. Dann wurde er denunziert: Er sei ein Freund von Göring gewesen. Das war für die Amerikaner Anlaß, sein Ausscheiden durchzusetzen. Später hat man herausbekommen, daß die Denunziation von den Russen initiiert war, weil sie meinen Vater loswerden wollten. Daraufhin kam mein Vater nach Hamburg, war da Leiter der Gesundheitsverwaltung und dann ab 1949 Leiter der Gesundheitsabteilung, die zunächst noch in die Kompetenz des Innenministeriums fiel; 1953 wurde er Präsident des wieder neu errichteten Bundesgesundheitsamtes; 1956 ging er in Pension, 1962 ist er gestorben: Das ist das häusliche Fluidum. Ich hatte das Glück, daß ich zu Hause nicht nationalsozialistisch beeinflußt war, sondern im Gegenteil. Dafür kann man nichts. Das ging dem einen so und dem anderen so. Ich erinnere mich an einen Klassenkameraden, mit dem ich gut befreundet war, dessen Eltern gingen im Streit auseinander. Der Junge suchte woanders seinen Halt und ging in die SS. Eltern beeinflussen Schicksale.

Und ich selbst, was habe ich damals mitbekommen? Heutzutage fragt man sich ja immer wieder, was hast du eigentlich gesehen oder mindestens geahnt und was hast du nicht gesehen. Wir wohnten in Zehlendorf, ich habe den Ortsteil kaum verlassen. Sie wissen, Zehlendorf ist ein urkonservativer Bereich in Berlin, auch jetzt noch, eine sichere Bastion der CDU, so war das damals auch. Die Nazis hatten wohl beschlossen, diesen Bereich links liegen zu lassen, weil man sich sagte, mit den Bürgern kann man doch nicht viel anfangen. Wir hatten, was kaum jemand glaubt, bis unmittelbar vor meinem Abitur einen Schulleiter, der nicht in der Partei war. Das war damals ganz selten. Die Regel waren Schulleiter, natürlich auch Lehrer, die in Uniform in die Schule kamen. Wir hatten bis zu Quinta – das weiß ich noch – einen Juden bei uns in der Klasse, der dann – etwa 1935 – wahrscheinlich ausgewandert ist. Sonst haben wir in Zehlendorf mit jüdischen Vorgängen eigentlich nichts zu tun gehabt. Ich habe mich auch mit meiner Frau, die damals in Oberhausen wohnte, über die Pogromnacht oft unterhalten. Sie hat brennende Synagogen gesehen. In Zehlendorf hat es, glaube ich, nicht eine Synagoge gegeben. Ich habe keine gesehen. Ich habe davon unmittelbar weder positiv noch negativ etwas mitbekommen. Ich war damals 15 Jahre alt; meine Eltern haben sicher über die Geschehnisse gesprochen, zumal meine Mutter vermutlich Halbjüdin war, was ich aber erst nach dem Kriege erfahren habe.

Das erste Mal, daß ich einen Juden verfolgt gesehen habe, war wahrscheinlich 1943. Ich war verwundet zu Hause. Es kam jemand in Nacht und Nebel zu meinem Vater, der dafür bekannt war, daß er geistig und innerlich auf der anderen Seite stand. Ich wurde in ein anderes Zimmer im Haus weggeschickt. Mein Vater hat mir dann nach dem Krieg erzählt, es sei Dr. Adam gewesen, der Leibarzt von Hindenburg. Er war Jude und sah nun also Auschwitz oder die Verschleppung auf sich zukommen. Wie es mit den Besuchern nach dem Bericht meines Vaters gelaufen ist, wird Ihnen in Ihrem Jahrgang kaum vorstellbar sein. Mein Vater arbeitete in Berlin und kannte natürlich auch die NS-Größen seines Arbeitsbereiches. Damals gab es den Reichsgesundheitsführer Conti. Er war natürlich ein ziemlicher Nazi.[12] Seine Mutter war die Reichshebammenführerin, Nanna Conti. Ich habe sie nie gesehen, aber der Name ist mir unvergeßlich. Nanna Conti war Mitglied der Prüfungskommission im Examen der Hebammen. Dazu gehört immer auch ein Amtsarzt. Das war mein Vater; die Prüfungen fanden damals wohl im Lette-Haus in Berlin statt. Nanna Conti mochte meinen Vater sehr gern, half in solchen Lagen und hat wohl auch hier über ihren Sohn geholfen.

Der Einzige, von dem ich weiß, daß mein Vater ihn so in die Türkei hat bugsieren können, war ein Pathologe, Professor Phillip Schwarz. Ich habe ihn nach dem Kriege gesehen. Er kam zu uns und hat sich bedankt. Von ihm stammt ein wunderschönes Bild, das ich geerbt habe.

Das ist alles letztlich sehr wenig, was nichts daran ändert, daß es, weil man Zeitgenosse war, wenn auch als Junge, einen doch nicht losläßt. Mehr kann ich dazu nicht sagen. Ich selbst war Soldat und bin schließlich im Herbst 1944 in britische Gefangenschaft geraten, weil ich im Sommer 1944 von Rußland plötzlich zum Balkan versetzt wurde. Auf dem Rückzug dort wurde ich verwundet und kam in Saloniki auf ein Lazarettschiff. Das brachten die Engländer auf, wir kamen nach Ägypten. Das hat mir das Leben gerettet, denn ich hatte eine Verwundung, die in Deutschland in der Regel tödlich war: Ich hatte einen Unterschenkelschußbruch mit Knochenmarkvereiterung. Die Engländer besaßen anders als wir bereits Penizillin; es wurde auch für uns Kriegsgefangene eingesetzt. Das hat mich später oft bewegt. Denn der englische Arzt im Lazarett hieß Dr. Rose, sprach fließend Deutsch und wird wahrscheinlich ein emigrierter Jude gewesen sein; ihn danach zu fragen, ist mir freilich nicht in den Sinn gekommen. Er setzte durch, daß auch wir Deutschen Penizillin bekamen. Das war damals

12 Leonardo Conti (1900–1945) war seit 1939 verantwortlich für alle reichseinheitlich durchgeführten gesundheitspolitischen Maßnahmen; er war maßgeblich an den Berufsbeschränkungen für jüdische Ärzte beteiligt.

noch ein sehr teures Medikament. Die Lazarettoberschwester hat mit ihm einen heftigen Streit angefangen, weil er für die »bloody Germans« Penizillin verlangt hat. Er hat sich aber durchgesetzt.

In der Kriegsgefangenschaft habe ich mein Studium begonnen. Aber das hat mit Ihrem Thema nicht viel zu tun. Unsere Generation ist nach dem Kriege sofort wegen unserer Jugend für entlastet erklärt worden. Die Zeit vor 1945 hat uns wohl zunächst wenig bewegt; später ist das anders geworden; heute bewegt sie mehr und mehr. Haben Sie das Buch über Lilly Jahn[13] gelesen? Das müssen Sie sich besorgen. Ich sagte schon, heute interessiert man sich eigentlich viel mehr für die Opfer als für die Täter. Die Täter sind doch praktisch alle tot. Wir haben in Bonn 1992 angefangen, uns mit dem Schicksal der jüdischen Anwälte nach 1933 zu beschäftigen. Wir haben uns vor allem mit der Frage befaßt: Wie ist man eigentlich mit den nichtarischen Anwälten umgegangen? Von 1933 bis 1938 gab es ja noch arische und nichtarische nebeneinander. Von 19000 Anwälten, die es damals in Deutschland gab, waren etwa 4100 Juden.[14] Aber davon waren allein 2000 in Berlin.[15] Das hatte natürlich viele Gründe. In Bonn gab es nur neun jüdische Anwälte von insgesamt wohl auch nur 100 Anwälten. Die Recherchen waren sehr schwierig. Wir haben vor zehn Jahren größte Mühe gehabt, die neun jüdischen Anwälte aus Bonn aufzufinden. Vier sind nach dem Krieg zurückgekommen. Zwei sind ausgewandert und drei sind in Auschwitz umgebracht worden. Ich habe bei der Eröffnung der großen Ausstellung »Anwalt ohne Recht« im Landgericht Bonn gesagt,[16] man solle nicht immer nur über Auschwitz reden. Das war nur das Ende. Aber Juden haben ja acht Jahre lang in Deutschland leben müssen. Davon handelt eben dieses Buch über Lilly Jahn. Sie war die Mutter des Justizministers Gerhard Jahn unter Willy Brandt. In dessen Nachlaß hat man den gesamten Briefwechsel der Mutter gefunden, die aus ihrer Wohnung verschleppt worden war, erst in ein Arbeitslager, wo sie noch ihren Kindern schreiben konnte, dann nach Auschwitz, wo sie umgebracht worden ist. Wenn man wissen

13 Doerry (2002), *Herz*. Lilly Jahn, die Mutter des späteren Justizministers Gerhard Jahn, schrieb ihren Kindern Briefe aus dem Konzentrationslager, die in diesem Buch veröffentlicht sind.

14 Siehe auch die Einzelbiographien bei Göppinger (1990), *Juristen*.

15 Ladwig-Winters (1998), *Anwalt*.

16 »Anwalt ohne Recht – Schicksale jüdischer Anwälte in Deutschland nach 1933«, Wanderausstellung des Deutschen Juristentages und der Bundesrechtsanwaltskammer. Siehe hier Redekers Eröffnungsrede, Redeker (2000).

will, wie diese Zeit alltäglich war, gibt es Victor Klemperer, gibt es Anne Frank – und dann steht dieses Buch in gleicher Weise daneben.

Über all dem liegt ein eigentümliches Schweigen. Die Opfer haben nicht geredet. Gerhard Jahn, den ich persönlich ganz gut kannte, hat nie ein Wort über das Schicksal seiner Mutter gesagt. Sein damaliger, jetzt in der Schweiz wohnender Staatssekretär Maaßen, mit dem ich befreundet bin, sagte mir, er habe gewußt, daß die Mutter von Jahn Jüdin war. Aber daß sie umgebracht worden sei und unter welchen Umständen, welche Tragik über dieser ganzen Familie liegt, das wußte auch er nicht. Der erste Staatssekretär im Bundesjustizministerium war Walter Strauß, der auch Jude war. Er war emigriert, ist dann zurückgekommen und hat nie ein Wort über das alles gesprochen.

Th. Horstmann: Haben Sie während des Krieges von dem, was man heute Wehrmachtsverbrechen nennt, erfahren?

K. Redeker: Nein. Ich war von Haus nicht gerade über den Krieg begeistert. Ich habe mein normales Abitur gemacht, während die anderen fast alle ein halbes Jahr vorher weggingen. Sie bekamen das Abitur dann nachgeworfen. Ich habe es 1941 gemacht. Die Folge war, daß ich zu einer Landsturm-Einheit eingezogen wurde und mit ihr im Winter 1941/42 nach Rußland kam. – Ich kenne den Krieg nur vom Rückzug. Ich bin immer nur zurückmarschiert. Ich kann schlicht sagen, ich habe die Greuel des Krieges, aber keine Kriegsverbrechen gesehen.

Studium

Th. Horstmann: Und während der Gefangenschaft hatten Sie sich dann bereits für ein Jurastudium entschieden?

K. Redeker: Ich sagte schon, daß ich 1944 in Ägypten landete. An sich wollte ich Organist werden. Aber meine Beine waren durch die Verwundung so beschädigt, daß dieser Beruf ausschied. In der Gefangenschaft in der Wüste kam es darauf an, ob man die Hitze aushielt. Ich konnte sie aushalten. So habe ich, um etwas zu tun – man wollte ja irgend etwas machen – das Jurastudium begonnen.

H. Litzinger: Wie das? Wir haben dazu eine biographische Notiz[17] gelesen, aber können Sie dazu noch etwas erzählen?

K. Redeker: Ich war in Kriegsgefangenschaft in der Wüste. Wann man nach Hause kam, war nicht abzusehen. Verbindungen nach Hause gab es nicht. Ob noch jemand lebte, wußte ich auch nicht. Meine Eltern waren in Berlin. Ich mußte nun irgend etwas anfangen. Was sollte man anfangen? Alle technischen Berufe schieden aus, weil dafür nichts da war. Medizin schied auch aus. Dann blieb also nur Jura oder Ihre Wissenschaft, Geschichte – alles Geisteswissenschaftliche, das ging eben. Wir bekamen dann schließlich Bücher im Lager. Da habe ich mich für Jura interessiert, und ich habe es bis heute nicht bereut. Wir hatten das Glück, daß in dieses Lager nach dem Kriegsende die Kriegsgefangenen aus Italien kamen, die dort in der Etappe gewesen waren. Darunter war auch Professor Hans Ulrich Scupin, der später in Münster lehrte. Er baute eine »Lageruniversität« auf, wie man das nannte. Ich habe mich mit meinem väterlichen Freund Friesenhahn oft darüber gestritten, ob solch ein Studium eigentlich gut oder schlecht sei. Ich meine, daß es viele Vorzüge hatte. Wir saßen zu acht Mann ohne Bücher und lernten Jura. Man lernte wie in Bologna im 11. und 12. Jahrhundert. Man saß um seinen Professor herum und diskutierte.

H. Litzinger: Wie lange waren Sie in Kriegsgefangenschaft?

K. Redeker: Ich bin Weihnachten 1946/47 zurückgekommen, also gut zwei Jahre in Ägypten gewesen.

Th. Horstmann: Und dann gingen Sie nach Hamburg?

K. Redeker: Ich fand meinen Vater in Hamburg vor. Er war aus Ostberlin inzwischen nach Hamburg gekommen, als Leiter der Gesundheitsverwaltung. Ich habe dort in Hamburg mein Studium begonnen.

Th. Horstmann: Wie war damals die Situation an der Universität?

K. Redeker: Es war fast alles in Trümmern, auch die Universität. Wir saßen im Völkerkundemuseum und hörten dort Vorlesungen, ungeheizt. Alle saßen in Soldatenmänteln, ohne Abzeichen. Die Universitäten waren überfüllt, weil viele nicht wußten, was man sonst tun sollte. Es war auch ein Studium ohne Bücher. Ich habe meine Doktorarbeit 1949/50 bei Professor Laun geschrieben. Ich habe sie zwanzigmal abgetippt, das heißt, dreimal sieben Durchschläge auf der »Erika«. Das war noch so Anfang der fünfziger Jahre, Druckmöglichkeiten gab es nicht.

---

17 Vgl. Stationen des Lebens von Konrad Redeker, in Bender u. a., *Rechtsstaat*, S. 3–10, hier: S. 3f.

H. Litzinger: Bei wem haben Sie studiert in Hamburg? Wer war für Sie dort wichtig als Lehrer?

K. Redeker: Zwei ragten heraus. Das eine war Professor Laun, als Völkerrechtler und Rechtsphilosoph anerkannt, einer der ganz wenigen Staatsrechtslehrer, der nach 1945 kein Wort zurückzunehmen brauchte. Er hatte sich aus dem Staatsrecht zurückgezogen und lehrte Rechtsphilosophie nach 1933. Das war zu schwierig, das verfolgte kein Zensor. Er war hoch angesehen. Das andere war der alte Raape, Leo Raape, der römisches und deutsches Schuldrecht lehrte. Das waren die Leute, die wir hoch einschätzten. Wir wollten als junge Leute natürlich gerne solche Lehrer haben, deren Bücher nicht im Giftschrank standen. Das war aber bei den meisten so.

H. Litzinger: Haben Sie in Hamburg viele belastete Jura-Professoren gehört?

K. Redeker: Ach ja, ich bitte Sie, mit Ausnahme von Laun und Raape waren doch mit Sicherheit fast alle in der Partei gewesen. Wir haben das damals nicht so verfolgt. Wir wollten nur Leute haben, die glaubwürdig waren. Das war für uns junge Leute das A und O. Wir wußten, daß die beiden eben genannten kaltgestellt gewesen waren. Die anderen, na ja – später hat man erst erfahren, was sie alles geschrieben haben. Es gab zum Beispiel den Öffentlich-Rechtler Professor Peter Ipsen. Das war ein sehr kluger, gescheiter Mann. Aber von ihm wußte man, daß er sich in das Dritte Reich eingefügt hatte.[18] Wenn er über den Rechtsstaat redete, haben wir die ersten Male immer gescharrt, was er lächelnd quittierte. Aber Sie müssen bedenken, bis Mitte der fünfziger Jahre waren die belastenden Werke nicht greifbar. Sie waren im »Giftschrank«, damit wir nicht nationalsozialistischem Gedankengut ausgesetzt würden. Die Alliierten hatten – zumindest da, wo ich war – diese »Giftschränke« befohlen. Die Bücher waren nicht zugänglich, so daß also auch niemand realisieren konnte, was jemand geschrieben hatte.

Ich persönlich habe mich mit all diesen Dingen damals nicht befaßt. Ich wollte fertig werden. Man war ja viel zu alt und wollte in den Beruf

18 Hans-Peter Ipsen war seit 1940 Professor in Hamburg, schon 1949 kritisierte der rechtskonservative Ipsen wieder in einem Vortrag, dass die Regelungen des Grundgesetzes zur Wiederherstellung umfassender Rechtsstaatlichkeit die Exekutive zu sehr schwächten; Günther (2004), *Denken*, S. 85. Zur Einbindung Ipsens in den Kreis um Carl Schmitt und seine Rolle bei der Formierung der Staatsrechtswissenschaft in der Nachkriegszeit, ebd., S. 90f., 115, 154f.

gehen. Ich habe geheiratet und legte Wert darauf, nun bald irgendwo selbständig zu werden.

Kennen gelernt habe ich das alles, als ich 1959 für das Land Schleswig-Holstein den Schlegelberger-Prozeß führen mußte. Er wurde für mich zum Schlüsselerlebnis. Ich erfuhr, was wir Juristen alles fertig bringen.

Der Prozeß gegen den ehemaligen Staatssekretär Schlegelberger

Th. Horstmann: Können Sie das ein wenig näher ausführen?

K. Redeker: Schlegelberger war Staatssekretär im Reichsjustizministerium, auch schon vor 1933. Er galt als konservativer Mann und war übrigens auch in der Ständigen Deputation des Juristentages 1933. Er blieb im Amt. Der Reichsjustizminister war Gürtner. Gürtner galt immer im Sinne der Nazis als ein gewisser Bremser. Dazu gibt es das umfangreiche Buch von Gruchmann[19]. Als Gürtner starb, gab es einen Kampf um die Nachfolge, den Hitler nicht entschied. Die Folge war, daß Schlegelberger zwei Jahre lang das Reichsjustizministerium leiten mußte. Er wurde nicht etwa Minister, sondern er leitete es nur. In dieser Zeit sind schreckliche Dinge passiert, die er, ob er wollte oder nicht, zu verantworten hatte. Die Euthanasiemorde hatten ihre Nachspiele. Es gab Strafanzeigen der Eltern der umgebrachten Kinder. Sie wurden bei Staatsanwaltschaften anhängig. Viele taten nichts, aber einige nahmen die Ermittlungen auf. Es entstanden Akten. Schlegelberger erhielt die Weisung, dafür zu sorgen, daß die Verfahren sofort unterbunden wurden. Oberlandesgerichtspräsidenten und Generalstaatsanwälte wurden in das Reichsjustizministerium nach Berlin eingeladen. Dort trug Schlegelberger ihnen vor, der Führer habe die Tötungen befohlen. Deswegen seien sie rechtens. Denn an der Rechtmäßigkeit von Führerbefehlen könne es keinen Zweifel geben. Sie hätten deshalb dafür zu sorgen, daß solche Verfahren unterblieben. Wo noch Verfahren und Akten vorhanden seien, erklärte er sie zur Berichtssache an das Reichsjustizministerium. Die Akten mußten nach Berlin geschickt werden, mit dem Bericht. Dann sind sie natürlich in Berlin vernichtet worden.

---

19 Gruchmann (1988), *Justiz*.

Es gab viel anderes Schlimmes. Zum Beispiel war jemand zu fünf Jahren Zuchthaus verurteilt worden wegen irgendeiner Bagatelle. Das las Hitler in der Zeitung, bekam einen Wutanfall und befahl, sofort dafür zu sorgen, daß der Mann umgebracht werde. Das Reichsjustizministerium sorgte dafür, daß dies mit den inzwischen eingeführten »Rechtsmitteln« umgesetzt wurde.

Schlegelberger war an sich in Juristenkreisen ein hochangesehener Mann. Er hatte vor 1933 einen maßgeblichen Kommentar zum Handelsgesetzbuch geschrieben. Es endete so: 1942 entschied sich Hitler, daß der Mann dann doch nicht tauglich sei und bestellte Thierack zum Reichsjustizminister. Damit hatte er nun einen Gefolgsmann, der alles mitmachte. Schlegelberger erhielt Staatssekretärsgehalt und bezog nach dem Kriege weiter seine Pension. Er wohnte in Schleswig-Holstein. Es gab das so genannte G 131, genannt nach Artikel 131 des Grundgesetzes. Danach mußten Beamte, die ihren Dienstherrn verloren hatten, in irgendeiner Weise wieder eingestellt werden, oder sie erhielten Pension. Schlegelberger bekam die Pension eines Staatssekretärs. Das wurde ruchbar, die Öffentlichkeit interessierte sich dafür: »Unglaublich, ein Staatssekretär unter Hitler bekommt noch eine Staatssekretärspension!« Im G 131 war der Entzug der Pension vorgesehen, wenn jemand an Verbrechen gegen die Menschlichkeit beteiligt gewesen war.

Schlegelberger war in Nürnberg zu zehn Jahren verurteilt worden, in dem Prozeß gegen die Juristen.[20] Die Nürnberger Urteile sind in Deutschland aber nie anerkannt worden, so daß sie keine Grundlage waren, eine Pension zu entziehen. Die Landesregierung hatte kein Material, so entzog sie ihm nur unter Hinweis auf die Feststellungen in diesem Urteil die Pension. Dagegen klagte er. Dieser Klage wurde stattgegeben in der ersten Instanz, weil Verbrechen nicht bewiesen seien und das Nürnberger Urteil als solches nicht anerkannt werde. Ich war damals junger Anwalt. Man verfiel auf mich, dem Land Schleswig-Holstein zu helfen[21] und tätig zu

20 Franz Schlegelberger (1876–1970) wurde 1947 wegen Kriegsverbrechen und Verbrechen gegen die Menschlichkeit zu lebenslanger Haft verurteilt, war aber bereits im Januar 1951 auf Initiative der Bundesregierung wieder frei gekommen. Nach seiner Haftentlassung zog er zu seiner Familie nach Flensburg, zu Schlegelberger siehe Förster (1995), *Jurist.*

21 Siehe auch die Bekanntmachung des Ministerpräsidenten v. 1.11.1961, in: Amtsblatt Schleswig-Holstein 1961, S. 637.

werden. Da bin ich nun mit viel schrecklichem Juristischem, was im Dritten Reich geschah, bekannt geworden. Das Urteil erging wohl 1959.[22]

H. Litzinger: Und wie kam man auf Sie?

K. Redeker: Das kann ich nicht sagen. Ich war in Bonn tätig, das Bundesfinanzministerium war auch betroffen, weil der Bund auch an den Pensionszahlungen beteiligt war. Die Öffentlichkeit interessierte sich sehr dafür. Das Bundesfinanzministerium wurde hier in unserer Praxis schon damals anwaltlich vertreten. So hing das wahrscheinlich zusammen.

Dann habe ich also Rechtsgeschichte betrieben, denn ich mußte ja nun Beweise liefern. Ich habe die Genehmigung bekommen, die »Giftschränke« zu öffnen. Das war gar nicht so einfach. Da habe ich nun vieles gelesen, was für den Schlegelberger-Prozeß nur am Rande von Bedeutung war, mich aber ungeheuer bewegt hat. Über Schlegelberger mußte ich nun auch Unterlagen aus dem Reichsjustizministerium finden. Sie sind erstaunlicherweise weitgehend erhalten. Deshalb konnte Gruchmann noch 25 Jahre später sein Buch schreiben. Ich habe in einer Kiste im Bundesarchiv in Koblenz vieles gefunden, unter anderem das, was ich Ihnen eben sagte: die Rede an die Oberlandesgerichtspräsidenten und Generalstaatsanwälte, die Klagen wegen der Euthanasie-Morde zu unterdrücken, und die vielen Fälle, in denen eben Hitler befahl, »der Mann ist umzubringen«. Das wurde natürlich alles noch rechtsförmlich gemacht. Weisung vom Reichsjustizminister, Nichtigkeitsbeschwerde – so hieß das, glaube ich, damals – einzulegen gegen das Urteil gegen diesen Mann, mit dem Ziel, daß er zum Tode verurteilt würde. Das Gericht war stets sofort bereit, den Angeklagten nun zum Tode zu verurteilen. Das alles kam in diesen Schlegelberger-Prozeß hinein.

Das habe ich alles neu gelernt. Mir ist deutlich geworden, daß wir Juristen auch so etwas sogar mit rationalen Begründungen fertig bringen. Denn es geschah fast immer rechtsförmlich.

H. Litzinger: Hatten Sie sich vorher mit den Nürnberger Prozessen befaßt?

K. Redeker: Nein, ich bitte Sie, ich war in der Kriegsgefangenschaft.

Th. Horstmann: Mit wem haben Sie sich beraten über das Thema?

K. Redeker: Mit kaum jemandem. Es wußte niemand etwas davon, vielleicht wollte man es auch nicht wissen. In Schleswig-Holstein war der

22 Urteil des Verwaltungsgerichts Schleswig, Az. 5 K – 198/59.

zuständige Innenminister der Sohn von Herrn Schlegelberger.[23] Da mußte also schleunigst das zuständige Dezernat aus dem Ministerium gelöst und in ein anderes Ministerium verlegt werden, weil sonst man Befangenheit vermutet hätte. Ich war weitgehend auf mich allein gestellt. Ich habe den Prozeß mit dem jetzigen Kollegen Professor Raimund Wimmer, der damals Referendar bei mir war, gemeinsam vorbereitet. Wir sind zusammen herumgereist und waren schließlich in München beim Institut für Zeitgeschichte. Das Oberverwaltungsgericht hat der Berufung dann stattgegeben, mit einer Begründung von etwa achtzig Seiten Länge. Das war damals von historischer Bedeutung.[24] Gegen diese Entscheidung hat Schlegelberger noch Revision eingelegt, aber die ist dann zurückgenommen worden.

Daran schloß sich dann ein ähnliches Verfahren gegen den früheren Oberreichsanwalt Lautz an,[25] der reines NS-Vollzugsorgan war. Er hatte nun nur mit dem Volksgerichtshof zu tun, wo er Todesurteile bestellte. Dazu mußte ich das Aktenmaterial des Document-Center der Amerikaner in Berlin einsehen, wo insbesondere auch die Akten des Volksgerichtshofs lagen. Um da hereinzukommen, ich weiß nicht, was ich da alles beantragen mußte. Wo diese Akten jetzt gelandet sind,[26] weiß ich nicht. In dem Document-Center habe ich zwei Tage gesessen. Die Klage von Lautz wurde dann auch gleich abgewiesen.

Th. Horstmann: Haben Sie noch weitere ähnliche Verfahren betreut?

K. Redeker: Sagt Ihnen der Fall des Vertriebenenministers Oberländer noch etwas? Er war in der Adenauerzeit Vertriebenenminister. Gegen ihn

23 Der Sohn Hartwig, während des Krieges Oberstabsrichter der NS-Militärjustiz und in dieser Funktion Vollstreckungsleiter von Todesurteilen im Zuchthaus Brandenburg-Görden, fungierte seit 1954 als CDU-Landrat des Landkreises Flensburg, seit 1961 als Finanzminister und später als Innenminister sowie zeitweise als stellvertretender Ministerpräsident von Schleswig-Holstein. Hartwig Schlegelbeger war wiederum befreundet mit dem Oberstaatsanwalt Voss. Für den *Zeit*-Autor Gerhard Paul war es daher wenig verwunderlich, dass auch ein 1958 gegen seinen Vater Franz Schlegelberger eingeleitetes Ermittlungsverfahren wegen gemeinschaftlich begangenen Mordes auf Beschluss der Ersten Großen Strafkammer des Landgerichts bald eingestellt wurde, siehe Paul (2001), »Kameraden«.

24 Das Berufungsgericht entschied am 3. Dezember 1962 gegen Schlegelberger, Oberverwaltungsgericht Lüneburg, Az. V A 144/60, auszugsweise abgedruckt in: Zeitschrift für Beamtenrecht 1964, S. 56 f.

25 Ernst Lautz war wie Schlegelberger in Nürnberg verurteilt worden (zu zehn Jahren Haft), vgl. zum Nürnberger Juristenprozess: Peschel-Gutzeit (1996), *Juristenurteil*.

26 Die Akten des Volksgerichtshofes sind vor einigen Jahren dem Bundesarchiv übergeben worden.

wurde geltend gemacht, er hätte mit der Einheit »Nachtigall« Juden in Lemberg umgebracht. Das waren Ukrainer, die damals auf deutscher Seite fechten wollten, weil sie hofften, es gäbe eine freie Ukraine nach gewonnenem Krieg. Oberländer hatte ich auch als Mandant. Das war ungeheuer spannend.

H. Litzinger: War das ein Strafverfahren?

K. Redeker: Ja, das war ein Strafverfahren, aber in der DDR. Jetzt weiß man alles darüber. Das war ein Strafverfahren, das von dem Mielke-Vorgänger, Norden, gesteuert war.[27] Er sorgte für Materialnachschub, wenn das Vorbringen nicht reichte. Das Verfahren war insbesondere deshalb spannend, weil die Geschehnisse bei der Eroberung von Lemberg, das ist am 30. Juni 1941 gewesen, zeigten, was Menschen sich alles an Verbrechen antun können. Lemberg war russisch geworden, jetzt ist es ukrainisch, durch die Teilung von Polen. Als der Krieg gegen Rußland begann, wurde Lemberg erobert. In Lemberg gab es eine große Universität mit sehr vielen bedeutenden Professoren, die bekannt waren. Einen Teil davon brachten die Russen um, ehe sie abzogen. Dann gab es ein Pogrom der Polen gegen die dort lebenden Juden. Die Juden galten als Anhänger der Kommunisten. Polen und Juden lieben sich sowieso nicht. Dann kamen die Deutschen. Die brachten nun – wohlgeordnet mit der hinter ihnen herkommenden Einsatzgruppe – die Juden bürokratisch genau um. Das alles wurde in diesem Verfahren festgestellt. Sie können sich vorstellen, daß mich das als jungen Menschen bewegt hat; was kann alles geschehen, wenn zwei Diktaturen, von denen die eine die jeweils andere als Todfeind betrachtet, gegeneinander in den Krieg ziehen. Oberländer ist in der Bundesrepublik nie angeklagt worden, weil sich ergab, daß er mit den Verbrechen nichts zu tun hatte. Aber er mußte gehen, weil er alter Parteigenosse war und an sich in die Regierung Adenauer nicht hinein gehörte.

Es gibt ein umfangreiches Buch eines Historikers über Oberländer, sein Leben und seine Verfahren.[28] Ich habe daraus erstmals erfahren, wie auch das westdeutsche Ermittlungsverfahren zunächst aus der DDR gesteuert worden ist. 1958–1960 konnte man das allenfalls ahnen.

Th. Horstmann: Und haben Sie noch andere Prozesse besucht?

K. Redeker: Nein. Ich war ja Öffentlich-Rechtler. Den Oberländer-Prozeß habe ich nur geführt, weil er ganz anders anfing – nicht als Strafverfah-

---

27 Vgl. zum Oberländer-Prozess als deutsch-deutscher Beziehungsgeschichte: Weinke, *Verfolgung*, S. 141–160.

28 Wachs (2000), *Oberländer*.

ren. Bei uns gab es ein Verfahren, das Rechtsanwalt Dahs Senior in Diskussionen mit mir sehr viel beschäftigt hat. Der Sohn des Vorstandschefs eines großen Unternehmens an der Ruhr war angeklagt, zusammen mit irgendeiner SS-Einheit etliche Fremdarbeiter erschossen zu haben. Das Verfahren fiel in die Zeit des Schlegelberger-Prozesses. Sie können sich vorstellen, daß die Grundfragen dieses Verfahrens Gegenstand vieler Erörterungen war. Der Angeklagte war einer, dem die Morde befohlen wurden, der die Menschen an die Wand stellte und zusammen mit etwa zehn anderen sie erschoß. Das gehörte in die vieljährige Gehilfenauseinandersetzung. Sie beruhte im Grunde auf der Vorstellung, daß ein staatlich befohlenes Verbrechen anders zu beurteilen sei als ein einfacher Mord.

Ich habe alles, was mich damals bewegt hat, in einem Beitrag in der *Neuen Juristischen Wochenschrift* niedergelegt.[29] Damit sind wir schon ungefähr beim Thema der Veranstaltung in Königstein. Ich dachte, es gab ja nicht nur die Kerle, die expansiv die Leute folterten und im KZ umbrachten, sondern auch solche, die vielleicht nicht einmal nazistisch beeinflußt waren. Sie erhielten den Befehl, »leg die um«. Ich habe in dem Artikel gefragt, was wäre eigentlich gewesen, wenn solche Einsatzgruppenleute unsere damaligen Staatsrechtslehrer gefragt hätten, ob sie diesem Führerbefehl folgen müssen. Entweder hätten sie geschwiegen, oder sie hätten wie Schlegelberger erklärt, Führerbefehle seien immer rechtens. Diese Auffassung konnte man auch in Lehrbüchern nachlesen. Aus ihnen habe ich zitiert. Ich habe bewußt nicht die wilden Nazis unter den Staatsrechtlern zitiert, sondern die, denen wir heute als maßgebliche Staatsrechtler zuhören. So habe ich letztlich die Ergebnisse meiner Recherchen im »Giftschrank« ausgebreitet: Das führt zu dem Thema der Sonderveranstaltung auf dem Juristentag 1966. Sie ist nicht von mir veranlaßt worden, sondern von Friesenhahn, dem damaligen Vorsitzenden der Ständigen Deputation des Deutschen Juristentages. Ich bin ihm sehr zur Seite getreten. Ich sagte mir: Es ist eigentlich schwer zu vertreten, wenn staatlich befohlene Verbrecher oder Leute, die staatliche befohlene Verbrechen verüben, die der Staat für rechtens hält, nun zu lebenslänglicher Haft verurteilt werden. Ganz etwas anderes als Leute, die expansiv gefoltert haben. Über sie ist kein Wort zu verlieren. Das alles zu einer Zeit, in der nicht nur die Gerichte und der Staat, sondern auch die einschlägige Wissenschaft sagen, es sei rechtens. Sie wissen, die Staatsrechtslehrer haben vor einigen Jahren sich nun

29 Redeker, »Bewältigung«.

endlich mit der Thematik befaßt.[30] Sie kommen alle zu dem Ergebnis, es habe damals kein Staatsrecht gegeben. Denn ein Recht, das davon abhängt, was der Mann ganz oben jeweils für rechtens hält, sei kein Recht. Das hätten sie mal lieber vor 1945 schreiben sollen – das ging natürlich nicht. Aber sie hätten wenigstens schweigen können.

Th. Horstmann: Wie war denn die Reaktion auf Ihren Artikel in der *Neuen Juristischen Wochenschrift*?

K. Redeker: Er hat ziemliches Aufsehen erregt. Deswegen mußte letztlich Maunz als bayerischer Kultusminister zurücktreten. Ich erinnere mich noch gut: Als der Artikel erschienen war, rief mich Frau Hamm-Brücher an. Sie war damals Stadtrat von München. Und sie fragte, »stimmt das?« Ich sagte, »also liebe Frau, ich kenne Sie nicht, aber Sie können sich vorstellen, ehe ich so etwas schreibe, habe ich jedes Komma nachgeprüft, um nicht gleich von Unterlassungsklagen überzogen zu werden.« Sie ist dann in Bayern tätig geworden. Daraufhin ist Maunz zurückgetreten. Es hat natürlich die Juristenwelt bewegt. Darüber war bis dahin nicht geschrieben worden. Es hätte eigentlich schon viel früher geschrieben werden können und müssen. Aber es war 1964 doch noch schwierig. Die *Neue Juristische Wochenschrift* hat den Artikel veröffentlicht; ihr wurde das zum Teil sehr übel genommen. Jetzt sagen Staatsrechtslehrer, es sei mutig gewesen, daß sie sich im Jahre 2000 mit der Vergangenheit der deutschen Staatsrechtslehrer befaßt haben.[31] Ich möchte gern wissen, was daran mutig ist – gar nichts. Das war auch 1964 nicht der Fall.

Was Friesenhahn wollte, lag nun ganz auf der Linie meiner eigenen Erlebnisse und Vorstellungen. Deshalb habe ich ihn unterstützt. Aber er war der Träger. Frau Just-Dahlmann meint, sie habe den Anstoß zu dieser Veranstaltung gegeben. Das kann ich nicht beurteilen. Sie kennen natürlich, was sie dazu veröffentlicht hat. Haben Sie mit ihr gesprochen?

Th. Horstmann: Wir haben sie auch befragt.

K. Redeker: Ich habe sie sehr geschätzt. Ich habe sie nun freilich ziemlich aus den Augen verloren, weil ich eben nur Öffentliches Recht treibe und sie Strafrecht. Auf dem Juristentag 1968, den ich geleitet habe, war sie Referentin in der Abteilung für Sexualstrafrecht. Ich habe später noch ein paar Jahre mit ihr korrespondiert. Sie ist eine streitbare Frau.

30 Vereinigung der Deutschen Staatsrechtslehrer (2001), *Staatsrechtslehre.*

31 Ebd.

Th. Horstmann: Den Akten des Juristentags habe ich entnommen, daß Sie damals für eine sofortige öffentliche Diskussion und für den Verzicht auf diese Tagung waren. Welche Haltung hatten die anderen Mitglieder der Deputation?

K. Redeker: Als die Idee zur Beschäftigung mit den NS-Verbrechen in der Deputation aufkam, gab es heftigen Streit. Schon 1964, vor der Veröffentlichung meiner Beiträge, wurde ich in meinem Büro von manchen Leuten aufgesucht mit der Forderung, ich solle auf diesen Artikel verzichten. Es löse sich alles biologisch. Man solle abwarten, bis die Betroffenen gestorben seien. Das war in der Deputation auch so. Die meisten Mitglieder waren in irgendeiner Weise schon vor 1945 tätig gewesen. Ich weiß darüber kaum etwas und kann deshalb nichts näheres sagen. Aber sie waren in dieser Zeit tätig und kannten natürlich auch Betroffene. Es wurde heftig gestritten. Das ganze Thema erhielt dann, mit Recht, eine strafrechtliche Ausrichtung. Es mußte das Thema eines Juristentages sein. Es konnte nicht etwa das Thema sein: »Juristen im Dritten Reich«. Juristen sind keine Historiker. Die ganze Fragestellung mußte angebunden werden an das, was damals auch die Öffentlichkeit bewegte, die sogenannte Gehilfenrechtsprechung.

Wie kann jemand, der Tausend Menschen umgebracht hat, nicht lebenslänglich bekommen? Die Meinung vieler Strafrechtler war, das sei eben die innere Verzweiflung der Gerichte. Was soll man mit solchen Fällen machen? Der normale Verbrecher, der lebenslänglich bekommt, ist ein Verbrecher außerhalb der Rechtsordnung. Hier hatten die Täter sozusagen innerhalb der »Rechtsordnung« gemordet. Man hörte von den Juristen, »Ihr hättet aber erkennen müssen, daß es höheres Recht gibt« und dergleichen. Das hätten natürlich die Professoren, die Bücher schrieben, auch erkennen müssen. Wie soll man in solchen Fällen als Richter entscheiden?

Frau Just-Dahlmann hat mittlerweile die Briefe veröffentlicht, die sie an Friesenhahn in dieser Sache geschrieben hat.[32] Ich kannte diese Briefe nicht. Friesenhahn hat mir auch nie etwas davon gesagt, was mich eigentlich wundert. Denn sie war Referentin auf einem der nächsten Juristentage. Sie spielte damals in der Öffentlichkeit auch eine große Rolle. Aber die Briefe werden sicher stimmen. Nur haben sie die Deputation nicht beeinflußt, weil sie den Briefwechsel nicht gekannt hat. Wenn Friesenhahn, der kein Strafrechtler war, sich in diesen Diskussionen strafrechtlich äußerte,

32 Just-Dahlmann/Just, *Gehilfen.*

dann war das meist auf dem Hintergrund seiner Gespräche mit Herrn Dünnebier. Dünnebier war damals Generalstaatsanwalt in Bremen und nahm auch an der Königsteiner Tagung teil.

Th. Horstmann: Können Sie ihn ein bißchen näher charakterisieren?

K. Redeker: Nein. Ich habe ihn nur in der Deputation erlebt; ein imposanter Mann. Wenn er den Mund öffnete, dann hörte man zu. Man wußte, jetzt kommt Substanz. Aber mehr weiß ich von ihm nicht.

Th. Horstmann: In der Deputation war noch Fritz Werner, damals Präsident des Bundesverwaltungsgericht in Berlin. Sie haben ihn mal als juristisches Vorbild bezeichnet.

K. Redeker: Es wird verbreitet, er sei wegen dieser Veranstaltung aus dem Juristentag ausgeschieden. Das halte ich persönlich für ein reines Gerücht. Ausgeschieden ist er um die Zeit, mindestens nach außen hin, mit einem durchaus akzeptablen Grund, so wie ich ihn einschätze. An sich hatten wir nie Chefpräsidenten in der Deputation. Das kam eigentlich nur dann vor, wenn sie zwischendurch befördert wurden. Der Chefpräsident eines obersten Bundesgerichtshofs kann in der Deputation leicht eine besondere Rolle spielen, die eigentlich nicht gewünscht wird. Fritz Werner war in die Deputation kooptiert, nicht gewählt worden, weil zwischen den Verwaltungsrichtern und dem Juristentag ein heftiger Streit ausgebrochen war, der eine ganz andere Fragestellung betraf. Auf dem Düsseldorfer Juristentag hatte der Juristentag sich mit großer Mehrheit für ein Rechtspflegeministerium entschieden. Es sollte für alle Gerichtszweige zuständig sein. Die Verwaltungsgerichte waren damals entweder beim jeweiligen Ministerpräsidenten oder beim Innenminister angesiedelt. Sie wollten da bleiben, weil sie dort besser aufgehoben seien. Sie waren über diesen Beschluß des Juristentages empört; es gab Boykottaufrufe.

Persönlich habe ich immer angenommen, es sei Werner – vor dessen Senat ich laufend in Berlin auftreten mußte – nicht gerade sympathisch, daß ich nun Vorsitzender der Deputation wurde. Aber das sind Vermutungen von mir. Ich habe ihn damals auch gefragt, »muß das denn sein?« (der Austritt aus der Deputation, die Hrsg.). Ich war noch ein junger Mann und gerade ein Jahr in der Deputation. Er hielt auch mir dieses Argument aus der Kooptation entgegen. Er war Gegner der Veranstaltung zu den NS-Prozessen in der Diskussion. Das ergibt sich auch aus den Unterlagen. Aber daß er deswegen ausgetreten sei, ist eine reine Vermutung. Ich habe ihn immer als einen grandiosen Menschen kennen gelernt.

H. Litzinger: Was denken Sie, was sein Grund war, gegen die Veranstaltung zu sein?

K. Redeker: Das weiß ich nicht mehr. Er war Parteigenosse gewesen, wie ich später gehört habe. Das allein kann es aber nicht gewesen sein. Denn das waren ja fast alle Richter aus früherer Zeit, die wieder im Amt waren. In irgendeiner Veröffentlichung, in der ich mit den Worten zitiert wurde, er sei einer der Richter, die ich besonders schätze, habe ich in der Fußnote gelesen, er sei an einer Widerstandsbewegung beteiligt gewesen. Das glaube ich nun auch wieder nicht. Ich habe nie etwas davon gehört. Auch in Berlin beim Bundesverwaltungsgericht hatte es nie jemand gehört. Worauf die Veröffentlichung beruht, weiß ich nicht. Es waren viele dagegen, aus den Gründen, die auch mir gegenüber genannt worden waren: »Das sind alte Wunden, lassen Sie es doch, bis sie alle oder die meisten tot sind.«

Th. Horstmann: Und in Königstein selbst bei der Tagung waren Sie ja auch anwesend.

K. Redeker: Ich war als Zuhörer dabei. Ich wurde manchmal befragt, ob ich als Nichtstrafrechtler vielleicht Vernünftiges sagen könne. Aber es war nicht mein Gebiet. Ich habe nur zugehört, um zu wissen, wie es laufen werde, weil wir vorgesehen hatten, 1966 auf dem Juristentag eine Sonderveranstaltung mit dieser Thematik zu machen. Auf der Veranstaltung, das wünschte Friesenhahn, sollte ich nun reden als ein Mann der jungen Generation, natürlich auch wegen des Aufsatzes von 1964.

H. Litzinger: Haben Sie bereits vor der Königsteiner Tagung 1966 Kontakte zu den Teilnehmern gehabt? Kannten Sie da vorher jemanden?

K. Redeker: Von den Königsteinern? Die meisten kannte ich nicht. Das waren alles Strafrechtler. Ich kannte sie dem Namen nach, weil es führende Leute waren. Es war die Crème der deutschen Strafrechtswissenschaft. Aber persönlich kannte ich sie alle nicht. Herr Dünnebier war stellvertretender Vorsitzender, Vorsitzender war Herr Klug aus Köln. Er war Rechtsphilosoph. Nach zwei Stunden war ersichtlich, die Tagung würde zu keinem Ergebnis kommen, wenn er weiter vorsaß. Deshalb übernahm Dünnebier den Vorsitz. Klug war kurze Zeit als FDP-Mann Justizminister in Nordrhein-Westfalen, als die FDP hier im Lande umkippte und zur SPD ging.

Th. Horstmann: Können Sie sich an Rechtsanwalt Ormond erinnern?

K. Redeker: Ormond habe ich auf dem Juristentag 1966 kennen gelernt. Ich kannte ihn vorher nicht. Er war sozusagen der Sprecher der wenigen wieder in Deutschland tätigen jüdischen Anwälte. Ich habe eigentlich als den wichtigsten Erfolg der Veranstaltung angesehen, daß er da war, zu mir kam und erklärte: »Nach dieser Veranstaltung kann ich meinen Kollegen sagen, sie können dem Juristentag wieder beitreten.« Das war der Brückenschlag. Er war im Auschwitz-Prozeß Nebenkläger.

H. Litzinger: Können Sie sich an die Stimmung auf dieser Königsteiner Tagung erinnern? Wie sah es atmosphärisch aus? Wie liefen diese Diskussionen?

K. Redeker: Ich weiß nur noch, daß es zunächst etwas chaotisch zu werden drohte und dann Herr Dünnebier mehr oder weniger das Kommando übernahm. Er konnte das. Man muß wissen, daß es alles Individualisten waren, die da saßen. Aber das müßte Herr Hanack doch viel besser wissen.

H. Litzinger: Er hat auch einiges erzählt, aber natürlich ist jede subjektive Perspektive interessant.

K. Redeker: Hanack war einer der Vertreter der Meinung, die sagten, lebenslänglich für solche Verbrechen im Staatsauftrag kann nicht bleiben. Er hielt freilich die Gehilfenrechtsprechung für falsch. Den Hintergrund kennen Sie. Er hielt den Rückgriff auf das Staschynskij-Urteil des BGH für verfehlt und meinte, der Gesetzgeber müsse etwas tun.

H. Litzinger: Wissen Sie, was Herrn Friesenhahn 1964, 1965 motiviert hat, das Thema so sehr zu forcieren?

K. Redeker: Friesenhahn, der ja zwanzig Jahre älter ist, hat die Zeit vor 1945 hautnah selbst erlebt. Friesenhahn war zeitweise Assistent von Carl Schmitt gewesen. Er erlebte in Bonn, wie zwei seiner Jahrgangskollegen plötzlich auf und davon zogen. Der eine, Ernst Rudolf Huber, ging zur Kaderschmiede nach Kiel. Sie wissen, in Kiel wurde vom Reichskultusminister eine Kaderuniversität aufgemacht. Die Fakultät wurde umbesetzt mit dem Ziel, nordisches Recht zu schaffen. Der andere war Martin Heckel. Er ging nach München und wurde Justitiar der Deutschen Christen. Carl Schmitt schrieb alles das, was Sie wahrscheinlich kennen. Das alles hatte Friesenhahn ungeheuer bewegt. Friesenhahn war streng katholisch. Er hatte 1933 den Antrag auf Aufnahme in die Partei gestellt. Er hat den Antrag 1934 nach den Morden in der Röhm-Affäre zurückgezogen mit der Erklärung, daß seine wissenschaftliche Ausrichtung mit der Parteizugehörigkeit unvereinbar sei. Das war vielleicht mutiger, als gar nicht erst den Antrag zu stellen. Er ist im Dritten Reich nichts mehr geworden. Er durfte als außerplanmäßiger Professor lesen, weil die Bonner Juristische Fakultät das Glück hatte, daß ein früheres Mitglied von ihr, ein an sich ziemlicher Nazi, die Hand über sie hielt, der irgendwie seine bisherigen Kollegen schützen wollte. Friesenhahn hat, gerade aus seinem strengen Katholizismus heraus, unter dieser Zeit nicht nur gelitten – er schlug sich schließlich als Mitarbeiter in einer Anwaltskanzlei durch –, sondern war auch der Meinung nach 1945, daß man sich dieser Zeit zu stellen habe.[33] Hieraus entstanden auch die berühmten zwei Urteile des Bundesverfassungsgerichts über das Ende der Beamtenverhältnisse, an denen er nicht mitgewirkt, die er aber zweifellos maßgeblich beeinflußt hat.[34]

Ich lernte ihn dadurch kennen, daß er mit unserem Senior Hans Dahs lange eng befreundet war. Dieser hatte einen Kreis von Nicht-Nazis im Dritten Reich um sich geschart. Er war selbst nicht in der Partei. Friesenhahn gehörte dazu und Otto Bleibtreu. Bleibtreu war nach dem Kriege Staatssekretär bei Willy Brandt in Berlin. Sie sprachen vermutlich viel über die Vergangenheit.

Friesenhahn hatte den Mut, von der Deputation zu verlangen, »das müssen wir machen«. Der strafrechtliche Akzent war an sich nicht der Sinn unserer Sonderveranstaltung. Sie hatte letztlich ein ganz anderes Ziel. Auf ihr hat auch Rückerl berichtet. Von mir wünschte man, ich solle nicht Strafrechtliches dort vortragen, sondern das Thema in einen größeren Zusammenhang stellen.

Th. Horstmann: Setzte sich nach der Königsteiner Tagung und der Sonderveranstaltung die Zusammenarbeit irgendwie fort?

K. Redeker: Sie verlief sich wieder. Sie müssen bitte unterstellen, ich habe einen Beruf und einen Zwölfstundentag. Der Juristentag wurde nachts und sonntags von mir bewältigt. Die Möglichkeiten waren sehr begrenzt. Solche Kontakte können Universitätsprofessoren oder Richter viel eher pflegen, weil sie einfach mehr Zeit dafür haben. Als ich den Juristentag übernahm, war er gerade von Friesenhahn in ganz neue Wege geleitet worden. Er war vorher eine Art Honoratiorenversammlung der Professoren und höheren Richter. Friesenhahn wollte ihn öffnen und mehr in die allgemeine Juristenwelt einbetten. Dadurch mußte der Juristentag zwangsläufig größer werden. Es war also ein Verein zu organisieren, der bis dahin mehr oder weniger auf dem Papier stand. Deswegen kam man überhaupt auf die Idee, daß das ein Anwalt am besten könne. Ich hatte Felix Busse als Referendar in unserer Praxis und habe ihn damals gefragt, ob er Lust hätte,

---

33 Vgl. zu Friesenhahn Günther, *Denken*, S. 144ff., zu Carl Schmitt und dessen Einfluss 1945: ebd., passim; siehe auch Redekers Beitrag zu Ernst Friesenhahns 75. Geburtstag in der *Neuen Juristische Wochenschrift*, Redeker (1977), »Friesenhahn«, S. 187.

34 Die Urteile ergingen 1953 und 1957 (BVerfG 3, 58ff. und 6, 132ff.).

mitzumachen. Er ist dann dazugekommen. Er hat 1967 sein zweites Examen gemacht und dann wurde er Sekretär des Juristentages. Die Folgezeit kennt er viel besser als ich. Aber da war das Thema NS-Verfahren an sich erledigt.

Th. Horstmann: Da ging es dann mehr um allgemeine Fragen der Justizreform?

K. Redeker: Ja, das ist immer wieder ein Thema des Juristentages gewesen. Aber mit der Vergangenheit hat sich der Juristentag nicht wieder befaßt. Die 1966er Veranstaltung hatte aus meiner Sicht eine ganz andere Wirkung. Sie öffnete die Diskussion, sich der Vergangenheit zu stellen. Die Diskussion war bis dahin esoterisch geblieben. Man kümmerte sich nicht viel darum, daß auf dem Gebiet einige wenige Rechtshistoriker oder Journalisten den Finger hoben und forderten, »hier müsse eigentlich etwas geschehen«. Das war das Signal, sich dem Verhalten der Juristen aller Bereiche zwischen 1933 und 1945 zu stellen. Man kann das aus heutiger Sicht kaum noch verstehen, daß das Thema von Juristen wie auch in vielen anderen Berufen tunlichst nicht aufgegriffen wurde. Es gibt aber Hochschulen, die auch heute ihre Vergangenheit noch nicht aufgearbeitet haben.

Th. Horstmann: Wie sah das Verhältnis zwischen Juristen und Medien seinerzeit aus? Wir haben aus den Materialien den Eindruck gewonnen, die Juristen brächten den Medien eher Mißtrauen entgegen.

K. Redeker: Sicherlich! Aber das Mißtrauen ist längst abgebaut. Im Gegenteil, es gibt viele Anwälte, die sich gern jeden Tag in den Medien sehen. Aber damals war das eben auch schwierig. Justiz und Presse war ein standespolitisches Thema. Ich habe früher einige Male darüber geschrieben, weil mich das Mißverständnis ärgerte. Ein Anwalt durfte, wenn er einer Zeitung irgend etwas schrieb, nicht seinen Beruf: »Rechtsanwalt« nennen. Das galt als unzulässige Werbung. Als ich den Juristentag übernahm und Interviews geben mußte, gab es Anwälte, die das als standeswidrig beanstandeten, weil ich damit für meine Praxis würbe. Der Juristentag selbst mußte auch erst in die Medienlandschaft hineingeführt werden. Die Honoratioren hielten davon wenig. Meiner Erinnerung nach hat auch hier Friesenhahn 1966 neue Ansätze geschaffen. 1966 gab es meines Wissens schon eine Pressestelle. Damals waren Assistenten von Friesenhahn Jochen Frohwein und Hans Meyer. Beide haben, glaube ich, schon Pressekonferenzen abgehalten. Da müßten Sie aber die beiden Herren fragen. 1968 in Nürnberg haben wir erstmals eine selbständige Pressestelle eingerichtet, in der die Presse alles vorfand, was sie normalerweise braucht. Die Presse hat sich für diese Sonderveranstaltung 1966 natürlich außerordentlich interessiert. Das liegt ja nahe. Da ist sehr viel darüber geschrieben worden. Haben wir alles durch?

Th. Horstmann: Haben Sie auch Fritz Bauer besser kennen gelernt, der ja auch an der Königsteiner Tagung teilnahm?

K. Redeker: Mit Fritz Bauer hatte ich viel Kontakt. Wir haben oft miteinander gesprochen. Einmal haben wir uns lautstark gestritten. Fritz Bauer war ein großer Anhänger der Kunstfreiheit und künstlerisch besonders interessiert. Wir saßen abends nach einer Veranstaltung zusammen. Ich meinte »Herr Bauer, Ihre Kunstfreiheit hat doch sicher ihre Grenzen. Wenn jemand mit seiner Kunst Hitler auf der Bühne verherrlicht, so geht das natürlich nicht. Aber wie ist es dann mit der Kunstfreiheit?« Natürlich hielt er ein solches Werk für untragbar. Das Thema ist unerschöpflich und unlösbar. Aber er war ein prächtiger Kerl. Er ist auch schon dreißig Jahre tot. Er mußte eigentlich fast sicher an Lungenkrebs sterben, ein Mensch, der so viel geraucht hat.

Jürgen Baumann

»So, wie es lief, war es schlimm«

»Wichtiger als der wirtschaftliche Wiederaufbau, leider jedoch weniger weit gediehen, ist der Wiederaufbau des allgemeinen Rechtsbewußtseins«, schrieb Jürgen Baumann 1964 in seinem Beitrag zu dem ersten größeren Buch über die Aufarbeitung der nationalsozialistischen Gewaltverbrechen.[1] Baumann, Jahrgang 1922, war damals Professor für Strafrecht in Tübingen.

Mit der Frage, wie mit den nationalsozialistischen Verbrechen umzugehen sei, befasste sich er schon seit Anfang der sechziger Jahre und kommentierte 1963 ausführlich den Eichmann-Prozess. Baumanns eigenes Fazit lautete damals, dass in dem Verfahren gegen Eichmann auf jeden Fall »Recht« gesprochen worden sei – allen materiell- und prozessrechtlichen Schwierigkeiten zum Trotz. Er ging dabei davon aus, dass jeder Jurist das Bestreben haben müsse, für sich zum Eichmann-Urteil Stellung zu beziehen.[2] Das Schweigen seiner Fachkollegen irritierte und verdross ihn schon damals. Baumann selbst setzte sich nachdrücklich für eine umfassende juristische Aufarbeitung der NS-Verbrechen in der Bundesrepublik ein. Er wandte sich vehement gegen die so genannte »Gehilfenrechtsprechung«[3] und gehörte in den sechziger Jahren zu denjenigen Mitgliedern des Juristentages, die sich, wie auch das Mannheimer Juristenehepaar Just, bei Ernst Friesenhahn und der Ständigen Deputation dafür einsetzten, diese Spruchpraxis auf dem Juristentag zu thematisieren.[4]

Neben seiner Tübinger Lehrtätigkeit arbeitete Baumann als Rechtsanwalt. Rechtspolitisch engagierte er sich für die FDP in deren Bundesfach-

---

1 Henkys, *Gewaltverbrechen*, S. 267–322, Zitat S. 267.

2 Siehe etwa Baumann (1961), »Justiz«, S. 18 ff.; ders. (1963), »Demokratie«; ders. (1963), »Gedanken«.

3 Vgl. Baumann (1964), »Rechtmäßigkeit«.

4 Michael Greve stellt Baumann zusammen mit Barbara Just-Dahlmann als den Motor innerhalb des Deutschen Juristentages dar, der versucht habe, die Aufarbeitung zum Thema zu machen, vgl. Greve, *Umgang*, S. 214 ff.

ausschuss für Rechts- und Innenpolitik, in dem er dreißig Jahre den stellvertretenden Vorsitz innehaben sollte.

Wie Claus Roxin und Ernst-Walter Hanack zählte Baumann zu dem Professorenkreis, der in Reaktion auf den konservativen Entwurf für eine Strafrechtsreform von 1962 einen Alternativ-Entwurf vorlegte. Baumann engagierte sich hierbei etwa für eine Liberalisierung des Sexualstrafrechts und des Rechts auf Abtreibung.

Von 1976 bis 1978 war er Justizsenator in dem sozialliberalen Berliner Senat – wegen der damaligen Diskussionen über den Umgang mit inhaftierten Terroristen eine rechtspolitisch besonders heikle Aufgabe. Baumann verteidigte seinerzeit gegen Forderungen nach Haftverschärfungen wiederholt die Rechte aller, auch die der »politischen Gefangenen«.[5]

»Selbstverständlich unbequem« ist ein Beitrag in der Festschrift zu Jürgen Baumanns 70. Geburtstag überschrieben, und so erlebten auch wir unseren Interviewpartner im Sommer 2002. Nach einigen Telefonaten, in denen uns Jürgen Baumann eher ruppig und skeptisch begegnete, empfing er uns in seinem Haus in Tübingen. Frau Baumann bewirtete uns mit Kaffee und zog sich daraufhin zurück. Baumann selbst nahm kein Blatt vor den Mund, zeigte uns zunächst, dass er von unserem Vorhaben keine hohe Meinung hatte, beantwortete dann aber äußerst bereitwillig und sehr offen alle unsere Fragen. Er urteilte freimütig und oft in derben Worten über Personen und Ereignisse, ebenso unverhohlen äußerte er seine Wertschätzung – die große Vorsicht, die unsere anderen Gesprächspartner bei Äußerungen über Dritte an den Tag legten, war ihm fremd. Auch wenn Baumann uns beiden, die er wohl eher als Studierende wahrnahm, nicht gerade höflich begegnete, schien er doch an dem Gespräch zusehends Freude zu haben und sich gerne zu erinnern. Als wir ihm später die Schriftfassung des Interviews zusandten, war Baumann sehr kooperativ und freundlich. Er milderte im Text nur die gröbsten Ausdrücke und ließ, wie wir es erbeten hatten, das Interview ansonsten unverändert.

Jürgen Baumann ist am 26. November 2003 gestorben.

5 Vgl. zu Baumanns Tätigkeit als Senator: Lüder (1992), »Baumann«.

Kindheit und Jugend

J. Baumann: Ich finde Journalisten nicht so toll. Im Allgemeinen wimmle ich Journalisten ab, weil ich mich darüber ärgere, wie leicht sie an ihr Brot kommen, indem sie mich ein bisschen ausfragen. Das ärgert mich gewaltig.

H. Litzinger: Aber nachdem wir beide nun keine Journalisten sind, haben wir vielleicht bessere Karten.

Th. Horstmann: Sie sind aus dem Ruhrgebiet, in Essen geboren?

J. Baumann: Ich bin Essener, ja. Läuft der Apparat?

H. Litzinger: Ja. – Wir möchten chronologisch beginnen und wüssten gern, wie Sie Ihre Kindheit oder Jugend im nationalsozialistischen Deutschland erlebt haben. Und was für eine Haltung Ihre Eltern hatten.

J. Baumann: Da habe ich gar nicht viel erlebt. Meine Eltern wurden früh geschieden. Ich bin aufgewachsen bei meiner Großmutter in Essen. Sie war eine brave Katholikin, die fünf Söhne hatte. Die haben es alle zu etwas gebracht, bis auf den Jüngsten, der machte die Häuserverwaltung für uns in Essen. Dann kam ich auf ein kleines Internat im Sauerland. Ich war sieben Jahre, als ich dahin ging, und ich wollte jedenfalls einen geistlichen Beruf ergreifen. Wie das in katholischen Familien, die sehr fromm sind, üblich ist: Irgendeiner muss das Unrecht der Eltern wieder gut machen. Jedenfalls hatte ich schon etwas diese Auffassung und teilte das meinem Vater mit.

Der Rektor des Internats war gleichzeitig der Dorfpfarrer. Von dem erhielten wir am Nachmittag Latein- und Französischunterricht. Die Prämien waren ganz gut. Im Winter gab es für zwanzig Vokabeln eine Rolle kleiner Drops. Im Sommer haben meine Französisch- und Lateinfortschritte dadurch sehr gelitten, dass das Internat neben einem Bauernhof war, und zwar neben dem Schweinestall. Da gab es Fliegen, und für die Fliegen gab es natürlich auch eine Prämie. Fünfzig Fliegen waren eine Brause und hundert Fliegen waren eine Rolle Drops. Im Sommer habe ich mich also auf die Fliegenjagd verlegt.

Dann wollte ich ins Kloster gehen, gegen den Willen meines Vaters. Er war nach dem Krieg aus der Kirche ausgetreten. Ich wollte nach Palästina gehen, denn dieser Dorfpfarrer, Pastor Heinrich, hatte Verbindung zu einem deutschen Benediktinerkloster in Jerusalem. Da wollte ich hin. Mein Vater hat mich darauf sofort voller Schrecken von dieser Schule genommen und nach Berlin zu sich geholt, so dass ich mit etwa acht Jahren nach Berlin kam. Aber wie das so ist, in der zweiten Ehe sind die Kinder aus der ersten Ehe nicht so riesig beliebt, und deswegen habe ich in meiner Stiefmutter damals eine Verbündete gehabt, wieder in dieses Internat im Sauerland zurückzukehren. Von da bin ich dann mit zehn Jahren, 1932, nach Palästina gegangen. Gegen den Willen meines Vaters natürlich. Der hat Zeter und Mordio geschrieen. Deswegen verstehe ich heute nicht, dass die Jugend solche Schwierigkeiten hat, eigene Entscheidungen zu treffen. Ich habe das immer getan, mein ganzes Leben lang. Das war für mich ganz selbstverständlich. Ich bin hinüber gefahren nach Jerusalem und war dort bis 1935. Die Pubertät hat mich vertrieben aus dem Kloster – da entdeckte ich, dass ich doch vielleicht nicht das Richtige gewählt hatte.

Eine deutsche Zeitung gab es in Jerusalem auch, die in Tel Aviv gedruckt wurde. Sie können sich vorstellen, was darin über die Nazis stand, und so wurde ich also natürlich nicht zum Freund des Nationalsozialismus. Mein Vater war das übrigens auch nicht – er ist noch als Monarchist gestorben. Mein Vater war erst aktiver Offizier im Ersten Weltkrieg, Generalstabsoffizier. Er hat dann in Köln Volkswirtschaft studiert, ist Unternehmer geworden und war im Stahlhelm.[6] Später war er noch im Freikorps und hat mit den Nazis, dem braunen Gesocks, nie etwas zu tun gehabt. Er trug in der ganzen Nazizeit meist ein Monokel.

Ich bin 1935 in Berlin erst in einen katholischen Pfadfinderverein eingetreten. Da ging es mir schlecht, denn ich hatte keine Haare, weil sie die Haare im Kloster natürlich kurz geschnitten hatten. Für die Schule musste ich eine Aufnahmeprüfung machen. Ich war nie auf einer deutschen höheren Schule gewesen und kam dann, weil meine Ausbildung offenbar sehr gut war, in eine Obertertia, eine Berliner Obertertia. Und das mit 13, keine Haare auf dem Kopf, mit der christlichen Gesinnung – da ging es mir natürlich schlecht. Jeden Tag kam ich also blau verbeult nach Hause. In Frohnau wohnten wir damals. Mein Vater sagte nur: »Hilf' dir selbst, dann hilft dir Gott.« Er schickte mich zweimal in der Woche in einen Box-Verein nach Berlin-Wedding, dort musste ich mich mit den Arbeiterkindern herumprügeln. Was richtig war und was ich natürlich furchtbar fand. Trotzdem war das richtig. Denn hätte er sich bei den Lehrern beschwert, wäre es mir wahrscheinlich noch schlechter ergangen.

Danach bin ich, nach etwa einem halben Jahr, nach Züllichau auf ein humanistisches Gymnasium gekommen, wo ich mein Abitur gemacht

6 Eigentlich »Bund der Frontsoldaten«. Der Stahlhelm war ein Wehrverband, der im Dezember 1918 als Vereinigung von Soldaten des ersten Weltkriegs gegründet wurde, neben der SA die größte paramilitärische Organisation in der Weimarer Republik.

habe. Mein Vater kam darauf, weil ein alter Kriegsschulfreund von ihm seinen Sohn dort sitzen hatte. Das war eine evangelisch-pietistische Schule. Ich war inzwischen aus der katholischen Kirche ausgetreten und evangelisch geworden.

Wie meine Stellung zu den Nazis gewesen sein kann, das können Sie sich ja sicher ausrechnen. Wir waren nicht begeistert von dem Pack.

H. Litzinger: Haben Sie als Jugendlicher in dieser Zeit in Berlin etwas von der Judenverfolgung mitbekommen?

J. Baumann: Nein. Gar nichts. Während dieser damals so genannten Reichskristallnacht war ich zu Besuch in Münster. Mein Onkel hatte dort eine Parkettfabrik. Das Einzige eigentlich, was ich mitbekommen habe, war diese Synagogengeschichte.[7] Und natürlich in der Zeit zuvor, als wir damals in Berlin-Wilmersdorf in der Nähe vom Hohenzollernplatz wohnten. »Wer hat uns verraten? Die Sozialdemokraten. Wer macht uns dumm? Das Zentrum. Wer macht uns frei, die Nationalsozialistische Deutsche Arbeiterpartei.« Die Spießerpartei. Der Name trifft es ja kaum.

Ich kenne noch massenhaft NS-Witze, die wir uns natürlich erzählt haben. Recht böse, zum Beispiel: Sitzt ein kleiner Junge auf der Straße und spielt mit Pferdeäppeln. Die gab es damals in Berlin noch, von den Pferden der Brauerei Schultheiss-Patzenhofer. Die Pferdeäppel stehen so als Dreierkolonne. Kommt ein SA-Führer vorbei und sagt: »Junge, was machst'n da?« Na, sagt der: »Ick spiele SA.« Und er guckt sich wieder diese Dreierkolonne mit Pferdeäppeln an. Da sagt der SA-Führer: »Hast ja gar keen Führer dabei.« Darauf der Junge: »So'n großes Stück Scheiße hab ich nicht gefunden.« Ja, so sind sie alle, die SA-Leute, die SS-Leute.

Gleichwohl hatten wir uns alle freiwillig gemeldet bei Kriegsausbruch. Ich war gerade 17 geworden. Man hielt es für selbstverständlich, dass man nicht die Vorteile dieses Staates annehmen kann, ohne auch seine Nachteile zu tragen. Meinen Ärger habe ich prompt immer mit den Studenten gehabt, die heute glauben, wie Sie zum Beispiel und Sie, mit der ganzen Geschichte nichts zu tun zu haben. Ich habe gesagt, »Ihr seid mir schöne Juristen, schreibt von Schuld und Haftung, habt davon aber nie etwas verstanden. Ihr seid nicht schuld, aber Ihr haftet selbstverständlich. Ihr besucht Schulen, die Ihr nicht gebaut habt, Universitäten, die Ihr nicht gebaut

7 Wir haben im Nachhinein Jürgen Baumann schriftlich gebeten, uns mitzuteilen, was es mit der »Synagogengeschichte« auf sich hatte, haben hierauf jedoch leider keine Antwort erhalten.

habt et cetera. Ihr nehmt alle Aktiva dieses Staates in Anspruch, ohne die Passiva mittragen zu wollen.«

Auch mit meinen Kollegen hatte ich meine Reibereien. Weil etwa Professor Raiser[8] meinte, dass so etwas wie der Nationalsozialismus nicht mehr passieren könnte. Ich halte dies deutsche Volk für so töricht, dass so etwas mit Sicherheit noch mal passiert, wenn man nicht sehr aufpasst. Ich möchte mal wissen, wie unser Volk reagierte, wenn die Arbeitslosenzahlen auf sieben Millionen oder zehn Millionen kriechen würden – ob das deutsche Volk, wenn der Brotkorb ein bisschen höher gehängt würde, sich nicht wieder ebenso verhielte.

Der alte Churchill sagte: »Der Deutsche ist brutal, wenn er in der Überzahl ist, und feige, wenn er allein ist.« Ist ein Körnchen Wahrheit daran? Deswegen habe ich meine Kinder nach Möglichkeit nicht auf deutsche Schulen geschickt, denn das kann ja nicht an den Genen liegen. Ich habe ein tiefes Misstrauen gegen die deutsche Erziehung, denn die Gene sind dieselben rechts vom Rhein wie links vom Rhein. Die Deutschen haben ein seltsames Talent, so etwas hätte es in Frankreich doch nicht geben können.

Als ich geheiratet habe, habe ich meiner Frau gesagt, wenn wir einen Sohn bekommen, wird er auf eine englische Schule gehen. Dann hat er alle Nachteile dieser englischen Überheblichkeit, aber er hat nicht die Nachteile, die irgendwie in der deutschen Erziehung begründet sein müssen. Wissen Sie, was das ist? Ich weiß es bis heute nicht. Also, ich traue meinen Landsleuten nicht allzu weit.

---

8 Der Jurist Ludwig Raiser (1904–1980) war in der frühen Bundesrepublik einer der einflussreichsten Wissenschaftspolitiker: Er stand der Deutschen Forschungsgemeinschaft von 1951 bis 1955 als Präsident vor und begründete 1957 den Wissenschaftsrat mit. Seine wissenschaftliche Karriere hatte Raiser schon 1927 als Assistent am Kaiser-Wilhelm-Institut für Ausländisches und Internationales Privatrecht in Berlin begonnen und sich 1933 in Berlin habilitiert. Während der NS-Zeit wurde ihm die Ausübung des Lehramts wegen »politischer Unzuverlässigkeit« verweigert, bis 1942 war er deshalb als Rechtsanwalt und in der Versicherungsbranche tätig. 1942 erhielt er zwar einen Ruf nach Straßburg, wurde aber unmittelbar darauf eingezogen und war bis Kriegsende Militärverwaltungsrat in Berlin, ab 1945 dann Professor für bürgerliches Recht in Göttingen und von 1955 bis 1973 in Tübingen.

Kriegserfahrungen

Th. Horstmann: Können Sie uns etwas über Ihre Zeit als Soldat erzählen?

J. Baumann: Ich war bis 1942 bei der Luftwaffe, beim fliegenden Personal. Ich war dann Anfang 1942 auf der Luftkriegsschule 1 bei Dresden. Grund dafür war, dass ich mit der Hitlerjugend nichts zu tun haben wollte und daher in den Deutschen Luftsportverband als Segelflieger ging. Wir waren alle schon in Berlin Weißensee in der Untersuchungsstelle auf Fliegertauglichkeit geprüft worden. Ich wurde nicht sofort eingezogen, weil die Fliegerschulen schon überfüllt waren, deswegen habe ich noch ein Studium begonnen, Mathematik und Chemie in Berlin an der Humboldt-Universität, damals hieß sie Kaiser-Wilhelm-Universität.

H. Litzinger: Können Sie noch etwas zu der Zeit als Soldat und dann der Gefangenschaft sagen?

J. Baumann: Bis 1942 war ich bei der Luftwaffe. Dann war ich inzwischen Offiziersanwärter geworden und hätte nun zum Bodenpersonal gemusst. Feldwebel war ich damals, und als solcher konnte ich nicht Flugzeugführer werden. Darauf hatte ich mich erst gemeldet als Fallschirmjäger, die mich aber nicht genommen haben, wegen meiner Brille. Also bin ich zur Kavallerie gegangen und war bis zum Schluss des Krieges bei Panzeraufklärungsabteilungen und bei Aufklärungsabteilungen.

Mit Erfolg – 1954 ging es um den Aufbau der Bundeswehr, und da wollten die mich dringend wieder haben, haben mich einbestellt, mich untersucht und wollten mir also das schmackhaft machen. Ich habe gesagt, das sollten sie sich sparen, ich sei inzwischen nun wirklich gelernter Pazifist. Aber die Orden habe ich alle.

Nach dem Krieg bin ich in Gefangenschaft gekommen. Eine ganz üble Geschichte habe ich erlebt, da habe ich vor dem Militärgericht ein bisschen gezittert. Ich habe das ganze Jahr 1943 in Russland gesessen, erst vor Leningrad. Wir haben die Vororte von Leningrad gerade mal so gesehen. Von dort haben sie etwas gerufen mit der Flüstertüte: Ich hatte meinen Landsern sogar verboten zu schießen, damit wir die Nachrichten erhalten. Und so erhielten wir auch die Nachrichten von Stalingrad eher, als sie durch die deutsche Presse kamen. Stalingrad war an sich schon passiert im Dezember 1942, und im Januar 1943 wussten wir noch nichts. Wir hörten nur immer, »Kameraden, nehmt Eure Kochgeschirre, es gibt 500 g Brot und dreimal warm zu essen täglich, und die schönsten Frauen Leningrads warten auf Euch.« Aber meine Landser wollten das nicht recht glauben, und ich auch nicht.

Nach dem Jahr bin ich über Hamburg zu einer neuen Division gekommen, die aufgestellt werden sollte. Dafür haben sie kriegserfahrene Feldwebel gesucht. Das war ich damals noch. Dann ist mir auch meine Beförderung zum Leutnant mitgeteilt worden. Und im Kasino, in Aarhus war das, unterhielt man sich über den Krieg. Mein Vater hatte mir gesagt, nach dem Frankreichfeldzug, »Junge, der Krieg ist verloren«. Mein Vater war Generalstabsoffizier im Ersten Weltkrieg gewesen. »Du kannst einem glauben, der was von der Sache versteht. Das Übersetzen nach England hat nicht geklappt, damit ist die Sache zu Ende.« Genau das Gleiche erzählte mir, das war also nicht so unmöglich zu erzählen, unser Marine-Taktiklehrer auf der Luftkriegsschule in Dresden 1942. Er sagte: »Meine Herren, dieser Krieg ist ein Seekrieg. Denn der Hauptgegner ist eine Seemacht. Die kann man mit Luftüberlegenheit oder mit Marineüberlegenheit besiegen. Wir haben weder das eine noch das andere.« Also bin ich frech geworden und habe da im Kasino in Aarhus gesagt: »Also wissen Sie, der Krieg ist sowieso verloren. Was wollt Ihr denn überhaupt?« Da hat mich irgendwie etwas gejuckt. Und dann habe ich gesagt: »Und außerdem, was wäre, wenn wir den Krieg gewinnen würden? Was wäre denn dann?« Es herrschte ein betroffenes Schweigen. Und dann raffte sich einer auf, auch so ein junger Leutnant wie ich, und sagte: »Ja, dann würden wir ebenso, wie die Briten das British Empire geschaffen haben, ein German Empire schaffen.« Da ist mir dann so herausgerutscht – ich habe mein tiefes Misstrauen gegen diese »deutsche Rasse« –: »Diese Kartoffelnasen werdet Ihr erst mal umerziehen müssen, bis Ihr das erreicht, wie die Briten, die mit ein paar 10 000 Mann in Indien einen Subkontinent verwaltet haben.«

Da haben sie mich natürlich angezeigt, weil ich etwas Böses, Rassistisches gesagt habe. Doch ich hatte Glück: In Italien gab es einen Brückenkopf der alliierten Invasion bei Nettuno. Die Alliierten marschierten nach Rom. Und uns haben sie sofort über den Brenner nach Italien transportiert. Wir sollten also Rom noch besetzen oder befreien. Bis Civitavecchia sind wir gekommen. Aber dadurch habe ich das Kriegsgerichtsverfahren Gott sei Dank verpasst, sonst hätten die mich wahrscheinlich auch einen Kopf kürzer gemacht.

Ich war dann zunächst im Gefangenenlager bei Pisa. Ich bin so ein bisschen widerborstig. Einmal in meinem Leben habe ich eine nationalsozialistische Äußerung gemacht. Als wir in München-Aibling entlassen wurden, auf einem Flughafen, und von den Amerikanern an die Engländer übergeben wurden, sollten wir in solchen Hangars anmarschieren. Da guckten sie natürlich erst allen unter den Arm, ob einer irgendwie die SS-Tätowierung hatte. Alle mussten anrennen zu den drei Vernehmungstischen, an denen so lange Lulatsche von Militärpolizisten saßen. Und während alle rannten, bin ich – ich hatte eine solche Wut im Bauch – langsam hingegangen. Der Vernehmungsoffizier war natürlich ein emigrierter Deutscher, schaute mich an und fragte mich: »Waren Sie in einer nationalsozialistischen Gliederung?« Ich hatte einen solchen Zorn, dass ich gesagt habe: »Leider nein.« Der hat mich nur irre angeguckt und dann weitergeschickt. Mich hat einfach geärgert, dass man da auch wieder über einen Kamm geschoren wurde.

Ich bin nach Bielefeld entlassen worden, weil meine Mutter dort war. Sie war in zweiter Ehe nach Brasilien ausgewandert, war aber bei einem Urlaub in Deutschland hängen geblieben, als der Krieg ausbrach, und seinerzeit bei ihren Eltern in Bielefeld. Von dort habe ich mich beworben bei sieben Universitäten und gedacht, an sich müsste ich doch etwas bekommen. Aber erst mal brauchte man eine Zuzugsgenehmigung. Und die Zuzugsgenehmigung war wieder abhängig von einer Wohnungsmöglichkeit, die wieder von der Immatrikulation und so weiter.

Studium

Th. Horstmann: Weshalb haben Sie sich für ein Jurastudium entschieden?

J. Baumann: Ursprünglich wollte oder sollte ich Kaufmann werden wie mein Vater. Mit kaufmännischer Tätigkeit war aber nichts mehr zu machen. Unser Hauptbetrieb war in Oberschlesien. Dort sind wir expropriiert worden. Unser Haus in Frohnau war bewohnt von Franzosen. Zwei Grundstücke hatten wir noch, am Alexanderplatz, da waren zwei Firmen darauf. Auf dem einen ist jetzt ein Kaufhaus, auf dem anderen ist ein Hotel.

Th. Horstmann: Das Forumhotel?

J. Baumann: Ja. Unsere Familie ist aber vor 1949 enteignet worden. Wir hatten noch eine Firma in Potsdam. Aber das war natürlich alles weggeschwommen nach dem Kriege. Dann habe ich erst mal mit meinem Vater zusammen einen Papierhandel aufgemacht in Berlin, weil er nicht entnazifiziert wurde. Er hätte sich im russischen Sektor entnazifizieren lassen müssen. Die Russen haben ihn gleich geschnappt und haben ihn 14 Tage in Tegel vernommen. Denn er war einige Zeit Chef des Wirtschaftsstabes Dänemark. Er hat also die dänische Wirtschaft umgestellt auf deutsche Kriegswirtschaft. Das kam den Russen gerade recht, ein Generalstabsoffizier aus dem Ersten Weltkrieg und dann gelernter Unternehmer. Die haben sich also nicht darum gekümmert, dass er ein alter Stahlhelmer war. Sie haben meinen Vater nicht entnazifiziert, weil er leichtsinniger Weise seinen Wehrpass vorgelegt hatte zum Nachweis, dass er nie etwas mit der Partei zu tun gehabt hätte und kein Parteigenosse war. Da stand aber unglücklicherweise drin, dass er im Freikorps »Lichtschlag« im Ruhrgebiet war. Also sagten die Russen: »Was? Ist ja noch schlimmer. Arbeitermörder sind Sie, und Sie wollen entnazifiziert werden?« Und sie haben ihn sofort enteignet.

Ich habe noch einen Bruder, der in dänischer Internierung geboren wurde. Seine Mutter war die dänische Sekretärin meines Vater. Als sie 1945 in Dänemark ankam, haben sie sie wegen der Zusammenarbeit mit Deutschen, die deutlich sichtbar war, gleich ins Internierungslager gesteckt. Dort ist mein jüngster Bruder 1945 geboren worden.

Jurist wurde ich, weil es das kürzeste Studium war. Ich habe Jura und etwas Volkswirtschaft in sechs Semestern studiert. Ich hatte schon sechs Jahre verloren und daher keine Zeit, da noch lange herumzuhampeln. Also bin ich Rechtsanwalt geworden. Während meiner Rechtsanwaltstätigkeit habe ich mich habilitiert und war dann zugleich Rechtsanwalt und Professor.

Spaß hat mir Jura nicht gemacht. Mathematik und Chemie machte mir Spaß. Ich habe seit meiner Emeritierung in Jura nichts mehr getan. Es war ein Brotberuf. Mein Vater fand meinen Beruf auch nicht gut, denn er hielt nicht viel von Juristen.

Th. Horstmann: Spielte die Aufarbeitung der Naziverbrechen während Ihres Studiums eine Rolle?

J. Baumann: Sie spielte keine Rolle. Die Hörsäle waren damals uniform-grün-grau. Es hat sich keiner um dieses Thema gekümmert, sie hatten alle anderes zu tun. Mit einigen meiner Schulfreunde aus diesem Internat in Züllichau kam ich später wieder zusammen. Aus zwei Klassen waren sechs Leute übrig geblieben. Die waren überwiegend in den Schwarzmarkt gegangen. Sie waren alle Offizierssoldaten geworden, hatten aber vorher keine Ausbildung gehabt. Sie haben mich dafür ausgelacht, dass ich studierte, zweieinhalb Jahre ohne Mittagessen. Später, 1948, mussten sie das dann auch tun, mussten nachkommen. Aber direkt nach Kriegsende hat man sich wenig Gedanken darüber gemacht.

Ich habe mir schon Gedanken gemacht. Ich habe zum Beispiel gemerkt in meiner Referendarzeit am Oberlandesgericht Hamm – damals gab es ja die Oberlandesgerichts-Station noch –, dass mein Senatspräsident im Strafsenat irgendwie ein komischer Kerl war. Studenten haben später eine Ausstellung »Braune Universität« über belastete Juristen gemacht. Zu meinem Erstaunen war mein Senatspräsident aus Hamm darunter. Ich habe ihn sofort bei seinem Präsidium angezeigt, und er ist aus dem Dienst suspendiert worden.

Ich bin ein ausgesprochener Nazi-Gegner, und es gibt ein paar Kollegen, um die ich ostentativ herumgehe. Dazu gehören sehr bekannte Professoren, die zum Beispiel die Rechtsfähigkeit seinerzeit von der rassischen Zugehörigkeit abhängig gemacht haben. Das muss man sich mal vorstellen, Sie sind ein Rechtsobjekt, wenn sie nicht rassisch dazugehören. Ich mache einen Bogen um sie und gebe ihnen nicht die Hand. Ich finde, das sind die schlimmen Leute, und nicht die SA-Leute. Diese Leute sind die eigentlichen Täter. In meiner Einführung in die Rechtswissenschaft stehen diese Geschichten über diese Juristen. Zunächst hatte ich sie anonymisiert, mit XX und mit YY. Da hat man mir gesagt: »Du bist zu feige, Namen zu nennen.« Heute stehen sie darin.

Th. Horstmann: War die Universität Tübingen eine positive Ausnahme, was die Juristen betrifft?

J. Baumann: Natürlich nicht. Als ich hierher kam nach Tübingen, wurde ich erst mal bekannt gemacht mit einem Schrank, der die Asservate enthielt. Die Asservate waren die Schriften, Bücher und Aufsätze derjenigen Leute, die sich hier in der Nazi-Zeit unmöglich verhalten hatten. Es ist doch kein einziger hinausgeschmissen worden. Nicht einer.

Mein alter Lehrer, Arthur Wegner,[9] ist der einzige, der freiwillig emigriert ist. Später ist er übrigens in der DDR aufgetaucht. An der Martin-Luther-Universität in Halle. War übrigens ein Freund der Hohenzollern

9 Arthur Wegner (1900–1989) arbeitete vor allem zum Jugendrecht, siehe schon seine gleichnamige Schrift von 1931. Er wurde im Alter von 26 Jahren als Professor für Strafrecht und Strafprozessrecht nach Breslau berufen und ging von dort 1934 nach Halle. 1937 versetzte man ihn zwangsweise in den Ruhestand. Aufgrund eines Sondergerichtsverfahrens wurde er inhaftiert. Nach der Entlassung emigrierte Wegner nach Kanada, kehrte 1946 als Professor nach Münster zurück und ging 1963 zurück an die Universität in Halle.

und deswegen Monarchist. Wir haben immer gewartet, dass er im DDR-Rundfunk nochmal die Monarchie ausruft.

Th. Horstmann: Grünhut[10] gab es auch noch.

J. Baumann: Ja, der musste gehen. Grünhut und Ernst Heinitz[11]. Mit Heinitz war ich sehr gut bekannt und habe ihn sehr verehrt. Heinitz war Kunstliebhaber wie auch ich.

Ja, wo sind denn die Emigranten, die während der Nazi-Zeit vertrieben wurden? Natürlich ist Grünhut weggegangen. Heinitz ist nach Italien gegangen und musste die ganzen Examina nachmachen, um italienischer Anwalt zu werden. Die ganze Wiener Schule traf sich hinterher in den USA. Ich habe meine Assistenten hinübergeschickt nach Kalifornien, da saßen die besten deutschen Juristen.

Schauen Sie mal rein in die *Juristische Wochenschau* von 1933. Was sie da alles an berühmten Namen entdecken. Sogar den Namen meines alten Lehrers habe ich da gefunden.[12] Wie er gejubelt hat! Man versteht es nicht. Man versteht es wirklich nicht. Dieses Proletenpack – wie konnte man dem auf dem Leim gehen. Nach dem Kriege habe ich mir alle Memoiren besorgt, von Truman, von Roosevelt, von de Gaulle, von Churchill, um die Geschichte des 20. Jahrhunderts nachzulesen. Ich verstehe es bis heute nicht. Das hätte doch in England nicht passieren können. Das hätte in Frankreich nicht passieren können. Wie töricht sind wir eigentlich, wie töricht ist dieses Volk? Oder sind wir zu selbstverliebt, dass wir glauben, dass uns nichts passieren kann? Dass wir gar nicht aufpassen müssen? Wie wir zur Polizei stehen, zum Beispiel. Der Deutsche guckt rechts und links über die Schulter – das nannten wir früher in der Nazi-Zeit den deutschen Blick – »keiner da?«. Also fahren wir wie die Wilden. Aber wehe, da vorne fährt ein Polizeifahrzeug, und das fährt nur 70 oder 80 km/h. Die meisten Leute wissen nicht, dass es gar nicht schneller fahren darf. Das Polizeifahr-

---

10 Der international bekannte Strafrechtler Max Grünhut wurde 1933 als erster unter den Bonner Juristen gezwungen, die Lehrtätigkeit aufzugeben. Er emigrierte nach Oxford und arbeitete nach dem Krieg nur noch als Honorarprofessor in Bonn, vgl. zu Grünhut den Eintrag in Beatson/Zimmermann (2004), *Jurists*.

11 Ernst Heinitz war bis 1933 unter anderem Vorsitzender Richter des Berliner Arbeitsgerichts, überstand den Krieg in Italien und kehrte 1945 nach Berlin zurück. 1952 wurde er Professor für Strafrecht, Prozessrecht und Arbeitsrecht an der Freien Universität Berlin und war dort auch zeitweise Rektor (1961–1963). Parallel zu seiner Lehrtätigkeit amtierte Heinitz als Senatspräsident am Kammergericht. Siehe den Nachruf von Bohnert (1998), »Nachruf«.

12 Gemeint ist Karl Peters.

zeug wird nicht überholt. Was ist das für ein Volk, frage ich mich? Ich habe meine Kinder völlig anders erzogen. Ich habe gesagt: »Menschenskinder, Polizei, das haben die Londoner Kaufleute erfunden, die haben ihre Bobbys dafür bezahlt, dass sie für Sicherheit zu sorgen hatten.«[13] Aber glauben Sie, das herrsche im deutschen Volk, dieses Verhältnis zur Polizei? Wenn ich das schon sehe, dass die Polizisten mit Pistolentaschen herumlaufen. Ich empfehle solchen Verkehrspolizisten immer, sie sollten hier doch Schaufel und Kehrbesen tragen statt der Schusswaffe. Da müssen Sie die Gesichter mal sehen – dass ich nicht angezeigt worden bin wegen Beamtenbeleidigung. Ich beleidige die Polizei der Bundesrepublik. Es ist ein Wunder. Obwohl ich das viel nützlicher finde – dann können sie nämlich die Glasscherben beiseitigen, in die der nächste wieder hinein fährt.

Wie sagte der liebe Freund Dürig, der Kommentator von Maunz/Dürig? »Jürgen, du bist ein Anarchist.« Ja, das bin ich. Nur so viel Ordnung, wie notwendig ist. Nur diese notwendige Ordnung – und nicht jeden Dreck regeln.

Juristen mit NS-Vergangenheit und Gehilfenrechtsprechung

H. Litzinger: Wann sind Sie denn zum ersten Mal dem Thema juristische Aufarbeitung der NS-Zeit begegnet? Wann haben Sie sich das erste Mal damit befasst?

J. Baumann: Es hat mich schon geärgert, dass Adenauer diesen Globke hatte, ausgerechnet den Kommentator der Nürnberger Gesetze. Oder Dreher[14] – ihn habe ich immer nur Verdreher genannt. Er war zum Schluss Ministerialdirigent im Justizministerium in Bonn. Er war mal Staatsanwalt in Innsbruck und hat da für ein armes Mütterlein die Todesstrafe gefordert, das von einem Trümmergrundstück irgendwelche Sachen genommen hatte. Und er war ja gleichzeitig Gnadeninstanz – aber nichts da. Er konnte immerhin, weil Heinemann Justizminister war,[15] nicht Chef der Strafrechtsabteilung im Justizministerium werden. Oder Schafheutle[16], den ich

13 Vgl. Dippel (1996), »Sicherheit«, S. 255–284.

14 Vgl. Rottleuthner (2001), »Dreher«, S. 665–679.

15 Gustav Heinemann war 1966 bis 1969 Justizminister der Großen Koalition.

16 Siehe zu Josef Schafheutle »Unpolitischer Rechtstechnokrat als Gestalter des politischen Strafrechts«, in: Feth u.a. (o.J.), *Recht*, S. 107–109.

immer nur Strafheutle genannt habe. Er war Diener vieler Herren. Er war schon in der Weimarer Republik im Justizministerium, und dann selbstverständlich bei Hitler. Er hat noch an den Kommentaren mitgearbeitet. All das hat mich schon sehr verdrossen. Dann habe ich allerdings festgestellt: Mein Lehrer Karl Peters,[17] der Katholik war – sein Bruder Hans Peters ist der Verwaltungsrechtler aus Köln, der zuletzt Vorsitzender der Goerres-Gesellschaft war, also katholischer geht es nicht –, dessen Jugendschriften in der Juristischen Wochenschrift haben mich auch irritiert.[18]

Aber am meisten hat mich natürlich verdrossen, was direkt mit meinem Fach zu tun hatte: Als der BGH mit einer Rechtsprechung anfing, die für Tausende von ermordeten Juden zwei Jahre Freiheitsstrafe verhängte. Und klare Fälle von Täterschaft als Beihilfe bestrafte. Da bin ich wütend geworden. Statt dass man hier die Dinge anständig aufräumt. Nicht wie in Frankreich, in Frankreich haben sie ja kein Problem. Die haben einfach die Leute über die Klinge springen lassen. Das halte ich natürlich auch wieder nicht für richtig, dass man hier nicht abgewogen hat. Eine justitielle Aufarbeitung halte ich schon für richtig – aber was für eine. So, wie es lief, war es schlimm. Mit der guten Frau Just-Dahlmann war ich mir einig, und mit Fritz Bauer. Frau Just-Dahlmann war eine nette Frau, tüchtig und fleißig. Wir haben öfter zusammen gearbeitet, auf Tagungen, genau auf dieses Problem hin. Ich kenne sie beide, sie und ihren Mann. Auf verschiedenen Kongressen haben wir uns immer wieder getroffen und haben uns bestätigt, dass wir auf der richtigen Seite seien. Aber das war es dann auch. Keiner wollte so recht da heran. Heinemann noch am ehesten und Ehmke. Aber die hatten natürlich mit ihrer Partei Schwierigkeiten, die Sozis waren doch auch in der NSDAP.

---

17 Baumanns Dissertationsthema bei Karl Peters (1904–1998) in Münster lautete »Die Narkoanalyse«. Peters selbst war seit 1942 als Professor für Strafrecht in Greifswald tätig, später von 1946 bis 1962 in Münster und schließlich von 1962 bis 1972 in Tübingen. Daneben hat Peters lange auch als Mitglied der so genannten Amtlichen Strafvollzugskommission rechtspolitisch gewirkt. Seine wissenschaftlichen Hauptinteressen galten neben dem Strafvollzug auch dem Strafprozess und dem Jugendstrafrecht. In einem seiner Hauptwerke untersuchte er dabei mögliche Fehlerquellen im Strafprozess anhand der Analyse von über 1 000 Wiederaufnahmeakten: Peters (1970–1974), *Fehlerquellen*.

18 Vgl. etwa den Aufsatz Peters (1933), »Nationalsozialismus«; Peters schließt hier mit dem Satz: »Aufgabe der Wissenschaft ist es, die befruchtenden Gedanken der Bewegung in sich aufzunehmen und zu verarbeiten und im Sinne der Bewegung mitzuwirken an dem Bau des großen Rechtsgebäudes der deutschen Zukunft«; ebd., S. 1564.

Th. Horstmann: Haben Sie denn selbst an solchen Nazi-Prozessen teilgenommen oder zugesehen?

J. Baumann: Doch, ich bin auch bei Prozessen gewesen. Zum Beispiel war ich beim Auschwitz-Prozess in Frankfurt. Ich habe mir das Verfahren angeschaut und mit den Vertretern der Nebenklage gesprochen. Ich hatte das erste Gutachten gemacht für Van Dam, den Vorsitzenden des Zentralrats der Juden, gegen die »Nationale und Soldatenzeitschrift«, so nannten sie sich damals. Jahre später bekomme ich einen Anruf von Frau Frey. Die wollte von mir, dass ich ihren Mann strafverteidige.[19] Ich habe gesagt: »Gnädige Frau, wissen Sie nicht, mit wem Sie sprechen? Ich habe seinerzeit das Gutachten gegen Ihren Mann gemacht.« – »Ja, gerade deshalb.« Also, Chuzpe hatten die Leute schon. Das muss ich sagen.

Aber ich habe keine Verfahren initiiert. Natürlich habe ich Leute angezeigt, bei denen ich, wie bei meinem Senatspräsidenten aus Hamm, plötzlich merkte, wie die sich durchgemogelt hatten durch alle Kontrollen. Und dann habe ich mich aufgeregt, jedenfalls was mein Fach direkt betraf.

Th. Horstmann: Und von den Juristen, die dann in Königstein mit dabei waren, hatten Sie unter anderem zu Fritz Bauer Kontakt.

J. Baumann: Fritz Bauer war ein herrlicher Feuerkopf. Ein großartiger Mann. Ein dreiviertel Jude war er, glaube ich. Damit ist er ein Jude. Eigentlich war er Sozialist. Als es darum ging, vor der Bundestagsfraktion der SPD unseren Alternativ-Entwurf zu vertreten, habe ich denen gesagt: »Fritz Bauer wird dazu genommen.« Roxin hat gesprochen, ich habe gesprochen, und dann Fritz Bauer. Das war herrlich. Er hatte solch eine tiefe, röhrende Stimme. Dort saßen die ganzen Bundestagsabgeordneten der SPD, alles feine Herren. Und er fing an: »Genossen, Genossinnen!« Die fuhren richtig zusammen. Ein elektrischer Kontakt unterm Stuhl hätte nicht schlimmer wirken können. Das war Fritz Bauer.

Königsteiner Tagung und Juristentag 1966

Th. Horstmann: Wie war das vor dem Juristentag 1966?

---

19 Gerhard Frey ist seit Jahrzehnten eine der zentralen Gestalten der rechtsextremen Parteienlandschaft, u.a. Begründer und Financier der Deutschen Volksunion (DVU), vgl. Linke (2004), *Multimillionär*.

J. Baumann: An sich hätte die ganze Aufarbeitung längst vorher passieren müssen, und sie hätte vom Juristentag ausgehen sollen. Anstelle dessen haben sie sich diese Sache einfallen lassen mit der Königsteiner Erklärung. Dabei haben sie sich da ein Gremium zusammengeholt, von dem sie einigermaßen sicher sein konnten, dass es ausgewogen war. In dem also auch Schmidt-Leichner vertreten war, der die Richterbriefe verfasst hatte.[20]

Th. Horstmann: Das war aus der Ständigen Deputation des Juristentages gefordert worden.

J. Baumann: Ja, natürlich. Ich hatte den Mann hinterher hier verpflichtet für die Studenten. Wir haben viel Wert darauf gelegt, dass die Juristenausbildung nicht so einseitig auf die Richterausbildung hinausläuft. Deswegen hatte ich Schmidt-Leichner selber eingeladen. Schmidt-Leichner war damals ein Starverteidiger. Er hat die meisten Verfassungsbeschwerden durchbekommen, von allen Anwälten, die es in der Bundesrepublik gab. Er war ein hervorragender Jurist. Wir trafen uns immer bei allen möglichen Anlässen. Als ich von den Richterbriefen erfuhr, habe ich ihn in mein Dienstzimmer bestellt und die anderen Kollegen dazu gebeten, damit schwurfeste Zeugen dabei sind, und habe ihm gesagt: »Es geht nicht mehr. Ich habe jetzt Ihre Richterbriefe durchgesehen. Sie haben mir immer versichert, dass da nichts Böses drin gestanden habe. Aber damit wurden die Richter auf Vordermann gebracht, ihnen wurde gesagt, wie sie zu judizieren hatten.« Schmidt-Leichner war daraufhin zutiefst beleidigt.

H. Litzinger: Hatten Sie zu anderen Teilnehmern der Königsteiner Tagung noch persönliche oder berufliche Kontakte?

J. Baumann: (geht die vorgelegte Liste der Tagungsteilnehmer durch) Zu Fritz Bauer natürlich. Buchheim kannte ich. Mit Dünnebier, das war witzig: Heinemann wollte mich als Generalbundesanwalt haben. Aber ich dachte mir, da kannst du dein freches Maul nicht mehr aufmachen. Also habe ich das Angebot abgelehnt. Ehmke war damals Staatssekretär. Ich habe ihm gesagt: »Nehmen Sie doch den Dünnebier.« Dünnebier war mir bekannt, was er schrieb, war anständig. Ich kannte ihn auch sonst. Da eilte der Ehmke los und brachte aus dem Safe die Akte Dünnebier. Dünnebier war gerade Generalstaatsanwalt in Bremen. Er war leider belastet. Mit ihm war es also nichts.

---

20 Justizminister Thierack führte die vertraulichen Richterbriefe 1942 zur Lenkung der Rechtsprechung im Sinne des NS-Regimes ein, vgl. Boberach (1975), *Richterbriefe*.

Hammerstein kenne ich natürlich, Hanack klar, Hofmeyer nicht. Den habe ich mal in Frankfurt gesehen. Jäger kenne ich. Der hat ja später seine Habilitation zu dem Thema geschrieben. Klug kenne ich sehr, sehr gut. Ormond kannte ich nicht. Ich habe ihn später kennen gelernt. Roesen[21], dessen Tochter war bei mir Assistentin. Roesen hat die Rechtmäßigkeit von Mordgeboten verteidigt. Roth kannte ich, Roxin natürlich, Rückerl auch, Sarstedt auch, Schmidt-Leichner auch. Peter Schneider kannte ich. Ja, das waren sie. Oder? Friesenhahn kannte man auch, der war ja Öffentlich-Rechtler.

Th. Horstmann: Wissen Sie, warum sich nach Königstein die Zusammenarbeit nicht mehr fortgesetzt hat? Können Sie beschreiben, woran das lag?

J. Baumann: Ach, die waren doch froh, dass die Sache erledigt war. Es gab schon in der ganzen Zeit vorher Stimmen, die sagten, diese Rechtsprechung des BGH ist unerträglich, es muss eine Aufarbeitung stattfinden. Und als man nun diese Königsteiner Erklärung hatte, dachte man, das reicht. Normalerweise hätte ein regelrechter deutscher Juristentag stattfinden müssen, der sich nur mit diesen Fragen befasst, und das nicht 1966, sondern zehn Jahre früher. Mindestens. Eine frühere Aufarbeitung wäre besser gewesen. Denn so hat sich doch der Eindruck – bei Ihnen zum Beispiel – gefestigt, dass meine Generation alles getan hat, um diese Dinge schön im Sande versickern zu lassen.

H. Litzinger: Was haben Sie genau von der Königsteiner Tagung oder von dem Essener Juristentag erwartet? War das eine Kritik dieser Urteile?

J. Baumann: Ich hätte mir mehr erwartet. Sie wissen, dass ich immer meine Schwierigkeiten gehabt habe mit den Verjährungsverlängerungen. Die wenigsten Leute wissen, dass in Ludwigsburg nur gegen Exzesstäter ermittelt wird. Nicht gegen normale Mordschützen wurde ermittelt, sondern einer muss noch »Judenschwein« gesagt haben, erst dann wird in Ludwigsburg ermittelt. Die Leute glauben immer, in Ludwigsburg würde jeder Mord ermittelt. Davon kann keine Rede sein. Wir hätten jedenfalls erwartet, dass irgendwie ein Aufbruch durch die deutschen Juristen geht und dass man sagt: »Ja, wir müssen die Dinge doch mal wirklich ein biss-

21 Der bekannte Düsseldorfer Rechtsanwalt Anton Roesen, der seit 1964 dem Anwaltssenat des Bundesgerichtshofes angehörte, hatte die Meinung vertreten, dass die Ermordung der Juden nicht nach dem Mordparagraphen bestraft werden dürfe, da der so genannte »Führer-Befehl« zur Ermordung der Juden das Tötungsverbot außer Kraft gesetzt habe; ders., »Rechtsfragen«, S. 136. Zur Person siehe die Autobiographie Roesens (1979), *Leben*.

chen in Ordnung bringen, mit reichlicher Verspätung jetzt, mit über 20 Jahren Verspätung.«

Sie werden es gelesen haben in meinen Aufsätzen, wie ich mich gequält habe, weil ich an sich Anhänger der materiellen Verjährungstheorie war. Die war übrigens herrschende Meinung früher in der Reichsgerichtssprechung: Danach ist es der Sinn der Verjährung, dass einmal die Wunde vernarbt, medizinisch gesprochen. Das ist die materielle Seite. Auf der anderen Seite steht der prozessuale Aspekt, dass die Beweise immer schlechter werden durch den Lauf der Zeit. Das ist auch das Problem bei Wiederaufnahmeverfahren: Wenn man das Wiederaufnahmeverfahren erst mal durchkriegt, dann gewinnt man die Prozesse auch. Die Zeugen sagen nur noch vage aus. Dann ist man durch diese Geschichten durch.

Aber wir hätten schon erwartet, dass da etwas passiert. Ich habe selbst die materiellrechtliche Theorie vertreten, und das bedeutet ein Verbot der Rückwirkung. Es heißt: Materielles Recht darf nicht zurückwirken, Prozessrecht darf zurückwirken. Ich halte es übrigens auch für Unsinn, dass prozessuale Prozesshindernisse rückwirkend geändert werden dürfen zum Nachteil des Angeklagten. Ein normaler Laie müsste sagen, diese Juristen sind doch wirklich Spitzbuben. Je nachdem, ob sie etwas änderbar haben wollen oder ob sie sagen wollen, nein, es verstößt gegen das Rückwirkungsverbot, nennen sie es materiellrechtlich oder prozessrechtlich. So ist es doch.

Th. Horstmann: Ernst-Walter Hanack hat gesagt, die Gesellschaft selbst wäre nicht bereit gewesen, auch gegen die kleinen Täter vorzugehen.

J. Baumann: Natürlich ist man gegen die kleinen Täter vorgegangen. Aber die kamen eben durch die Spruchgerichte davon. Ich habe doch selbst diese Geschichten in Detmold mitgemacht. Es gab zum Beispiel das Rückerstattungsgesetz. Ich habe selber kräftig Rückerstattungsverfahren vertreten, in denen die früheren jüdischen Eigentümer wieder in den Besitz ihrer Sachen gesetzt wurden, weil sie im Dritten Reich zu lächerlichen Preisen hatten verkaufen müssen. Man hatte ihnen gedroht: »Wir zeigen Dich an. Du hast ja schon Reisevorbereitungen getroffen.« Ja, was meinen Sie, wie schnell die jüdischen Eigentümer mit den Preisen runtergingen. Für ein Modehaus zum Beispiel. Diese jüdischen Eigentümer gingen vor die Spruchkammer. Aber die Mitglieder der Spruchkammer hatten ja selber auch profitiert. Diejenigen, die Juden verdrängt hatten aus ihren Geschäften, aus ihren Privathäusern, die Kunstgegenstände billig den Juden abgejubelt haben und so weiter, kamen vor die Spruchkammern. Und als die

Deutschen von den Spruchkammern die Nase voll hatten, da haben die Amerikaner gesagt: »Also, wegen des guten Klimas zwischen Amerikanern und Deutschen lassen wir jetzt mal diese Spruchkammerverfahren langsam auslaufen.« Langsam? Das ging ganz schnell. Ruckartig gab es keine Spruchkammerverfahren mehr.

Aber die großen Täter, wo sind die denn verfolgt worden? In den Nürnberger Prozessen? Entschuldigen Sie mal. Das war ein einziger Prozess. Dann kamen ein paar Nürnberger Nachfolgeprozesse. Das war doch nicht alles. Ich hatte bei der JZ, der Juristenzeitung hier in Tübingen, unten im Keller die Akten liegen, die ich seinerzeit gesammelt habe von solchen BGH-Geschichten. Ich wollte nicht der Einzige sein, der diese Urteile bespricht und kritisiert. Sondern ich wollte wirklich, dass alle Strafrechtler sagen: »Was ist das für eine schlimme Rechtsprechung!« Was meinen Sie, wen ich dafür gefunden habe? Einen einzigen, Professor Klug in Köln. Wahrscheinlich hat seine jüdische Frau ihm gesagt, »Komm, da musst du mitmachen«.[22] Sonst hat keiner diese Urteile besprochen. Deswegen verstehen Sie jetzt, was ich von Juristen halte, was ich von meinen Kollegen halte. Es ist halt ein Trauerspiel.

H. Litzinger: So, wie ich Ihre Beiträge verstanden habe, waren Sie einer stärker subjektiven Theorie bei der Abgrenzung zwischen Täterschaft und Teilnahme zugeneigt. Was halten Sie von den objektiven Theorien?

J. Baumann: Das ist heute noch Recht. Aber diese Rechtsprechung ist ja richtig. Deswegen habe ich doch immer gesagt, dass jemand bei voller Tatbestandserfüllung nicht sagen kann: Ich war geistig abwesend. So ist es doch. Die subjektive Theorie ist schon vom Reichsgericht und auch vom Bundesgerichtshof vertreten worden. Nur dass er sie falsch angewandt hat.

H. Litzinger: Inwiefern falsch?

---

22 Ulrich Klug (1913–1993) war seit 1940 mit Ruth-Marion Beling verheiratet. Im gleichen Jahr galt Klugs Habilitation in Berlin als gescheitert oder wenigstens vorläufig gescheitert; vgl. Lösch (1999), *Geist*, S. 338. Klug konnte seine Hochschullaufbahn somit erst nach dem Krieg beginnen, habilitierte sich 1950 als Privatdozent an der Universität Heidelberg und folgte 1956 einem Ruf als außerordentlicher Professor an die Universität Mainz. Ab 1960 übernahm Klug einen Lehrstuhl an der Universität zu Köln, wo er zugleich das Kriminalwissenschaftliche Institut leitete. Er gehörte zum Kreis der so genannten »Alternativ-Professoren«. 1968 trat Klug der FDP bei, 1970 wurde er als Staatssekretär in das Justizministerium von Nordrhein-Westfalen und im April 1974 als Justizsenator nach Hamburg berufen.

J. Baumann: Der BGH kann doch nicht sagen, es habe jemand mit *animus socii*[23] 10 000 Menschen umgebracht, der selbst geschossen hat, unentwegt, bis sein Lauf glühte.

Th. Horstmann: Wie reagierte denn die Öffentlichkeit auf die Prozesse, die stattfanden?

J. Baumann: Es gab ein paar nette Karikaturen von guten Karikaturisten. Zum Beispiel sagt einer zu einem anderen, der gerade zu lebenslang verdonnert worden ist: »Juden hättest du umbringen sollen. Dann wärst du in zwei Jahren wieder draußen.« Aber sonst war das der Öffentlichkeit ziemlich Wurscht. Die hatte anderes zu tun. Sie wollte neu anfangen. Deswegen ja auch meine Angst. Diese Bürger sind recht materialistisch eingestellt. Das ist auf der einen Seite gut. Ich finde es ganz gut, wenn die Leute nach ihrem Portemonnaie und nach ihren Lebensumständen wählen, besser, als wenn sie nach Idealen wählen oder dergleichen. Aber auf der anderen Seite habe ich natürlich große Angst vor Leuten, die zu materialistisch sind, so dass sie sagen, was kümmert mich Moral, was kümmert mich das Recht.

Th. Horstmann: War das denn bei dem Eichmann-Verfahren nicht anders? Da schreiben Sie selber in einem Artikel, dass fast alle, die gesamte Bevölkerung, Eichmann und das Verfahren jetzt kennen.

J. Baumann: Damals waren alle, die Mehrzahl meiner Kollegen, der Meinung, dass die gewaltsame Verbringung aus Lateinamerika nach Jerusalem ein Prozesshindernis wäre. Ich habe das mal nachgeprüft. Kein Mensch hat das in der deutschen Strafprozessrechtsgeschichte je behauptet. Ob jemand mit Gewalt vor den Kadi geschleppt worden ist oder nicht, beinhaltet kein Prozesshindernis. Aber das war allgemeine Meinung unter den Strafrechtlern damals: Es hieß, es ist etwas nicht in Ordnung bei dieser ganzen Eichmann-Geschichte, denn der ist doch durch die jüdischen Leute entführt und herübergebracht worden. Deswegen habe ich ja auch das Buch von Hannah Arendt besprochen.

Th. Horstmann: Haben Sie Hannah Arendt einmal kennengelernt?

J. Baumann: Hannah Arendt habe ich mal kennengelernt. Ja. Eine bedeutende Frau, die ja auch an ihrer eigenen Umgebung kein gutes Haar lässt. Hannah Arendt war die erste, die darauf hingewiesen hat, dass sie als Israelin, wenn sie einen Nichtisraeli heiraten wollte, dies im Ausland tun muss.

23 *Animus socii*, lat.: Gehilfenwille.

Ziele des Strafrechts

Th. Horstmann: Ich komme noch mal zu den Nazi-Prozessen. Sie haben einmal etwas geschrieben über die Androhungsgeneralpräventation als Ziel der Prozesse. Können Sie das noch ein bisschen näher erläutern?

J. Baumann: Ja, sicher. Das ist allgemeine Meinung heute, dass die Androhungsgeneralpräventation der eigentliche Zweck der Strafe ist. Generalprävention wirkt nicht dadurch, dass der Täter verhauen wird, sondern dadurch, dass er damit rechnen muss, dass er erwischt wird und dann nicht nur die guten Früchte der Tat, sondern auch die schlechten Früchte der Tat erntet. Das ist die Androhungsgeneralprävention. Denn was soll man mit Spezialpräventation? Wenn ich Sie heute umbringen würde, wie soll der Richter meine Strafe bestimmen? Spezialprävention? Dass ich in Zukunft keinen mehr umbringe? Das werde ich doch wohl nicht tun bei meinem Alter von 80 Jahren. An sich beinhaltet die herrschende Lehre ein bisschen Spezialprävention. Wir sagen, um modern zu sein: Die Strafe ist nicht nur dazu da, dass man gegen den Hund den Knüppel erhebt, wie ich geschrieben habe, sondern er muss auch etwas gebessert werden. Vor meinen Berliner Freunden habe ich in meiner Berliner Zeit[24] immer gesagt: »Wenn wir einen haben, für den wir jeden Tag 150 bis 200 Mark ausgeben müssen, dann müssen wir gucken, dass wir den Burschen umerziehen in dieser Zeit. Damit wenigstens ein bisschen etwas dabei herauskommt aus dieser ganzen Geschichte.« Strafe gibt es, weil wir nichts Besseres haben. Ich habe mal spaßeshalber vorgeschlagen, dass man in Berlin nicht mit dem Malus arbeitet, sondern mit dem Bonus. Für jedes straffreie Jahr gibt es einige Prozente Steuerbefreiung oder so. Wäre doch auch mal etwas. Warum Strafe? Was soll mit der Strafe bewirkt werden? Die Androhungsgeneralprävention scheint mir also noch das Vernünftigste zu sein: Man straft um anderer Leute willen. Dagegen gibt es natürlich wieder Rechtsphilosophen, die sagen: Hier wird ja der Mensch als Mittel benutzt, um andere abzuschrecken. Es ist nur noch kein Staat ohne Strafe ausgekommen. Wenn einem etwas Besseres einfiele, würde ich den sofort für den Nobelpreis vorschlagen.

Th. Horstmann: Wenn man Ihren Forderungen nach einer relativ rigorosen Verfolgung nachgekommen wäre, wäre das nicht ein gewisser Bruch

---

24 Baumann amtierte von 1976 bis 1978 als Justizsenator in Berlin.

zwischen der allgemein kriminalpolitischen Stimmung gewesen, die eher weg von dem Sühnegedanken ging?

J. Baumann: Weg von der Sühne, das halte ich eben für Unsinn. Ich bin schon der Meinung, dass Sühne richtig ist. Sühne enthält einerseits einen Gedanken der Aussöhnung des Täters mit der Gesellschaft und andererseits den Appell an den Täter, etwas zu tun, damit er zu einer anderen Lebenseinstellung kommt. Er soll das erste Mal darüber nachdenken. Ich habe lange gezweifelt, ob es zum Beispiel gut ist, was in der Dorfkirche passiert. Ursprünglich war ich ja mal braver Katholik, und als ich in Münster studierte, war ich natürlich in der Dorfkirche und habe geguckt, was die Bauern wohl interessierte. Für die Frauen, die in der Kirche waren, interessierten sie sich heftig. Und dann haben sie sicher nachgezählt, wie viele Kühe der Nachbar mehr hatte. Aber sonst – nichts. Schließlich habe ich mir dann aber gesagt: Wenn es der Kirche gelingt, den Mann fünf Minuten auf andere Gedanken zu bringen, ist es schon etwas wert, und das lohnt das Sonntagskirchgebot. So denke ich mir das mit der Sühne auch. Vielleicht in irgendeiner Ecke und an irgendeinem Ende kommt der Täter doch auf den Gedanken, dass das eigentlich nicht so lustig war, was er anderen angetan hat.

Th. Horstmann: Sie befürworten also eine Aufarbeitung durch Recht? Und weniger solche Wege wie die Wahrheitskommissionen in Südafrika oder ähnliche Regelungen?

J. Baumann: Ich bin zum Beispiel auch für Entschuldigungen. Oder Rössner, mein Habilitand, ist sehr für das Prinzip der gemeinnützigen Arbeit eingetreten.[25] Wir wollten gemeinnützige Arbeit, ich wollte sogar die Arbeitsstrafe. Aber damit habe ich mich bei den Kollegen nicht durchsetzen können. Ich hatte mir das gedacht für den Playboy, der durch Geldstrafen gar nicht fassbar ist, weil er grundsätzlich von anderer Leute Geld lebt. Einsperren ist da auch keine Alternative. Welchem Steuerzahler wollen Sie denn das zumuten? Unter was für spezialpräventiven Gesichtspunkten denn? Ich wollte für diese Art Täter die Arbeitsstrafe. Aber wir haben da manche Hypotheken. »Arbeit macht frei« stand am Konzentrationslager. Und so gibt es manche Geschichten, bei denen wir große Schwierigkeiten haben, zu vernünftigen Lösungen zu kommen.

---

25 Vgl. Rössner (1976), *Bagatelldiebstahl*, und zusammen mit G. Dolde (1987), »Weg«, S. 424–451.

Ähnlich ist es jetzt mit der ganzen Euthanasieproblematik. Aber wenn die Belgier oder die Holländer zu guten Lösungen kommen, dann müssen Sie mal hören, was die Deutschen dazu sagen. Die Deutschen sind ja schon wieder Weltklasse als Moralapostel. Die sollten den Mund halten für ein paar Generationen.

Th. Horstmann: Wenn Sie sich heute die Rolle der Strafrechtswissenschaften ansehen, ist diese nicht ein bisschen zu leise, auch in der Öffentlichkeit, was zum Beispiel die innere Sicherheit oder die DDR-Aufarbeitung angeht?

J. Baumann: Es gibt natürlich viele Gesetze, die unsinnig sind. Da ich ja an vielen Gesetzen mitgewirkt habe, als stellvertretender Vorsitzender des Bonner Bundesfachausschusses für Inneres und Recht – die Vorsitzenden haben gewechselt, aber ich war wirklich dreißig Jahre lang der stellvertretende Vorsitzende – weiß ich, wie die Gesetze gemacht werden. Das ist natürlich zum Teil schrecklich. Ich wollte nie aktiver Politiker werden. Dass ich es doch geworden bin, lag wohl daran, dass das eine Notlage war. Der alte Thomas Dehler[26] hatte mir schon ein Bundestagsmandat angeboten. Den habe ich sehr geschätzt, den Feuerkopf, den alten Dehler, mit seinem schwarzen und roten Senat.[27] Wenn irgendetwas passiert, wird ein Riesen-Brimborium daraus gemacht, das heißt, es wird irgendein Gesetz zusam-

26 Thomas Dehler (1897–1967) gründete schon in den zwanziger Jahren den antifaschistischen Bund »Der Reichsadler« sowie das »Reichsbanner Schwarz-Rot-Gold« in München mit. Während der NS-Zeit gehörte er Oppositionsgruppen an, wurde 1938 verhaftet und 1944 interniert. Nach Kriegsende hatte Dehler dann verschiedene hohe Posten in der bayerischen Justiz inne und war seit der Gründung der FDP 1946 deren bayerischer Landesvorsitzender. 1949 wurde er in den Bundestag gewählt und war von 1949 bis 1953 Justizminister im ersten Kabinett Adenauers.

27 Baumann spielt hier auf den Ersten – so genannten roten – Senat und den Zweiten – so genannten schwarzen – Senat des Bundesverfassungsgerichts in den fünfziger Jahren sowie Dehlers damalige Rolle bei der Ratifizierung des EVG-Vertrages an. Verschiedene hochrangige politisch Beteiligte, darunter auch Dehler, bemühten sich damals um Verfahrensschritte mit dem Ziel, die Entscheidung vor den »richtigen« Senat zu bringen. Ein Parteifreund Dehlers, der Rechtspolitiker Burkhard Hirsch, hat an diese Auseinandersetzung der frühen fünfziger Jahre vor einigen Jahren erinnert: Im Gegensatz zu Dehler war »für die politische Praxis das Thema mit dem Scheitern des EVG-Vertrages in der französischen Nationalversammlung erledigt. (…) Die politische Bedeutung des EVG-Vertrages überschattete die verfassungsrechtliche Frage: Wie man nämlich unter Beteiligung des Parlamentes überhaupt Richter gewinnen könne, die trotz ihrer bisherigen politischen Bindungen – wegen deren sie ja gewählt wurden! – bei ihren Entscheidungen nicht befangen sind, und wie man das Gericht davor bewahren könne, (…) sich letzten Endes an die Stelle des Gesetzgebers zu setzen«; Hirsch (2001), »Dehler«.

mengeflickt und zusammengeschustert, dass es einem graust. Nur, damit der Politiker vor seine Wähler treten und sagen kann, »ich habe etwas gemacht«. Gerade in Berlin. Was meinen Sie, was in Berlin in der Gesetzgebung passiert ist. Auch während meiner Zeit. Zum Beispiel kam während der Schleyer-Entführung aus Bonn die Anweisung, wir sollten die Gefängnisanstalten dicht machen. Vogel war Justizminister damals, und mein alter Freund Maihofer war Innenminister. Die riefen mich also abwechselnd an und sagten, »Mach' gefälligst die Anstalten zu«. Ich sagte: »Gebt mir einen Fall, in dem nachgewiesen ist, dass aus einer Berliner Anstalt heraus auf die Schleyer-Entführung irgendwie eingewirkt wurde.«

Das konnten sie nicht. Die Schließung der Anstalten war *contra legem*. Und dann haben diese Toren das Gesetz gemacht, wonach nun der BGH darüber entscheiden sollte, ob die Anstalten zu schließen oder nicht zu schließen sind. Und die alliierten Berater haben uns natürlich gesagt: »Ja, es entscheidet der Bundesgerichtshof, aber der Berliner Senat, der Fünfte, ist dann ein Berliner Landgericht.« Das muss man sich mal vorstellen. Ich bin also nach Bonn geeilt und habe gesagt: »Das könnt ihr doch nicht machen mit der BGH-Entscheidung.« Und seitdem steht der Nonsens bis heute im Gesetz: Es entscheidet das Gericht am Sitz des Oberlandesgerichts. Wo an sich die BGH-Entscheidung gewollt war. Was nicht ging, wegen Berlin. Aber meinst Du, das ändert einer?

Der Alternativ-Entwurf zum Strafgesetzbuch

H. Litzinger: Sie gehören mit zu den Verfassern des Alternativ-Entwurfes für das Strafgesetzbuch.

J. Baumann: Dreißig Jahre war ich Stellvertretender Vorsitzender des Bundesfachausschusses der FDP für Rechts- und Innenpolitik. Da habe ich meiner Partei unseren Alternativ-Entwurf zum Strafgesetzbuch »verkauft«. Wenn Sie heute die Fristenlösung bei § 218 und die Liberalisierung bei § 175 haben, verdanken Sie die uns Alternativprofessoren. Deswegen stehe ich aber auch nicht im Telefonbuch. Ich hatte ein Buch geschrieben über die Möglichkeit, die einfache, nicht jugendgefährdende Homosexualität straffrei zu lassen. Deswegen riefen abends die Homo-Clubs an. Und die Frau, die nach dem Arzt fragte. Nicht wegen meiner Berliner Tätigkeit, sondern deswegen habe ich mich Mitte der sechziger Jahre aus dem Telefonbuch streichen lassen, weil ich diese Störungen nicht haben wollte.

Ich bin damals durch die Lande gezogen und habe versucht, unseren Alternativ-Entwurf den Leuten zu verkaufen, den Entwurf den Leuten erst mal klarzumachen und sie dafür zu interessieren. Das haben wir gemacht, weil uns die Entwürfe der Regierung stark auf die Nerven gingen. Das war genau dasselbe wie das bestehende Strafgesetzbuch, im Gegenteil, da gab es noch eine zusätzliche Haftstrafe, also außer Einschließung, Zuchthaus, Gefängnis gab es noch die Strafhaft. Lauter solch ein Unsinn. Der letzte Regierungsentwurf war der von 1962 und 1965. Ich habe 1963 meinen Gegenentwurf gemacht. Deswegen gehöre ich mit zu diesen Vätern der Alternativ-Entwürfe. Wir sitzen heute noch zusammen und machen unsere Entwürfe.

Th. Horstmann: Hanack und Roxin waren auch dabei?

J. Baumann: Ja. Natürlich. Beide waren zu Anfang dabei. Aber von Hanack bekam man immer hinterher, nachdem wir gute Beschlüsse gefasst hatten, Briefe. Ich habe lange Jahre den Vorsitz gemacht in dieser Geschichte, weil ich den besten Draht zu den Politikern hatte über meine Partei, die FDP. Und Hanack kam dann immer nachträglich damit, dass er mit tiefstem Bedauern und größter Sorge seine Stimme zurücknehmen müsse. Das war Hanack.

Th. Horstmann: Welchen Eindruck haben Sie von der Aufarbeitung des DDR-Unrechts?

J. Baumann: In der Bundesrepublik wollte keiner was wissen. Und in der DDR ist es ja jetzt so ähnlich. Nicht? Ein bisschen besser läuft es schon. Weil natürlich die Zahl der Täter nicht so riesig ist. Mich hatte Anfang der neunziger Jahre der Parteitag der FDP zusammen mit einem Frankfurter Richter zu der schönen Aufgabe bestellt, Stasi-Richtlinien für die FDP in Berlin aufzustellen. Damit es uns nicht passiert, dass lauter Mandatsträger sich später als Stasi-Spitzel herausstellen. Wir beiden Westjuristen haben uns natürlich gesagt: Zuerst mal sehen, wer auf der Gehaltsliste gestanden hat. Aber das sind natürlich nur diese groben Geschichten. Und jetzt müssen wir mal schauen, wer tatsächlich ein Schweinehund war. Da hätten Sie sehen sollen, was unsere Ostfreunde sagten: »Nix da«, haben die gesagt, »einmal Stasi, immer Stasi«. Wir haben gesagt, »Ihr könnt doch nicht Leute, die die Eisschränke gefüllt, die die Flure geputzt und die die Fahrzeuge gefahren oder gewaschen haben und so weiter, vom passiven Wahlrecht ausschließen.« Aber da war nichts zu machen. Die Mehrzahl hat beschlossen, dass, wer einmal Stasi war, immer Stasi blieb. Das war ausgerechnet am 3. Oktober 1990. Wir waren in der Mohrenstraße, in einem uralten Backsteingebäude. Es gab kein Telefon. Da musste man also über die frühere Sektorengrenze laufen, um an ein Westtelefon heranzukommen und telefonieren zu können. Die Taxifahrer in Tegel wussten natürlich nicht Bescheid, wo die Mohrenstraße war.

Ich war bei dem ersten Kongress mit dabei, bei der Anhörung des Deutschen Bundestages mit Liselotte Funcke nach dem Deutschlandvertrag von 1970 mit Russland. Wir waren von der russischen Regierung und vom Nationalitätensowjet eingeladen. Immer, wo man hinkam, wurden wir ins Konferenzzimmer gesetzt, wir waren freundlich und sind miteinander warm geworden. Aber jedes Mal sind mir die zwanzig Millionen toten Russen präsentiert worden. Ich war auch in Russland. Ich wurde so klein mit Hut, das war mir so schrecklich. Aber meinen Sie, dass die meisten Deutschen so empfunden haben? Ich würde mich freuen, wenn ja. An allen Ecken und Enden treffen wir auf das, was wir angerichtet haben. Und die jungen Leute wollen nichts davon wissen. »Ja wieso, wir waren ja noch gar nicht geboren«, sagen sie.

H. Litzinger: Denken Sie, dass das Strafrecht mit dieser Art Prozessen an seine Grenzen gelangt?

J. Baumann: Nein, das ist nicht der Fall. Ich war, das wissen Sie vielleicht nicht, der erste, der dazu etwas gemacht hat. Und zwar in dem Buch von Henkys über die nationalsozialistischen Gewaltverbrechen[28]. Das hat die evangelische Kirche herausgegeben. Scharf war damals Präses der Evangelischen Kirche Deutschlands.[29] Er hat uns auch zusammengespannt. Henkys hat den historischen Teil gemacht. Ich habe den strafrechtlichen Teil gemacht. Und Scharf hat uns noch den James Goldschmidt[30] beigesellt, der beim Berliner Institut für Erziehungswissenschaften war, damals. Er meinte, es müssten besondere Paragraphen geschaffen werden für diese Massenverbrechen und vor allen Dingen für diese staatlich organisierten Verbrechen. Ich meine, dass Schuld immer nur etwas Individuelles sein

28 Henkys, *Gewaltverbrechen.*

29 D. Kurt Scharf, geboren 1902, war seit 1961 Vorsitzender des Rates der Evangelischen Kirche Deutschlands.

30 Eigentlich Dietrich Goldschmidt. Er stand dann auch als Herausgeber des Buches von Henkys mit auf dem Titelblatt. Goldschmidt war von 1956 bis 1963 Professor für Soziologie an der Pädagogischen Hochschule Berlin und darauf Direktor am Max-Planck-Institut für Bildungsforschung.

kann. Ich war immer sehr dagegen, hier neue Strafvorschriften zu schaffen. Die, ganz abgesehen davon, natürlich auch den Makel der *post factum* erlassenen Strafgesetze gehabt hätten. Strafgesetze dürfen ja nicht zurückwirken, jedenfalls nicht im materiellen Recht. Was für mich dann ganz böse wurde, als die Verjährungsgeschichte von 15 Jahren verlängert wurde auf 20, dann auf 30, und dann aufgehoben wurde. Die Verjährung für Mord ist dreimal verlängert worden, immer nur wegen dieser NS-Prozesse. Das Sondergesetz ist zum Glück nicht herausgekommen. Aber dass die Verfolgung der einzelnen Täter nicht geklappt hat, finde ich sehr betrüblich. Wo sind denn die ganzen Täter?

So, jetzt habe ich Sie lange genug aufgehalten, fürchte ich. Eins noch: Erziehen Sie Ihre Kinder besser. Erziehen Sie sie dazu, Verantwortung zu tragen. Tut auch weh. Aber Schuld und Verantwortung sind eben zweierlei. Und dass Juristen da kein Unterscheidungsvermögen haben, das verstehe ich nicht. Das ist das Einzige, was mir gefallen hat, an Walter Scheel. Er hat als Bundespräsident mal in einer Rede gesagt: »Kritische Solidarität«. Das ist das, was man, glaube ich, zu seinem Volke haben muss. Kritische Solidarität. Ich finde diese Zusammenstellung ausgezeichnet. Bei uns war entweder volle Solidarität gefordert. Oder es wird Kritik für besonders schick gehalten. Das muss glaube ich beides zusammen passen. Und das hätte man durch eine anständige – und das ist nun wirklich mein Schlusswort – durch eine anständige Aufarbeitung dieser Schweinereien erreichen können. Durch eine anständige Aufarbeitung, nicht durch das, was passiert ist. Ja, ich beneide Sie nicht.

Karl Lackner

»Insofern war ich kein Fortschrittsmensch«

Als 1966 der Vorsitzende des Juristentages, Ernst Friesenhahn, gemeinsam mit dem Bremer Generalstaatsanwalt Hanns Dünnebier die Teilnehmerliste der Königsteiner Tagung zusammenstellte, schlug Dünnebier für die Tagungsleitung den Heidelberger Strafrechtsprofessor Karl Lackner vor. Lackner lehnte den Vorsitz jedoch ab[1] und kam nur als einfacher Teilnehmer nach Königstein.[2]

Karl Lackner hatte – neben Arbeitsüberlastung – selbst gegen sich ins Feld geführt, dass man ihn möglicherweise wegen seiner eigenen Vergangenheit ablehnen könnte: Er war im »Dritten Reich« Mitglied einiger nationalsozialistischer Jugendverbände gewesen. Lackner, mit dem Geburtsjahr 1917 der älteste unserer Interviewpartner, hatte noch in der NS-Zeit sein Studium bis zum ersten Examen absolviert und erlebte so auch Nazi-Größen wie Koellreutter[3] in München im Hörsaal. Er arbeitete jedoch vor 1945 nicht als Jurist, sondern diente nach seinem Studium als Funker in der Wehrmacht, war also nach Kriegsende nicht »belastet«.[4] Wahrscheinlich wollte man ihn gerade deswegen für die Tagungsleitung gewinnen: 1966 galt Lackner als ein praktisch wie theoretisch ausgewiesener, aber eben unbelasteter Fachmann, der sich selbst bis dahin gar nicht öffentlichkeitswirksam mit den NS-Prozessen befasst hatte. Er schien daher am besten geeignet, zwischen den verschiedenen in Königstein versammelten Berufs- und Altersgruppen zu vermitteln. Anders als unsere übrigen Gesprächspartner,

1 Vgl. die Korrespondenz in Archivbestand Deutscher Juristentag (DJT) e.V., Kommissionen: NS-Gewaltverbrechen, Königsteiner Klausurtagung.

2 Daraufhin übernahm der Kölner Strafrechtsprofessor Ulrich Klug den Vorsitz.

3 Vgl. zu Koellreutter und seiner damals exponierten Position innerhalb der Gruppe der Staatsrechtslehrer Stolleis (1980), »Koellreutter« und Becker (1999), *Schritte*, passim.

4 Lackner wollte wahrscheinlich einfach nur ein weiteres Argument ins Feld führen, um den Tagungsvorsitz nicht übernehmen zu müssen.

die 1966 noch am Anfang ihrer Laufbahn standen, war Lackner damals bereits etabliert.

Nach dem Krieg arbeitete Lackner von 1950 bis 1963 als Referent im Bundesjustizministerium, wo er vor allem für das Jugendstrafrecht zuständig, aber auch an den Entwürfen zur großen Strafrechtsreform beteiligt war. Über diese Tätigkeit hatte der Bremer Generalstaatsanwalt Dünnebier Lackner kennen gelernt. Lackner zählte damit zu den Verfassern des konservativen Regierungsentwurfs für eine Strafgesetzreform 1962, dem die so genannten Alternativprofessoren, darunter Baumann, Hanack und Roxin, ihren Alternativ-Entwurf entgegenstellten.

Lackner ist also ein intimer Kenner staatlicher Verwaltungsabläufe, und das Gespräch mit ihm beleuchtet unter anderem die Bedeutung des Beamtenapparats für die Gesetzgebung. Für seine Zeit im Ministerium schildert er, wie die Abgeordneten meist ohne große Änderungswünsche akzeptierten, was ihnen die Ministerialbürokratie an Gesetzesentwürfen vorschlug. Lediglich der erste Anstoß zum Handeln musste naturgemäß aus der Politik kommen.

Als Beispiel hierfür kann eine Gesetzesänderung von 1968 gelten, die faktisch zu einem Ende der Strafverfolgung von NS-Schreibtischtätern führte und an deren Vorbereitung Karl Lackner in den fünfziger Jahren beteiligt gewesen war:[5] Der Bundestag fügte am 10. Mai 1968 dem Strafgesetzbuch einen Artikel 50 II an. Demnach galt das für Mord angedrohte Strafmaß nur noch dann für den Gehilfen, wenn diesem die täterbezogenen Mordmerkmale[6] nachgewiesen werden konnten. Hinsichtlich dieser persönlichen Mordmerkmale wie etwa Rassenhass genügte es von nun an nicht mehr, nur den Befehlsgebern nachzuweisen, dass sie aus niederen Beweggründen gehandelt hatten, sondern auch für den Gehilfen mussten diese niederen Beweggründe bewiesen werden. War das nicht möglich, fehlte das Merkmal für Beihilfe zum Mord. Die Tat wurde nur noch als Totschlag bewertet und war damit verjährt.[7]

Lackner war zwar an der Entstehung dieses Änderungsvorschlags in den fünfziger Jahren beteiligt, es ist heute aber nicht mehr zu klären, in-

5 Vgl. die jüngeren Studien Greve, *Umgang*, S. 358 ff., Miquel, *Vergangenheitspolitik*, S. 221 f.

6 Zu den täterbezogenen Mordmerkmalen wurden »niedere Beweggründe« gezählt (allerdings gab es auch Entscheidungen des Bundesgerichtshofes, die dieses Merkmal »tatbezogen« nannten, so etwa BGH 17, 215), daneben »böswillig« und »gewissenlos«.

7 Siehe als prägnante Beschreibung des Sachverhalts mit weiterer Literatur Brunner, *Frankreich-Komplex*, S. 241–244.

wieweit er auch selbst die Wirkung des Paragraphen gewollt hatte: [8] Der ursprünglich als Teil der Strafrechtsreform geplante Artikel war bei der Verabschiedung durch den Bundestag 1968 aus dem Zusammenhang der Reform gerissen und ohne einen ursprünglich vorgesehenen ergänzenden Artikel verabschiedet worden. Mit diesem ergänzenden Artikel sollte festgelegt werden, dass die durch den Artikel 50 II StGB vorgesehene Strafmilderung für Gehilfen die Frage der Verjährung nicht berühre. Die Politik bis hin zu Justizminister Heinemann hatte 1968 die möglichen Folgen der Novellierung anscheinend übersehen. Hingegen musste dem Fachmann für diese Problematik im Bundesjustizministerium, Eduard Dreher, der Zusammenhang mit all seinen Folgen ziemlich klar gewesen sein.[9]

Neben Dreher hatte Lackner im Justizministerium mit anderen gleichaltrigen Juristen eng zusammengearbeitet.[10] Im Gespräch benutzt Lackner regelmäßig ein generationelles *Wir*. Er bezieht sich damit auf kollektive Anschauungen seiner eigenen, *ersten* Generation von Nachkriegsjuristen, die sich von den nachfolgenden Juristenjahrgängen deutlich unterschied. In der Strafrechtswissenschaft datiert Winfried Hassemer den offenen Ausbruch eines Generationenkonflikts auf das Jahr 1964. Auf der damaligen Strafrechtslehrertagung nahm er als Beobachter einen tiefen Bruch zwischen dem älteren und jüngeren Lager wahr.[11] Der Bruch betraf neben grundlegenden Fragen der Strafrechtstheorie, der Moral und Weltanschauung[12] den Kern des jeweiligen strafrechtswissenschaftlichen Selbstverständnisses: Für die meisten der Jüngeren bestand dieser Kern vor allem aus der Wahrnehmung einer fundamentalen und unaufhebbaren Spannung

8 Zur Plausibilität von Lackners Arbeit an der Novelle Miquel, *Vergangenheitspolitik*, S. 221 f. Miquel erhielt leider keinen Einblick in die Personalakten der Richter und Ministerialbeamte Wir selbst waren zum Zeitpunkt des Gesprächs nicht über Lackners mögliche Mitarbeit an der Novellierung im Bilde und haben deshalb auch nicht danach gefragt.

9 Zementiert wurde die gesetzgeberische Panne allerdings erst endgültig 1969 durch ein BGH-Urteil (BGH 5 StR 658/68, 20.05.1969), siehe dazu Greve, *Umgang*, S. 376 ff., siehe auch unsere Einleitung.

10 Siehe nur die Würdigung von Dreher, »Lackner«, S. 9, in der die enge Verbundenheit beider deutlich wird.

11 Hassemer, *Strafrechtswissenschaft*, S. 276.

12 Vgl. etwa Lackners Aussagen im Interview, wenn er sagt: »Das Ende der Fahnenstange bei Sittlichkeitsverbrechen war erreicht. (...) Die wollten damals die Strafbarkeit der Homosexualität insgesamt beseitigen, und ich habe gesagt, wir müssen das schrittweise machen.«

des Strafrechts.[13] Diese Spannung wird in den Gesprächen mit Jäger, Baumann, Hammerstein, Roxin oder Hanack stets spürbar: Dass der demokratische Staat seine Machtmittel gegen die persönliche Freiheit des einzelnen nirgends mit solcher Wucht zum Einsatz bringt wie im Strafrecht, wird als belastend für das Selbstverständnis als Strafrechtler empfunden. Auch die jüngeren Strafjuristen hielten letztlich doch an dem ungeliebten Sanktionensystem des Strafrechts fest, hofften aber, dessen einschneidende Wirkungen über die eigene Arbeit ein wenig mildern zu können. Der älteren Generation schien dieser Zwiespalt nicht in diesem Ausmaß gegenwärtig zu sein. Für sie war das Strafrecht einfach ein möglichst effizient zu handhabendes Instrument des Staates. Auch Lackner sieht dementsprechend das Recht vor allem als eine Domäne der Fachleute an. Folgerichtig bemerkt er auch in unserem Gespräch, er habe noch heute das Gefühl, die breite Öffentlichkeit sei für das komplexe Thema der nationalsozialistischen Verbrechen nicht der richtige Ansprechpartner gewesen.

Wissenschaftlich hat sich Lackner anders als Hanack, Baumann, Roxin oder Jäger mit den NS-Prozessen kaum beschäftigt.[14] 1965, zwei Jahre nachdem er als Strafrechtsprofessor nach Heidelberg berufen worden war, bat der Koordinierungsrat der *Gesellschaft für Christlich-Jüdische Zusammenarbeit* in einem Brief an die bundesdeutschen Strafrechtslehrer, öffentlich bereits stark kritisierte Urteile in NS-Prozessen endlich auch in den juristischen Fachzeitschriften zu kommentieren. Lackner antwortete auf die Anfrage ausweichend: Er stehe zur Mitarbeit dann gern zur Verfügung, wenn ihm der Koordinierungsrat bei der Beschaffung des erforderlichen Materials helfe.[15] Überliefert ist eine Urteilsanmerkung Lackners nicht. Zunächst klingt Lackners Reaktion auf die Anfrage des Koordinierungsrates nach einer Ausrede: Wer, wenn nicht Lackner mit seinen guten Kontakten in die Justizverwaltung, wäre damals besser in der Lage gewesen, sich mit einem Anruf das nötige Material zu beschaffen? Lackner lag aber einfach – wie vielen seiner Kollegen, die auch keine Urteile in NS-Verfahren kommentieren sollten – eine solche am Einzelfall und dem erstinstanzlichen Verfahren

13 Hassemer (2000), »Selbstverständnis«, S. 28.

14 Seine einzige uns bekannte Veröffentlichung zu diesem Themenkreis ist eine Anmerkung, Lackner (1960), »Strafverfolgungsverjährung«.

15 Vgl. Deutscher Koordinierungsrat der Gesellschaft für Christlich-Jüdische Zusammenarbeit e.V., Rundschreiben an alle Strafrechtslehrer, 30. April 1965, hier: Antwort Prof. Karl Lackner, Heidelberg, 28.6.1965. Eine Abschrift des Briefs ist überliefert in Stadtarchiv Mannheim, Nachlass/Depositum Barbara Just-Dahlmann, 8.

orientierte Arbeitsweise fern.[16] Sie entsprach nicht dem Grundverständnis juristischer Tätigkeit, vor allem nicht, wenn man an Lackners Hauptinteresse denkt: Seit Anfang der sechziger Jahre verstand er sich zuvorderst als der *Kurzkommentator* des bundesdeutschen Strafrechts. Bis ins hohe Alter arbeitete er an immer neuen Auflagen seines weit verbreiteten strafrechtlichen Standardkommentars für Studium und berufliche Praxis. Dafür war es notwendig, sich eine Übersicht über das gesamte Gebiet des Strafrechts zu verschaffen. Von Interesse waren daher für ihn die großen Linien der Rechtsprechung und die Hauptprobleme der akademischen Diskussion – und eben nicht einzelne Verfahren vor Schwurgerichtskammern in Ulm, Aurich oder andernorts. Gerade einen so erfolgreichen wissenschaftlichen Praktiker des Strafrechts wie Lackner zeichnet somit eine natürliche Scheu vor dem allzu Konkreten aus.[17]

Bedenkt man nun insgesamt die konservative Grundorientierung Lackners, lässt sein Kurzreferat auf der Sonderveranstaltung des Essener Juristentages 1966 aufhorchen: Er benennt hier das irrationale Widerstreben der Mehrheit der deutschen Bevölkerung gegen die NS-Verbrecherverfahren. Lackner fragt nach den Ursachen für diese Einstellung und versucht zu ergründen, wo es sich hinter scheinbar rationalen Exkulpationsgründen verbirgt. Im Gegensatz zu Hanack betont Lackner, der Gesetzgeber habe nach 1945 sehr wohl eine Entscheidung dazu getroffen, wie juristisch mit den NS-Gewaltverbrechen umzugehen sei – nämlich, indem man die bestehenden Strafgesetze auf sie anwende. Dies bedeute jedoch für den einzelnen Richter, dass er sich nicht über diese grundsätzliche Wertentscheidung des Gesetzgebers hinwegsetzen und für die NS-Verbrechen andere Wertmaßstäbe anlegen dürfe. Zugleich mahnt er, die NS-Verbrechen müssten sorgfältig geschieden werden von den allgemeinen Kriegsverbrechen. Auch hier geht es ihm darum, auszuschließen, dass etwa die NS-Verbrechen gleichgesetzt würden mit den Kriegsverbrechen der Gegenseite, um so einen etwaigen Verzicht auf Strafverfolgung zu legitimieren. Insbesondere in der Frage der Strafzumessung fordert Lackner von der Wissenschaft, eindeutige Fallgruppen von NS-Tätern zu bilden und so zu verhindern, dass die Festsetzung der Strafe zum Einfallstor emo-

16 Siehe andere ausweichende Rundschreiben von Strafrechtslehrern, ebd.

17 Vgl. zu dieser Besonderheit gerade der deutschen Strafrechtswissenschaft den Kommentar Artur Hartmanns, in: Eser/Hassemer/Burkhardt (2000), *Strafrechtswissenschaft vor der Jahrtausendwende*, S. 222 f.

tionaler Haltungen des Richters oder der Öffentlichkeit werde.[18] Damit weist Lackner weit über rein juristische Fragestellungen hinaus. Und indem er die Kriegsverbrechen anspricht, benennt er frühzeitig ein Thema, das erst Jahrzehnte später auch die bundesrepublikanische Öffentlichkeit beschäftigen sollte.[19]

Wir trafen Karl Lackner in seinem Haus in Heidelberg an einem heißen Sommertag 2002. Er ließ sich zwar bereitwillig auf das Gespräch ein, war aber an unserem Thema, mit dem er sich ja in seinem beruflichen Leben nur eine sehr kurze Zeit beschäftigt hatte, nicht besonders interessiert – es hätte ihm vermutlich mehr Freude bereitet, ausführlicher über die Arbeit an seinem Kurzkommentar sprechen zu können.

Es erwies sich als nicht einfach, Herrn Lackner wegen der Autorisierung zu kontaktieren. Schließlich sind wir sehr froh, das Gespräch doch abdrucken zu können, da es uns sehr wichtig erschien, mit Karl Lackner einen Vertreter der ersten, eher konservativen Juristengeneration der Bundesrepublik zu Wort kommen zu lassen.

Kindheit und Jugend

Th. Horstmann: Herr Lackner, Sie sind 1917 geboren?

K. Lackner: Ja. Ich habe den ersten Weltkrieg noch erlebt. Allerdings nur als Kleinkind.

Th. Horstmann: Können Sie etwas zu Ihrer Jugend in der Weimarer Republik und im »Dritten Reich« erzählen?

K. Lackner: 1917 war eine große Notzeit, weil der Erste Weltkrieg auf sein Ende zuging. Mein Vater war im Feld und meine Mutter war in Bochum, im Kohlenpott. Da war es sehr eng, was dazu geführt hat, dass ich gesundheitlich geschädigt wurde. Nach dem Krieg kam erst die Inflation; da haben die Eltern dann auch den Rest, den sie noch besaßen, verloren, und dann ging es bis 1927 wieder ein bisschen bergauf. Darauf

18 Lackner (1967), »Widerstreben«, S. C 59–64, hier: S. C 63.

19 Vgl. jüngst Bertram (2004), »Kriegshandlungen«, der auf Lackners damaliges Essener Referat rekurriert, um heute zu erläutern, wie notwendig eine Unterscheidung von Kriegs- und NS-Verbrechen ist.

kam die große Weltwirtschaftskrise, und es herrschte in Bochum große Not.

Mein Vater als Beamter trauerte ein wenig dem Kaiser nach. Mit den Nazis hatte er nun wirklich nichts am Hut. Er war bei der Staatsanwaltschaft in Bochum als Oberamtsanwalt tätig. Das waren die Leute, die die kleineren Sachen erledigten. Mein Vater hatte nicht studiert und hatte also auch nicht die Befähigung zum Richteramt. Aber was er gemacht hat, war im Grunde genau das gleiche wie ein Staatsanwalt, nur waren es keine großen Sachen. Ich kann mich heute noch erinnern, er kam nach Hause, mittags, und brachte eine Aktentasche voll Akten mit, die er dann am Nachmittag bearbeitet und am nächsten Morgen wieder mit in den Dienst genommen hat.

Mein Vater wurde 1932 nach Bonn versetzt und wurde dort Leiter der Amtsanwaltschaft. 1933 kamen die Nazis. Mein Vater war dann das, was man einen braven Beamten nennt. Er hat überhaupt keine politischen Sachen bearbeiten dürfen. Er hat es auch gar nicht gewollt, er war ja heilfroh, dass er es nicht musste. So sind wir in die Nazi-Zeit hineingeschlittert.

H. Litzinger: Welche Erlebnisse verbinden Sie mit den Nationalsozialisten? Gab es da Dinge, die Ihren Alltag einschneidend berührten? Mussten Sie in die Hitlerjugend eintreten?

K. Lackner: Ich war im Jungvolk. Die bündische Jugend ist 1933 mit Hilfe katholischer und evangelischer Geistlicher in das Jungvolk überführt worden und dort auch als Verband geblieben. Wir bildeten da einen Jungzug aus ND-Leuten.[20] ND war ein katholischer Jugendbund, dem ich angehört habe. Die Überführung in die Hitlerjugend lief dann automatisch. Man ist sich heute nicht ganz im Klaren darüber, wo diese bündische Jugend eigentlich stand. Sie war sicher konservativ, aber sie mit den Nazis zu identifizieren, halte ich für ganz falsch.

Th. Horstmann: Sie haben später am neuen Wohnort Ihrer Familie, in Bonn, studiert?

K. Lackner: Ja. Ich habe in Bonn Abitur gemacht und dann Rechtswissenschaft studiert, zunächst in Bonn einige Semester und dann in München. Wir hatten dort durchaus konservative Lehrer. Im Strafrecht war mein Lehrer erst Graf zu Dohna[21] und dann Hellmuth von Weber[22]. Die

20 »ND« stand für »Neudeutschland«.

21 Alexander Burggraf zu Dohna-Schladien (1876–1944) gehörte 1919/20 der Verfassungsgebenden Nationalversammlung und später dem Reichstag als Abgeordneter an.

hatten beide mit den Nazis nichts am Hut; die Ausbildung war deshalb sehr konservativ, und Graf zu Dohna wurde ständig von Spitzeln beobachtet, die berichteten, was er machte. Sie haben ihn mehrfach verwarnt und ihm angedroht, wenn das so weiterginge, dann könne er noch was erleben. Aber sie haben sich nicht an ihn herangewagt, weil Graf zu Dohna international ein kolossales Renommee genoss. Deshalb haben sie ihn mehr oder weniger in Ruhe gelassen. Aber sie haben ihn bei der Zuteilung von Lebensmittelkarten schlecht behandelt; vielleicht deshalb hat er den Krieg nicht überlebt. Ich habe seinen Assistenten ganz gut gekannt, und der hat mir gesagt, Graf zu Dohna habe effektiv Hunger gelitten in den Jahren 1942 bis 1944. 1944 ist er dann gestorben. Ich habe ihn nicht mehr wieder gesehen. Ich war, als der Krieg anfing, sofort zum Kommiss einberufen worden, obwohl ich wegen meiner schon erwähnten gesundheitlichen Schädigung nur als bedingt tauglich eingestuft war, also nur für Dienste bei den Funkern und ähnlichen Truppenteilen.

H. Litzinger: Weshalb hatten Sie sich für ein Jurastudium entschieden?

K. Lackner: Das hing auch wieder mit den Nazis zusammen. Ich wollte Mathematik studieren oder Physik, und da musste ich mich in der Pädagogischen Hochschule in Bonn bei einem Gremium von Nationalsozialisten melden. Dort wurde mir eröffnet: »Wenn Sie Mathematik und Physik studieren wollen, dann können Sie damit ja auch die Laufbahn eines Lehrers einschlagen. Diese Laufbahn können Sie aber nur einschlagen, wenn Sie vorher ein Jahr« – so habe ich es aufgefasst – »braune Berieselung über sich ergehen lassen.« Ich weiß nicht mehr, wie das damals hieß, es gab eine bestimmte Bezeichnung. Ich dachte, das mache ich nicht. So habe ich mich kurzer Hand entschieden, »jetzt studiere ich Jura«, weil mir das eigentlich auch ganz gut konvenierte. Unsere Ausbildung war, das muss ich sagen,

---

Seit 1906 war er Professor in Königsberg, seit 1920 in Heidelberg und ab 1926 in Bonn. Nach der Machtergreifung der Nazis behielt er seine Professur, weigerte sich aber 1933, das Rektorat in Bonn zu übernehmen und zog sich ganz aus dem politischen Leben zurück. Als Jurist setzte sich Dohna vor allem für einen individualisierten Strafvollzug und für stärkere Garantien der Rechtssicherheit ein, vgl. etwa noch 1940 sein Werk »Kernprobleme der Rechtssicherheit«. Siehe auch Morell (2004), »Alexander Graf zu Dohna«.

22 Hellmuth von Weber (1893–1970) war seit 1928 Professor in Jena. 1937 wechselte er nach Bonn an das Kriminologische Seminar, wo er bis in die sechziger Jahre tätig war. Eines seiner Hauptarbeitsgebiete war das Internationale Strafrecht. Schon 1948 schrieb er über ein wesentliches Problem des juristischen Umgangs mit den NS-Verbrechen das Buch *Strafrechtliche Verantwortlichkeit für Handeln auf Befehl*; vgl. Stoll/Winter (2004), »Hellmuth von Weber«, S. 581–602.

sehr positiv im Sinne einer konventionellen Ausbildung. Im öffentlichen Recht war es ein bisschen schlecht, und zwar nur in dem Semester, in dem ich in München studierte. Da gab es den Professor Koellreutter, der ein Nationalsozialist wirklich erster Klasse war.

Kriegszeit

K. Lackner: Dann wurde ich einberufen und habe den Krieg mitgemacht. Es gab erst die Grundausbildung, die es beim Kommiss überall gab, und dann wurde ich als Funker und Fernmelder ausgebildet. Damals war ich als Funker wirklich *up to date.* Ich war immer an der Funkstelle, ich hatte also nie den Ärger, dass ich zu Fuß gehen musste, und ich konnte auch an der Funkstelle immer die neuesten Nachrichten abhören. Das durfte man zwar nicht, aber keiner konnte und wollte das kontrollieren. Es waren auch keine Nachrichten unmittelbar aus dem Ausland, sondern man konnte nur den Funkverkehr zwischen Dienststellen der Wehrmacht im damaligen Deutschen Reich abhören.

In dieser Position habe ich den Russland-Feldzug mitgemacht. Ich kann mich noch gut an den 21. Juni 1941 erinnern. Vor Beginn dieses Feldzuges waren wir in Frankreich, wo wir Küstenwache gegen Luftangriffe machten bei Boulogne-sur-Mer und St. Nazaire. Von da wurden wir dann plötzlich durch ganz Deutschland in den Osten verschubt und kamen schließlich nach Suwalki[23]. Suwalki gehörte vor dem Zweiten Weltkrieg zu Polen, aber das haben sich die Nazis dann sofort einverleibt und es als deutsches Reichsgebiet ausgegeben. In diesem ›Suwalki-Zipfel‹ wurden wir zusammengezogen – da war also eine Unmasse von Menschen. In jedem kleinen Wäldchen saßen tausend und mehr Soldaten, die da alle getarnt untergebracht waren. Darauf kam am Morgen des 21. oder 22. Juni, ich weiß es nicht mehr ganz genau, der Befehl, dass wir uns versammeln sollten. Es wurde uns eröffnet, dass Krieg gegen Russland geführt wird. Ich ging völlig niedergeschlagen zurück zum Zelt – und habe gesagt, »Hat er eigentlich nichts von Napoleon gehört und dessen Schicksal?« Aber das wurde in den nächsten Monaten so ein bisschen, wenn man ehrlich ist, widerlegt. Hitler

23 Suwalki liegt etwa 100 km nördlich von Bialystok in der Nähe der heutigen polnisch-weißrussischen Grenze.

hat sich zunächst mal in Kesselschlachten halbtot gesiegt. Es ging alles ganz glatt bis ungefähr 60 km hinter Smolensk. Dort war dann zunächst mal Schluss. Dort haben wir wochenlang, ich glaube mindestens acht Wochen, gelegen und es ging nicht mehr vorwärts, es ging auch nicht rückwärts.

Zu allem Überfluss brach dann auch noch der Winter sehr viel früher ein. Daher ist dann der ganze Angriff auf Moskau im Schlamm erstickt. Auch wir hatten mit unseren Fahrzeugen riesige Probleme, bis wir dann schließlich so ungefähr, ich würde schätzen, 100 km südwestlich von Moskau zum Stehen kamen. Von da aus haben die Deutschen noch mehrfach Panzervorstöße unternommen, die aber alle im Frost und im Schnee erstickt sind. Und auf einmal kamen frische sibirische Truppen, ganz überraschend, mit denen keiner gerechnet hat, und dann kam der Befehl von Hitler, dass wir uns festkrallen müssten. Das haben aber die Truppenführer sehr unterschiedlich ausgelegt und in vielen Fällen nicht so ganz ernst genommen. Sie haben die Front immer so weit zurückgenommen, dass wir das wieder auffangen konnten. Ja, und dann kam der ganze Schlamassel, der danach eintrat.

1944 hat mich eine Handgranate erwischt. Ich hatte viele Splitterlöcher und später mindestens 40 Grad Fieber. Ich habe den verantwortlichen Arzt beredet, mich doch bei einem gerade abgehenden Verwundetentransport mitzunehmen. Der hat sich schließlich erweichen lassen und mich mitgenommen. Wir kamen alsbald nach Warschau. Auf dem Truppenverbandsplatz hatten sie mir die Splitter weitgehend entfernt, und deshalb ist die Entzündung nicht mehr weiter fortgeschritten. In Warschau bin ich einige Wochen geblieben und dann mit einem weiteren Lazarettzug nach Deutschland gekommen.

Ich kam zunächst in ein Krankenhaus. Da war ein Arzt, der hat sich das angeguckt und hat gesagt: »Haben Sie den bestellt, diesen Schuss? Das ist ein typischer Heimatschuss. So wie die Dinge liegen, wird es etliche Wochen dauern, bis das wieder ausgeheilt ist, aber Sie werden nichts übrig behalten.«

H. Litzinger: Mussten Sie dann noch mal zurück an die Front?

K. Lackner: Jein. Es gab solche Zentren, in denen die Soldaten, die verwundet waren und wieder zurückkamen, zunächst gesammelt wurden. Da bin ich dann auch hingekommen, und als ich dahin kam, wurde mir gesagt: »Ihre Truppe existiert nicht mehr. Und im Übrigen sind Sie ja auch noch gar nicht frontverwendungsfähig. Wir müssen jetzt sehen, dass wir Sie irgendwo anders unterbringen. Kommen Sie morgen noch mal wieder, bis dahin können wir das entscheiden.« Ich bin am nächsten Morgen wieder hingegangen, und sie haben gesagt: »Sie kommen auf eine Offiziersbewerberschule nach Dänemark, und da müssen Sie Offiziersbewerber, ganz junge Leute, ausbilden. Und zwar haben wir gleich dazugeschrieben, dass Sie sich eignen als Ausbilder in Erdkampftaktik.« Das habe ich dann auch gemacht und habe so das Kriegsende in Dänemark erlebt.

Th. Horstmann: Haben Sie während des Krieges Verbrechen der Wehrmacht, über die heute so heftig diskutiert wird, wahrgenommen? Oder andere Dinge, die im Hintergrund des eigentlichen Frontabschnitts stattfanden?

K. Lackner: Gewusst haben wir, dass hinter der Front ein großer Bereich war, den nannten wir Partisanengebiet, in dem fand zwischen Deutschen, Russen und Partisanen ein gnadenloser Kampf statt. Das wussten wir, aber mehr darüber, und vor allem, ob und wie weit an diesen Dingen die Wehrmacht beteiligt war, das wussten wir nicht.

H. Litzinger: Haben Sie etwas von der Verfolgung von Juden persönlich mitbekommen?

K. Lackner: Von der so genannten Endlösung der Judenfrage habe ich überhaupt erst in Dänemark erfahren. Das kann ich ganz guten Gewissens sagen. Das haben wir, die wir da draußen waren, nicht gewusst. Und es wurde ja auch versucht, das geheim zu halten.

Erste Nachkriegsjahre

Th. Horstmann: Sie haben dann nach dem Krieg die normale Assessor-Ausbildung gemacht?

K. Lackner: Ja, ich hatte ja vor Beginn des Krieges noch das Referendarexamen gemacht. Das war ganz witzig: Eigentlich sollte mein Examen Anfang September stattfinden, dann kam plötzlich der Krieg am 1. September, und ich erhielt ganz schnell, drei oder vier Tage nach Kriegsbeginn, die Mitteilung, dass ich jetzt kein normales Examen, sondern ein Notexamen machen müsste. Dieses Notexamen habe ich sehr kurz danach abgelegt, übrigens mit ganz gutem Erfolg, ich war recht zufrieden. Die Prüfer waren alles andere als Nazis. Dann bin ich gleich zur Ausbildung zum Kommiss gekommen. Und ich glaube, wenn ich da insistiert hätte und gesagt hätte, ich möchte lieber hier bleiben, wäre das vielleicht durchgegangen. Das wäre jedoch rückblickend keine gute Sache gewesen. Möglicherweise wäre ich in viele Gewissenskonflikte[24] geführt worden.

Th. Horstmann: Wie sollte man sich die Stimmung unmittelbar nach dem Krieg vorstellen?

K. Lackner: Die Stimmung war natürlich ganz schlecht. Auf der einen Seite spürten wir sehr schnell, dass sich ein Konflikt zwischen Russland und Amerika entwickelte, der sich dann zum Kalten Krieg ausweitete. Deshalb waren wir eigentlich innerlich völlig verzweifelt, würde ich sagen. Auf der anderen Seite sahen wir aber doch einen Hoffnungsschimmer, und eins war eigentlich unter uns allen ganz allgemein verbreitet: Wir müssen die Ärmel aufkrempeln und sehen, dass wir aus diesem Dreck herauskommen. Das ist geschafft worden in einer Weise, die schon erstaunlich ist. Wenn man dieser Generation heute vorwirft, dass sie mit der Verfolgung der Schuldigen viel zu lange gezögert hat und die Verfolgung unterlassen hat, bin ich der Ansicht, wir hatten einfach andere Sorgen. Es kam jetzt darauf an, aus dem Dreck herauszukommen, und nicht zu gucken, wer Schuld hatte und wie man den bestrafen kann, zumal ja auch die Alliierten einen Teil dieser Aufgabe übernommen hatten. Aber hinterher gab es natürlich das Gefühl, da ist was versäumt worden. Das Gefühl hatten wir auch, das lässt sich gar nicht bezweifeln.

H. Litzinger: Haben Sie als junger Jurist die Nürnberger Prozesse wahrgenommen? Haben Sie diese Prozesse verfolgt?

K. Lackner: Die habe ich schon mit Interesse verfolgt, und ich muss ganz ehrlich sagen, ich hatte den Eindruck, das ist verdient. Wir haben uns amüsiert darüber, dass Hermann Göring sich plötzlich abmeldete. Der hat sich doch vergiftet. Aber ansonsten waren wir der Ansicht, dass es natürlich sehr problematisch ist, wenn die Sieger ein Gericht organisieren. Es blieb immer ein gewisser Verdacht übrig, dass die Sieger die Dinge anders beurteilen als ein Neutraler, das ist ja ohne weiteres nachvollziehbar. Auf der anderen Seite waren wir alle der Meinung, dass diese Geschichten, vor allem diese Endlösung der Judenfrage, eine Sache war, die wir für ungeheuerlich gehalten haben.

Th. Horstmann: Wurde denn innerhalb der Justiz über andere Kollegen gemunkelt? War es ein Thema, was zwischen 1933 und 1945 passiert war?

---

24 In das Manuskript seines Interviews hat Lackner hier handschriftlich »(Freisler-Prozesse!)« eingetragen.

K. Lackner: Ich habe das nicht so sehr erlebt. Ich muss jetzt auch mal zurückdenken, wie das unmittelbar nach dem Krieg war. Da habe ich das zweite Examen gemacht und bin zu Herrn von Weber gegangen und habe ihn gebeten, er möchte mich als Doktoranden annehmen. Ich kannte von Weber aus einem damaligen Gesprächskreis. Da er mich aus der Zeit vor dem Kriege kannte, hat von Weber akzeptiert. Dann habe ich ihm auch gleich das Thema genannt[25], die Arbeit aber zunächst auf Eis gelegt und in den nächsten Monaten nur gearbeitet, um juristisch wieder *up to date* zu werden. Ich musste ja mein Examen nachholen, um wieder auf Touren zu kommen. Um das zu beschleunigen, habe ich einen kleinen Kreis von Studenten um mich versammelt, die ich von früher kannte, die aber doch wesentlich jünger waren als ich, und wir haben dann einen Wiederholungskurs gemacht. Wir trafen uns früh, um sechs Uhr bei uns zu Hause, und hatten im Keller einen Raum. In dem hatten wir einen Ofen zurechtgemacht. Jeder musste Briketts oder ein Stück Holz mitbringen. Dann bullerte der Ofen, wir haben da eine bis anderthalb Stunden massiv gearbeitet, darauf schwirrten wir auseinander und jeder ging der Tätigkeit nach, die er berufsmäßig machen musste. Wir wollten ja alle möglichst wieder in der Juristerei den Anschluss finden.

Als Referent im Justizministerium

Th. Horstmann: Sie sind 1950 Landgerichtsrat geworden und direkt zum Justizministerium gekommen.

K. Lackner: Ja. Das war eine sehr schwierige Sache. Ein Ministerialdirektor im Justizministerium in Bonn war zuständig für das Personal. Der hat mich angefordert, als ich damals in Köln war. Der Präsident in Köln sagte: »Das geht doch nicht, das gibt einen Aufstand unter den Älteren, die ja auch alle unterkommen wollen, das ist nicht machbar.« Das Justizministerium meinte aber, dass wäre eben doch machbar. Und so leitete der Präsident das Verfahren ein, ich wurde Landgerichtsrat, er händigte mir die Urkunde aus und sagte: »Jetzt verschwinden Sie sofort hier aus Köln, damit das möglichst keiner erfährt und es keine Wellen schlägt.«

25 Karl Lackner wurde 1946 promoviert mit dem Thema »Vermögen und Vermögensbeschädigung in der Betrugstheorie des Reichsgerichts«.

Th. Horstmann: Und wie kann man sich in den fünfziger Jahren das Bonner Justizministerium vorstellen, wie war die Atmosphäre?

K. Lackner: Die Atmosphäre war sehr gut, aber es wurde gearbeitet. Wir waren für die Aufgaben, die wir hatten, viel zu wenige. Ich war zunächst im Justizministerium Referent für Nebenstrafrecht, und zu dem Nebenstrafrecht gehörte unter anderem das Jugendstrafrecht. Ich habe erreicht, dass sofort eine Kommission zur Erarbeitung eines neuen Jugendgerichtsgesetzes gebildet wurde. Diese Kommission tagte regelmäßig, und mit der habe ich ein Jugendgerichtsgesetz auf die Beine gestellt und das sozusagen allein durch den Sonderausschuss für dieses Jugendgerichtsgesetz durchgepaukt. Dieser Bundestagsausschuss war ein Unterausschuss des Rechtsausschusses. Die Vorschläge, die wir in der Kommission erarbeitet hatten, wurden dort vorgetragen, und die Abgeordneten haben das meistens ohne große Änderungswünsche akzeptiert. Deshalb ist bereits 1952 das Jugendgerichtsgesetz verkündet worden. Es ist 1953 in Kraft getreten. Und da ich nun auf dem Gebiet versiert war, habe ich einen großen Kommentar zum Jugendgerichtsgesetz geschrieben.[26]

Th. Horstmann: Und wie war die Zusammenarbeit mit den Bundesländern? Wie lief die Arbeit im Justizministerium, was die Kooperation mit anderen anging?

K. Lackner: Das funktionierte eigentlich recht gut. Ich wurde immer in die Ausschüsse geschickt. Wir hatten zwar kein Stimmrecht, aber doch ein Rederecht. Wir durften also die Standpunkte der Regierung vortragen, und da war ich doch immer über den Stand der Arbeiten sehr gut informiert. Ich hatte einen guten Draht zu den Abgeordneten, und zwar unterschiedslos, sowohl zu den SPD-Abgeordneten wie auch zu den CDU-Abgeordneten.

Th. Horstmann: Sie waren auch an der Strafrechtsreformkommission im Justizministerium beteiligt?

K. Lackner: Ja. Diese Strafrechtskommission wurde 1954 von Justizminister Thomas Dehler einberufen, einem freien Demokraten. Er hat die Weisung ins Ministerium gegeben, an die Strafrechtsabteilung, eine Strafrechtsreform vorzubereiten. Mit einem allerdings begrenzten Ziel: Wir sollten versuchen, zunächst den allgemeinen Teil zu erörtern und dann den besonderen Teil. Dem musste aber ein so genanntes Bereinigungsgesetz vorausgehen: Wir brauchten zunächst ein Gesetz, das das Recht in der

26 Vgl. Lackner/Dallinger (1955), *Jugendgerichtsgesetz*.

Bundesrepublik vereinheitlichte. Wir hatten doch in einzelnen Ländern durchaus unterschiedliche strafrechtliche Vorschriften, und dann war auch noch eine Reihe von Vorschriften in Kraft, die die Nazis eingeführt hatten und die als eindeutig nationalsozialistisches Gedankengut galten. Die mussten eliminiert werden. Dabei ist man allerdings, dass muss ich zugeben, ziemlich sparsam vorgegangen, weil man glaubte, das könne man bei vielen Bestimmungen nicht so über das Knie brechen. Wenn eine Bestimmung für die nächsten drei, vier Jahre noch erträglich schien, dann blieb sie zunächst unberührt. Dieses Bereinigungsgesetz ist schon alsbald verkündet worden und in Kraft getreten.[27]

Dann kam die Weisung, die Strafrechtsreform vorzubereiten.[28] Es wurde eine Strafrechtskommission gebildet, die unter anderem aus sieben Professoren, aus Abgeordneten des Bundestages, auch aus Vertretern des Bundesrates und Vertretern der juristischen Praxis bestand. Diese Kommission hat von 1954 bis 1959 den Entwurf eines Strafgesetzbuches beraten. In dieser Kommission war ich für Strafrecht Besonderer Teil zu-

---

27 Keine der grundlegenden Änderungen des Strafrechts im »Dritten Reich« wurde nach 1945 rückgängig gemacht. Durch das so genannte Strafrechtsbereinigungsgesetz von 1953 wurde vielmehr festgeschrieben, dass »soweit der Entwurf nicht eingreift, Änderungen des Strafgesetzbuchs durch die Gesetzgebung der nationalsozialistischen Zeit anerkannt werden«; BT-Drucksache I/2713 vom 29. September 1952, S. 19. Das Thema der strafrechtlichen Kontinuitäten ist bislang noch nicht erforscht. So bewertete auf der Strafrechtslehrertagung von 2003 Klaus Marxen die Frage nach den Einflüssen des Nationalsozialismus nicht nur als ein Spezialthema für die Rechtshistoriker, sondern betrachtete es als »überaus aktuelles und noch weiter zu vertiefendes Problem der Gegenwart«; zit. nach: Julius (2003), »Diskussionsbeiträge«, S. 695. Vgl. auch das auf derselben Tagung gehaltene Einführungsreferat von Vogel (2003), »Einflüsse«.

28 Ab 1954 hatte sich der damalige Bundesjustizminister Thomas Dehler (FDP) wie auch wenig später sein Nachfolger Neumayer (CDU) um eine große Reform des Strafgesetzbuches bemüht. Ergebnis der Arbeiten einer hierzu eingesetzten Großen Strafrechtskommission war 1960 der Entwurf eines Strafgesetzbuches. In der darauf folgenden Wahlperiode wurde der Entwurf, der so genannte »E 1962«, in den Bundestag eingebracht. Die Beratungen in einem eigens eingerichteten Sonderausschuss des Bundestages zogen sich aber bis in die nächste Wahlperiode hin. Aus den Reformarbeiten ergaben sich verschiedene Novellen des Strafgesetzbuches und schließlich eine komplette Neufassung 1975. Parallel zu den Beratungen in dem Sonderausschuss erarbeiteten insgesamt vierzehn Hochschullehrer einen Alternativ-Entwurf zum Strafgesetzbuch, den die FDP-Fraktion 1967 in den Bundestag einbrachte und der in seiner zweiten Auflage als Alternativ-Entwurf 1969 bekannt wurde; siehe Schönke/Schröder (1982), *Strafgesetzbuch, Kommentar*, S. 1 f. (Einführung und Kommentierung §§ 1–11 StGB v. Albin Eser, S. 1–104).

ständig und Dreher für Strafrecht Allgemeiner Teil.[29] Es wurden Papiere erarbeitet, in denen ein Kommissionsmitglied einen Vorschlag und ein anderes Kommissionsmitglied einen Gegenvorschlag machte, die Mitarbeiter des Justizministeriums machten den Vorschlag des Ministeriums, und es standen sich in den Beratungen immer diese drei Positionen gegenüber. Ich hatte meistens die Aufgabe, die Vorschläge des Ministeriums in der Kommission vorzutragen und zu begründen.

Das haben wir jahrelang gemacht, und am Ende haben die Professoren die Köpfe zusammengesteckt und sich gesagt, der Lackner hat ja so interessante Referate gehalten und in der Zwischenzeit auch sehr viel veröffentlicht, was interessant ist. Den könnten wir uns doch mal angucken. Also wurde ich eines Tages angerufen von einem Kollegen aus Heidelberg, der eigentlich mit der Strafrechtsreform überhaupt nichts zu tun hatte. Der fragte mich, was ich wohl tun würde, wenn ich einen Ruf an eine Universität erhielte. Ich habe gesagt: »Das weiß ich nicht. Das muss ich mir erst mal in Ruhe überlegen. Jedenfalls kann ich nicht von vornherein Nein sagen.«

Es war zu diesem Zeitpunkt in der Entwicklung der Strafrechtsreform eine Situation eingetreten, die unerfreulich war. Der Entwurf war fertig und ist 1962 in den Bundestag eingebracht worden, und dann hat sich der nächste Bundestag geweigert, den Sonderausschuss für die Strafrechtsreform weiter aufrecht zu erhalten, der bisher diese Beratungen gemacht hatte. Da wurde schon deutlich, das Ganze wird auf die lange Bank geschoben, und da tut sich nichts mehr. Unter dem Eindruck dieser Situation habe ich gesagt, das kann ich nicht von vorneherein ablehnen. Es dauerte dann gar nicht lange, und ich erhielt einen Ruf nach Heidelberg und eine Mitteilung aus Münster, dass sie mich auch dort berufen wollten. Die Heidelberger waren schneller, also bin ich dann nach Heidelberg gegangen.[30] Und ich bin eigentlich sehr froh darüber, dass ich das getan habe, weil ich das Strafrecht jetzt aus zwei völlig verschiedenen Richtungen mir anschau-

29 Von den Strafrechtslehrern gehörten Bockelmann, Gallas, Lange, Mezger, Eberhard Schmidt, Welzel und ab 1954 Sieverts der Kommission an; Hans-Heinrich Jescheck, später Strafrechtsprofessor in Freiburg und Direktor am dortigen Max-Planck-Institut für ausländisches und internationales Strafrecht, war damals noch junger Ministerialrat im Bundesjustizministerium und aufgrund dieser Funktion in der Kommission, vgl. auch einen Text Eduard Drehers, der Jeschecks Wirken behandelt, aber auch insgesamt anschaulich die Zusammensetzung und Arbeitsweise der Großen Strafrechtskommission einfängt, Dreher (1985), »Jescheck«.

30 Karl Lackner wurde nach 13 Jahren im Bundesjustizministerium am 1. Oktober 1963 zum ordentlichen Professor an der Universität Heidelberg ernannt.

en und auch erleben und praktizieren konnte. Das hat mir ausgesprochen gut gefallen und mich auch in der Beurteilung strafrechtlicher Fragen weitergebracht. Ich galt unter den Kollegen als einer, der keine wissenschaftlichen Traumhäuser baut, sondern der immer den Bezug zur Praxis für erforderlich hält.

Das hat mich auch veranlasst, einen Kommentar zum Strafgesetzbuch zu schreiben. Das war eigentlich gar nicht so beabsichtigt. Herr Dreher hatte dieses so genannte Erläuterungsbuch zum Strafgesetzbuch 1960, glaube ich, angefangen. Ihm wurde dann angeboten, den Beck'schen Kommentar zu übernehmen. Er tat das. Darauf kam dann Herr Maassen[31], der mit Dreher zusammen dieses Erläuterungsbuch gemacht hatte, zu mir und sagte, »Wie ist das, kannst Du das nicht mit mir zusammen weitermachen?« Zunächst habe ich die vierte Auflage dieses Erläuterungsbuches zusammen mit ihm gemacht. Darauf habe ich dann viele Jahre allein weitergemacht. Eines Tages hatte ich die 21. Auflage erreicht und nun gemeint, jetzt wird es aber Zeit, dass ich das in jüngere Hände gebe.[32]

Th. Horstmann: Wie standen Sie zu den Strafrechtsreformvorhaben in den siebziger Jahren? Was hielten Sie von dem Alternativ-Entwurf zu dem Strafrechtsentwurf von 1962?

K. Lackner: Nun, der Strafrechtsentwurf, der 1962 herausgekommen ist, hatte natürlich eine stark konservative Note. Es gab gewisse Dinge, die man damals noch gar nicht machen konnte. Ich war zum Beispiel für die so genannten Sittlichkeitsdelikte zuständig, und ich habe damals in der Kommission vorgetragen, wir können das zurücknehmen bis zu einem gewissen Grade, aber dann ist das Ende der Fahnenstange erreicht. Weil es dann weiter nicht mehr geht, sonst wird es einfach nicht akzeptiert. Und da hat es natürlich sehr unterschiedliche Standpunkte gegeben. Baumann war da ganz aggressiv.

Th. Horstmann: Auf dem Juristentag 1968 haben dann Frau Just-Dahlmann und Sie zum Sexualstrafrecht referiert.

K. Lackner: Ach, ja. Da hat neben Frau Just-Dahlmann auch Herr Hanack referiert, und ich bin völlig untergegangen. Da haben sie mich gera-

31 Herrmann Maassen stieg im Bundesjustizministerium bis zum beamteten Staatssekretär auf. Er hatte 1954 mit Eduard Dreher zusammen bei dem Verlag C.H. Beck eine Textausgabe des Strafgesetzbuches herausgebracht, aus der sich im Folgenden der bekannte Kurzkommentar Karl Lackners entwickeln sollte.

32 Der Kommentar ist mittlerweile bereits in der 25. Auflage erschienen: Kühl (2004), *Strafgesetzbuch: Kommentar.*

dezu erledigt; dann hat aber der Bundestag genau das beschlossen, was ich dort vorgeschlagen habe. Die wollten damals die Strafbarkeit der Homosexualität insgesamt beseitigen, und ich habe gesagt, wir müssen das schrittweise machen. Wir können jetzt allenfalls die Strafbarkeit auf die Jugendlichen beschränken, also auf die Verführung von unter 18-Jährigen. Damit bin ich auf dem Juristentag völlig abgeführt worden; der Bundestag hat es dann aber doch so beschlossen, obwohl ich gar nicht mehr in den Ausschüssen saß. Ich hatte das einfach nur so vorgeschlagen.

Th. Horstmann: Herr Dreher, mit dem Sie im Ministerium zusammengearbeitet haben, war während des Krieges Sonderrichter in Innsbruck. Was denken Sie von den Vorwürfen, die gegen ihn vorgebracht wurden?

K. Lackner: Herr Dreher ist ja damals ins Justizministerium berufen worden. Der Staatssekretär im Justizministerium, der für die Personalpolitik letztlich verantwortlich war, hat Herrn Dreher also geholt, und im Justizministerium ist zuvor der ganze Vorgang untersucht worden. Da hat sich dann herausgestellt, dass der Generalstaatsanwalt, der in Österreich diese Vorgänge untersucht hat, Herrn Dreher praktisch freigesprochen hatte. Er hat gesagt, aus seinem Verhalten in der damaligen Situation könne man keinen wesentlichen Vorwurf gegen ihn erheben. Mit diesem Votum ist Dreher nach Bonn gekommen. Staatssekretär Strauß[33] hatte sich die ganzen Unterlagen aus Österreich kommen lassen. Sie sind im Justizministerium noch mal gründlich unter die Lupe genommen worden mit dem Ergebnis: Wir können Herrn Dreher nehmen.

Th. Horstmann: Aber ist es trotzdem nicht belastend für einen Apparat wie das Justizministerium, wenn es solche Gerüchte gibt?

K. Lackner: Ja sicher, das Ganze war ungut. Zumal der Apparat, also das Ministerium es ja auch gar nicht hätte wagen können, Herrn Dreher weiter zu befördern, also vom Ministerialdirigenten zum Ministerialdirektor. Das war nicht drin. Und das hat ihn natürlich sehr gekränkt. Er wäre gern Ministerialdirektor dort geworden, und ohne diese Belastung wäre das auch sicher so gelaufen. Ganz sicher.

---

33 Walter Strauß (1900–1976) war von 1950 bis 1963 Staatssekretär im Bundesjustizministerium. Strauß war Jude und hatte nach seiner zwangsweisen Pensionierung 1933 die NS-Zeit bis 1943 zunächst als freier Mitarbeiter von Anwaltskanzleien überstanden. 1943 bis 1945 musste er in der Rüstungsproduktion arbeiten. Nach Kriegsende gehörte er zu den Gründungsmitgliedern der Berliner CDU. Für Wilhelm Hennis, in den fünfziger Jahren Mitarbeiter bei Adolf Arndt in der SPD-Bundestagsfaktion, war Strauß damals in seinem Amt »allmächtig«, vgl. Hennis (1999), »Politikwissenschaft«, S. 367.

H. Litzinger: Haben Sie grundsätzlich wahrgenommen, dass es in der deutschen Justiz nach 1945 oder auch in der Ministerialbürokratie ein Problem war, dass man noch viele zuvor nationalsozialistisch denkende Mitarbeiter hatte?

K. Lackner: Ich will nicht sagen, dass es kein Problem war. Es war das Gefühl: Es gibt da doch Leute, die eigentlich ein bisschen mehr Dreck am Stecken haben, als die bisherige Untersuchung ergeben hat. Aber mein Gott, ich meine, das hat sich dann nicht niedergeschlagen in irgendwelchen Maßnahmen, zumal ja jeder, der aus der alten Ära kam, bemüht war, das klein zu halten.

Königsteiner Tagung

Th. Horstmann: Wer hatte Sie eigentlich zu der Königsteiner Tagung eingeladen?

K. Lackner: Also, das weiß ich nicht mehr. Ich weiß nur, dass irgendwer mich angerufen und gefragt hat, ob ich da mitmachen wollte. Es ging um die Frage des Standes der Verfolgung nationalsozialistischer Gewaltverbrechen.

Th. Horstmann: Und wenn Sie sich noch mal an Königstein, an die Tagung selbst erinnern? Wie war die Stimmung dort?

K. Lackner: Die Stimmung war, »Wir müssen etwas machen. Wir müssen denen deutlich machen, dass diese Verfolgung wirklich intensiviert werden muss.« Die Stimmung ging dahin, dass etwas geschehen muss.

H. Litzinger: Wissen Sie, warum man gerade Sie angesprochen hat? Hatten Sie sich zuvor in irgendeiner Form als Jurist mit der juristischen Aufarbeitung des Nationalsozialismus befasst?

K. Lackner: Man wusste schon, dass ich interessiert war an dem Thema, aber ich hatte nicht dazu veröffentlicht.

H. Litzinger: Wie äußerte sich Ihr Interesse? Hatten Sie mit Kollegen darüber gesprochen?

K. Lackner: Ja Gott, wir waren ja doch sehr häufig zusammen. Es gab zum Beispiel die Länderkommission. Das war eine Kommission, die den Strafgesetzentwurf unter den Aspekten des Bundesrates beriet, denn der Bundesrat musste ja zustimmen. Da saßen wir viel zusammen mit Dünnebier, auch die Herren vom Bundesrat kannte ich alle recht gut.

Th. Horstmann: Hatten Sie persönliche Kontakte zu anderen Tagungsteilnehmern, außer zu Herrn Dünnebier?

K. Lackner: Die habe ich alle gekannt. Der ganze so genannte Königsteiner Kreis war mir bekannt.

H. Litzinger: Haben Sie auch selbst an Prozessen gegen NS-Täter teilgenommen?

K. Lackner: Nicht in amtlicher Eigenschaft. Einfach nur als Zuhörer habe ich mal an einzelnen Tagen zugehört. Das war immer eine sehr strapaziöse Sache, aber dienstlich war ich damit nicht befasst.

H. Litzinger: Welchen Eindruck hatten Sie von diesen Prozessen, bei denen Sie als Zuhörer anwesend waren?

K. Lackner: Es war insofern belastend, als die Zeugen dort vernommen wurden und ein erschütterndes Bild zeichneten. Das hat mich doch beeindruckt, das muss ich sagen. Und zwar sehr beeindruckt.

H. Litzinger: Und wie standen Sie in den sechziger und siebziger Jahren zur strittigen Frage der Verjährung von NS-Verbrechen?

K. Lackner: Als Strafrechtsprofessor habe ich gesagt, wenn die das Gesetz nicht ändern, dann verjähren die Straftaten eben, und das ist dann unausweichlich. Eine Verlängerung oder, sagen wir, eine Aufhebung der Verjährung ist aber möglich. Das heißt, es ist möglich, ist ein bisschen viel gesagt. Das war damals sehr umstritten.[34] Die einen sagten, das ist reines Prozessrecht, und Prozessrecht kann auch rückwirkend eingeführt werden. Andere sagten, nein, die Verjährungsregelung hat ja einen ausgesprochen materiellrechtlichen Touch, und deshalb geht das nicht. Es musste erst das Bundesverfassungsgericht bemüht werden. Das hat natürlich die Dinge sehr verzögert, und alles, was nicht abgeurteilt und schon verjährt war, konnte rückwirkend nicht mehr lebendig gemacht werden.

H. Litzinger: Noch eine Frage zu Königstein und dem Juristentag 1966. Was haben Sie denn insgesamt von der Sonderveranstaltung des Juristentages 1966 gehalten? Hatten Sie da den Eindruck, das war eine gute Veranstaltung, also ein gelungenes Ergebnis der Königsteiner Tagung, oder waren Sie eher unzufrieden?

K. Lackner: Im Großen und Ganzen war ich jedenfalls zufrieden. Dass mir gewisse Details nicht konveniert haben, das halte ich schon für möglich. Auch ob das Forum das richtige war, das ist mir heute noch zweifel-

---

34 Vgl. auch Lackners Anmerkung zur Verjährung der NS-Verbrechen, als er noch im Justizministerium in Bonn tätig war: Lackner, »Strafverfolgungsverjährung«, S. 1046 f.

haft und das war mir wahrscheinlich damals auch zweifelhaft. Aber die Sache selbst halte ich doch für sehr gelungen.

H. Litzinger: Weshalb haben Sie bezweifelt, dass dieses Forum das richtige war?

K. Lackner: Die Öffentlichkeit, die da zuhörte, war gespalten. Und ich denke, dass da ein bisschen Polarisierung mit hineingekommen ist. Das stelle ich mir vor und deshalb war ich damals der Meinung, dass der Juristentag mit dieser Öffentlichkeit für jedermann – praktisch konnte ja jeder teilnehmen, man brauchte noch nicht einmal Mitglied zu sein, jeder konnte ja auch so in die Veranstaltung gehen – das fand ich also nicht so gut. Aber man hat sich dafür entschieden und ich glaube, im Ganzen war die Sache ja doch ein Erfolg. Ich habe aber auch heute noch das Gefühl, dass eigentlich die breite Öffentlichkeit für dieses Thema nicht der richtige Ansprechpartner war. Weil da doch viele darunter waren, die dieses ›irrationale Widerstreben‹ in sich trugen, das damals in einem nicht ganz unerheblichen Umfang verbreitet war. Die werden diese Veranstaltung als Polarisierung aufgefasst und sich dann entsprechend bestätigt gefühlt haben. Das ist meine Sorge gewesen. Und die Sorge habe ich auch heute noch.

Th. Horstmann: Nach 1966 ist der Königsteiner Kreis auseinander gefallen beziehungsweise hat sich nicht mehr getroffen. Können Sie dafür Gründe nennen?

K. Lackner: Es lief so langsam aus. Das hing auch damit zusammen, dass ich immer älter wurde und durch meinen Beruf kolossal belastet war. Ich hatte ja auf der einen Seite die Aufgaben als Universitätslehrer, die waren damals sehr belastend, das ist auch heute noch so durch eine Fülle von Prüfungsarbeiten, die man nachsehen muss, und dann hatte ich auf der anderen Seite den Kommentar. Ein ganz wesentlicher Anteil war die Belastung durch die Prüfungsaufgaben. Da kriegte man 200 Arbeiten auf den Tisch gelegt, und die musste man innerhalb von 14 Tagen, 3 Wochen, je nach Frist, wieder abliefern, sie an den nächsten Prüfer weitergeben. Wir hatten damals noch den Ehrgeiz, dass Erstprüfer, also Erstberichterstatter für die Arbeiten, ein Professor war. Das hat man alsbald schon, nachdem ich weg war, endgültig aufgegeben. Deshalb haben dann Praktiker, die auch in den Prüfungskommissionen sitzen, die Erstnoten abgesetzt.

Th. Horstmann: Dass aber der »furor systematikus« in der deutschen Strafrechtswissenschaft zu stark präsent sei, haben Sie vor einigen Jahren einmal kritisiert. Könnte es nicht vielleicht auch sein, dass gerade diese Grundorientierung der Strafrechtswissenschaft die Wissenschaft auch so lange gehindert hat, wirklich konkret und praktisch auf die NS-Prozesse einzugehen?

K. Lackner: Es hatten sich eine Menge von Theorien über den Aufbau des Verbrechens entwickelt, die sich alle bekämpften. Und dort wurde nach meiner Meinung eine Unmenge Munition verschossen. Es kam da darauf an, ob man »Kausalist« ist oder ob man »Finalist« ist, ob man die finale Handlungslehre von Welzel zugrundelegt oder ob man sie ablehnt, und da ist also unheimlich viel Literatur verschrieben worden. Das habe ich auch mal in einem Beitrag gerügt.[35]

»1968«

Th. Horstmann: Wie haben Sie 1968 erlebt?

K. Lackner: 1968 habe ich in einer Weise erlebt, auf die ich eigentlich heute noch stolz bin. Ich war mit meinen Studenten ziemlich verbunden. Das hing auch damit zusammen, dass ich so ein Professor ganz anderer Art war. Ich kam aus der Praxis, hatte praktische Erfahrungen, konnte ihnen die näher bringen und habe es auch verstanden, das für die jungen Leute ganz eingängig vorzutragen. Deshalb hatte ich ständig einen Kordon von ungefähr 200 Studenten um mich, die mich deckten. Wenn also eine Lehrveranstaltung stattfand, dann saßen vorne überall meine Studenten. Die drängten dann diejenigen ab, die Stunk machen wollten. Die mussten ganz hinten in den letzten Reihen sitzen, wenn überhaupt. Es gab eine Fachgruppe Strafrecht, deren Mitglieder gehörten zu denen, die Radau machen wollten. Aber die kamen überhaupt nicht auf die Beine. Wenn ich morgens kam, ging ich zunächst in das Dozentenzimmer, und wenn es dann klingelte, brauchte ich nur quer über den Gang zu gehen, also zehn Schritte, und dann war ich in meinem Hörsaal. Das hatte ich so organisieren lassen, dass das in dieser Weise räumlich gut passte, und das funktionierte immer. Das lief also gut.

Nur eines Tages wurde ich fotografiert. Ich dachte, was ist denn jetzt los, da muss ja irgendwas im Busch sein. Und dann dauerte es vielleicht vier bis fünf Tage, und plötzlich hingen in der ganzen Universität, überall, nicht nur hier bei den Juristen, Plakate aus. Stellen Sie sich jetzt bitte vor,

35 Vgl. Lackner (1993), »Notizen«.

ein großes Plakat, in der Mitte hoch oben stehe ich mit einem Talar und einem Barett auf, und über meine linke Schulter schaut Adolf Hitler und über meine rechte Schulter, wer guckt da – Helmut Schmidt. Das war ja auch einer, der sich gegen diese 68er immer zur Wehr gesetzt hatte und der es für völlig fehl am Platz hielt, dass die gegen den Staat in dieser Weise mit Gewalt rebellierten. Das hing dann überall in der Uni.

H. Litzinger: Wieso schaute Adolf Hitler über Ihre Schulter?

K. Lackner: Es wurde gesagt, ich wäre Vertreter der Einführung eines Arbeitshauses für Faulenzer. Es wurde ein langer Text vorgetragen, den angeblich ich verfasst hätte. Nun stimmte das gar nicht. Das war nicht ein Text von mir, sondern das war ein Text, den sie aus einer Bundestagsdrucksache abgeschrieben hatten. Witzigerweise hatte ich diesen Text allerdings formuliert, für die Abgeordneten, die das dann unterschrieben haben, aber das Interessante an der Geschichte war, das wussten die nicht und haben es mir in die Schuhe geschoben, obwohl sie sich sicher klar darüber sein mussten, dass sie lügen. Sie haben auch versucht, meine Dissertation zu kriegen. Sie haben in Bonn gefragt, ob sie meine Dissertation einsehen und ausleihen könnten, das ging ja damals. Die haben sie auch gekriegt. Und da haben sie für sich ›dummerweise‹ auch wieder nichts gefunden. Das war die Dissertation, die ich nach dem Krieg geschrieben hatte, in der es um die Betrugstheorie des Reichsgerichts ging. Hatte mit Politik also überhaupt nichts zu tun. Sie haben die Arbeit ziemlich frustriert wieder nach Bonn zurückgegeben.

Alternative Wege und neue Entwicklungen

Th. Horstmann: Halten Sie als Praktiker und Wissenschaftler das Strafrecht in seiner jetzigen Ausformung für geeignet, um Systemunrecht zu bewältigen, oder sollte man besser wie zum Beispiel in Südafrika mit Tribunalen arbeiten? Ist das Recht Ihrer Erfahrung nach für den Umgang mit Staatsverbrechen geeignet?

K. Lackner: Wir haben uns für diesen Weg entschieden. Ich kann mir vorstellen, dass ein Weg, wie etwa Südafrika ihn beschritten hat, nicht zu schlechteren Ergebnissen geführt hätte. Bei uns ist eben das Problem, dass sich die Sache immer und immer weiter hinzieht. Wir haben ja heute noch Prozesse. Und wenn man sich vorstellt, dass jetzt fünfzig Jahre vergangen sind – aber es gibt historische Entscheidungen, die, einmal getroffen, dann nicht mehr reversibel sind. Wir sind den anderen Weg nicht gegangen, deshalb wissen wir nicht, wie es sich bei uns ausgewirkt hätte, wenn wir diesen anderen Weg beschritten hätten.

Th. Horstmann: Aus Ihrer langen Erfahrung heraus: Was hat sich denn eigentlich geändert, wenn Sie Ihre Berufskarriere Revue passieren lassen? Wenn Sie betrachten, wie das Strafrecht heute beschaffen ist, was ist Ihr Eindruck, ist es besser geworden, schlechter, umfangreicher, kleinteiliger, komplexer?

K. Lackner: Es ist schlechter geworden – die Gesetzgebung ist von einer derartigen Hektik getrieben. Wenn ein Abgeordneter piepst, dass dies oder jenes gemacht werden muss, dann geht die Koalition, die Regierung darauf ein, und es wird irgendetwas gemacht. Die Gesetzgebung ist furchtbar. Dieses so genannte 6. Strafrechtsreformgesetz, das am Ende der letzten Wahlperiode gemacht worden ist, war eine Katastrophe.[36] »Strafrechtsverwirrungsgesetz« ist es auch genannt worden. Die Reaktion ist immer hektisch, und das haben wir früher nicht gehabt.

Th. Horstmann: In der Festschrift zu Ihrem 70. Geburtstag schreibt Herr Dreher über Sie, Sie hätten vor allem ein Bedürfnis nach Harmonie.[37] Ich denke als Nichtjurist immer, das Recht ist doch eigentlich etwas Konfrontatives. Haben Sie sich selbst wirklich vor allem als ein Harmonie stiftender Vermittler zwischen Wissenschaft und Praxis verstanden, oder war das eher eine unglückliche Formulierung von Herrn Dreher?

K. Lackner: Sagen wir so: *fortiter in re.*[38] Ich habe meinen Standpunkt immer sehr dezidiert vertreten, aber er war oft auch, sagen wir einmal, begrenzt durch die Möglichkeiten, die in der jeweiligen Situation realisierbar erschienen. Vorschläge, von denen ich von vorneherein wusste, sie sind

---

36 Das neue Strafrechtsreformgesetz ist am 1. April 1998 in Kraft getreten; vgl. zu den Änderungen Busch (2004), *Strafrechtsreform.*

37 Vgl. Dreher, »Lackner«, hier S. 9.

38 Die Sentenz lautet vollständig *fortiter in re, suaviter in modo!*, d.h.: Energisch in der Sache, sanft in der Vorgehensweise!

nicht realisierbar, sie haben keine Chance, die habe ich gar nicht erst gemacht. Insofern war ich kein Fortschrittsmensch.

Gerhard Hammerstein

»Ich arbeite lieber für den fehlsamen Menschen«

In dem Gespräch mit Gerhard Hammerstein wird vor allem die Sicht des Strafverteidigers in den Verfahren gegen NS-Täter anschaulich. Hammerstein war neben Erich Schmidt-Leichner und Anton Roesen als ein weiterer Strafverteidiger nach Königstein eingeladen,[1] der NS-Täter vertreten hatte. Demgegenüber hatte die Ständige Deputation Henry Ormond als »Opferanwalt« ausgewählt – er hatte unter anderem im Auschwitz-Prozess die Nebenkläger vertreten. Auch mit dem Anwalt Konrad Redeker hat Hammerstein manches gemeinsam – angefangen mit dem Geburtsjahr 1923. Für beide waren Verfahren, in denen sie selbst als Anwälte beteiligt waren, Auslöser, sich mit der juristischen Aufarbeitung des NS-Unrechts zu befassen. In beider Leben spielte der Bonner Strafverteidiger Hans Dahs eine wichtige Rolle – während Dahs mit dem jungen Redeker eine Sozietät in Bonn gründete, vermittelte er Hammerstein in den sechziger Jahren in den Strafrechtsausschuss der Bundesrechtsanwaltskammer. Hammerstein übernahm von Dahs den Vorsitz in diesem bedeutenden rechtspolitischen Gremium.[2] Redeker wie Hammerstein waren auch im Deutschen Juristentag Mitglieder der Ständigen Deputation.

---

1 In Königstein referierte Hammerstein über ein praktisches Problem in den Verfahren gegen NS-Täter – über die Rolle und das Gewicht historischer Sachverständiger, vgl. »Schwierigkeiten beim Sachverständigenbeweis, insbesondere: Ist es verfahrensrechtlich zulässig, dass sich das Gericht für die Klärung der allgemeinen Situation mit der Verwertung von historischen Werken oder historischen Gutachten begnügt? Genügen bei behauptetem Befehlsnotstand allgemeine Gutachten oder ist die Vernehmung von Einzelzeugen erforderlich?« Bericht über die von der Ständigen Deputation des Deutschen Juristentages veranstaltete Klausurtagung zur Erörterung der Probleme bei der Verfolgung und Ahndung von nationalsozialistischen Gewaltverbrechen vom 1. bis 3. April 1966 in Königstein, vorgelegt von Dr. Günther Kohlmann, Dr. Till Kalsbach, Barbara Werner, in: Archivbestand Deutscher Juristentag (DJT) e.V., Kommissionen: NS-Gewaltverbrechen, Königsteiner Klausurtagung.

2 Vgl. Nachruf Redekers auf Hammerstein; Redeker (2003), »Nachruf«.

1965 hatte Hammerstein die Pflichtverteidigung eines Gestapo-Mannes übernommen, der im besetzten Polen an Erschießungen beteiligt gewesen war. Darauf folgten noch einige ähnliche Verfahren. Aus seiner eigenen Rolle in den Prozessen heraus blickt Hammerstein auf die so genannte Gehilfenrechtsprechung. Soweit diese seinem Mandanten, dem er sich verpflichtet sah, zugute kam, kritisiert er diese Urteilspraxis nicht. Hammerstein unterscheidet zwischen dem Überzeugungstäter, der in übergeordneter Position aus einer fanatischen Gesinnung heraus handelt, und dem willensschwachen Mitläufer, der sich dem gesellschaftlichen oder hierarchischen Druck beugt und aus seiner Schwäche heraus Unrecht begeht. Für Hammerstein scheint es vertretbar, den Mitläufer als Gehilfen milder zu bestrafen als den überzeugten Nationalsozialisten.

Angesichts der Urteilspraxis in den NS-Verfahren beschäftigten ihn noch andere grundsätzliche Erwägungen. Hammerstein empfand bei den Nürnberger Prozessen ein unbestimmtes Unbehagen, da ihm schien, dass hier der Grundsatz »nulla poena sine lege« übergangen werde. Auch der Eichmann-Prozess löste in ihm wegen der vorangegangenen Entführung Eichmanns aus Argentinien ein vages Unbehagen aus.

Publizistisch beschäftigte sich Hammerstein nicht mit den NS-Verfahren, auch wenn er als einer der Mitherausgeber der *Neuen Zeitschrift für Strafrecht* dort zahlreiche Aufsätze veröffentlichte. Die kleine, aber sehr renommierte Freiburger Kanzlei Hammersteins[3] war vor allem bekannt für ihre großen Wirtschaftsstrafverfahren.

Das Gespräch mit Gerhard Hammerstein verlief für uns äußerst entspannt und angenehm. Hammerstein nahm sich viel Zeit für unser Treffen in seinem Freiburger Haus, vor der meterhohen Bücherwand im Wohnzimmer, auf die er immer wieder hindeutete, um uns auf die von ihm sehr geschätzten Ausgaben griechischer Klassiker hinzuweisen. Er erzählte gern, ohne Scheu vor Anekdoten und Ausschmückungen, assoziierte von unseren Fragen ausgehend Themen und Geschichten, die er uns mitgeben wollte, und erwies sich damit als der Rhetor, dem sein Berufsideal als Rechtsanwalt entsprach.

Gerhard Hammerstein ist im Mai 2003 verstorben.

3 Hamm (1998), »Hammerstein«, S. 3099, nennt Hammerstein einen der bedeutendsten Strafverteidiger der Bundesrepublik.

Jugend und Kriegserfahrung

Th. Horstmann: Herr Hammerstein, Sie leben heute in Freiburg. Wann sind Sie aus Ihrer Geburtsstadt Frankfurt ins Badische gekommen?

G. Hammerstein: Ich bin schon 1947 nach Freiburg gewechselt. Ich fand die wirtschaftliche Ausrichtung der Frankfurter Fakultät für mich nicht interessant genug. Ich wollte mich mehr mit geisteswissenschaftlicher Jurisprudenz befassen. In Freiburg war Erik Wolf, der damals ein bekannter Mann war.[4] Ich habe mich dann mit antikem Rechtsdenken befasst, während andere Sachenrecht gehört haben. Ich fand Ersteres interessanter und das Recht eigentlich ein bisschen langweilig. Ich habe nie so recht gewusst, ob ich das nicht zu blöde finde. Aber überraschenderweise habe ich mich dann in dem Gebiet doch auch wieder wohl gefühlt und mich entschlossen, Anwalt zu werden, weil ich keine Vorgesetzten haben wollte. Ich habe die Unterordnung beim Militär überhaupt nicht vertragen und mir vorgenommen, dass ich in meinem späteren Beruf von niemandem abhängig sein will. Ich will nicht darin abhängig sein, wo ich hingehe, ich will nicht darin abhängig sein, wo ich wohne. Ich hatte einen völligen Freiheitsdrang, den ich allerdings mit sehr viel Arbeit im Leben bezahlen musste.

Seltsamerweise kam ich über das Interesse an der Philosophie und an humanistischen Fragen zum Strafrecht und habe mich dann zu einem Strafverteidiger entwickelt. Wobei ich behaupten möchte, dass ich rhetorisch eben auch viel konnte und mir dadurch einen Namen geschaffen habe. Eines Tages wurde ich gefragt, ob ich zusammen mit Dahs senior[5] hier in Freiburg die Verteidigung von einem Bankdirektor und weiteren Angeklagten übernehmen wollte. Ich habe geantwortet, selbstverständlich. Dahs lud mich dann zu seinem Ausschuss ein, dem Strafrechtsausschuss der Bundesrechtsanwaltskammer, dem ich 1964 als Mitglied beitrat. Das war wohl auch der Grund, warum ich überhaupt dem Juristentag aufgefallen war. Und diesen Strafrechtsausschuss habe ich dann, als Dahs starb,

4 Erik Wolf (1902–1977), Rechtsphilosoph und Kirchenrechtler, Schüler Gustav Radbruchs, ab 1930 Professor in Freiburg. Zu Standardwerken seiner Zeit wurden *Große Rechtsdenker der deutschen Geistesgeschichte* (4. Auflage 1964), *Griechisches Rechtsdenken* (4 Bde., erschienen zwischen 1950 und 1970, mehrfach neu aufgelegt), *Das Problem der Naturrechtslehre* (3. Auflage 1964) und gemeinsam mit Radbruch *Rechtsphilosophie* (6. Auflage 1963). Erik Wolf war auch der Doktorvater von Barbara Just-Dahlmann.

5 Hans Dahs, Rechtsanwalt in Bonn, langjähriger Vorsitzender des Strafrechtsausschusses der deutschen Rechtsanwaltskammer, vgl. auch die Ausführungen zu Dahs im Interview mit Redeker.

1979 als Vorsitzender übernommen und bis 1991 geleitet. Im Strafrechtsausschuss sind alle Referenten der Länder für Strafrecht Gäste gewesen. Der Ausschuss war hochkarätig besetzt, mit 14 handverlesenen Strafverteidigern. Es gab ja damals nur wenige Juristen in Deutschland, die vom Strafrecht etwas verstanden – heute ist das anders.

Ich habe hier in Freiburg, eigentlich in der Provinz, doch eine sehr interessante Praxis gehabt. Ich habe Firmen beraten, in Korruptionsfragen und ähnlichen Dingen. So bin ich also, wenn man so will, ein humanistischer Jurist geworden, der immer ein gewisses Unbehagen an der Jurisprudenz empfunden hat. Die Nur-Juristen fand ich oft sehr langweilig. Vor allem schien mir, wenn man rhetorisch etwas erreichen will, muss man mehr können als nur Jurisprudenz. Man muss im wahrsten Sinne gebildet sein. Ich schätze die antike Bildung, Sie sehen, hier *(weist auf das umfangreiche Bücherregal)* habe ich sehr viel Antike stehen, die ganzen Oxford-Ausgaben, Platon, Aristoteles. Die Ethiken des Aristoteles haben mich sehr interessiert, und das habe ich natürlich auch versucht, in die Verteidigungen, soweit die Richter das akzeptiert haben, einfließen zu lassen. Denn nicht jeder Richter ist hier mehr als ein Anfänger. Wir haben ja sehr viele Leute, die zwar das Recht ein bisschen beherrschen und auch die Rechtsprechung, die aber für Hintergrundanalysen nicht immer geeignet sind. Die Schwierigkeit des Rhetorikers, des Rhetors, ist ja, dass er nicht nur für sich spricht, sondern erkennen muss, was Erfolg haben kann. Ich will ja etwas erreichen mit dem, was ich vortrage. Wenn ich etwas erreichen will, muss ich wissen, wie denken die Leute auf der Richterbank. Und wenn ich wissen will, wie denken die Leute auf der Richterbank, dann muss ich, wenn ich ein jüngerer Anwalt bin, ältere Richter verstehen, was am Anfang gar nicht so leicht war. Rückblickend gesehen war dies aber wesentlich leichter, als vor jungen Richtern als älterer Mann zu verteidigen. Das ist so schwer, weil man den Kontakt zu der Jugend verliert und verkennt, was die wollen. Wenn ich nicht drei Söhne gehabt hätte, von denen ich wusste, dass die anders denken als ich, wäre es manchmal schwieriger gewesen. Aber naja, ich will mich nicht herausstreichen, sondern Ihnen nur Akzente meines Wesens setzen.

H. Litzinger: Könnten Sie uns etwas zu Ihrer Herkunft und Ihrem familiären Umfeld erzählen?

G. Hammerstein: Mein Vater war Lehrer und nach 1945 Rektor an der Volksschule. Er war nicht in der Partei, was für einen Lehrer sehr schwierig war. Ich war bis 1935 nicht in der Hitlerjugend, bis mein Vater sagte: »Das geht jetzt nicht mehr. Du musst sehen, dass Du irgendetwas bei dem Verein machst.« Aber ich war aufgewachsen in einer Anti-Haltung zu Hitler, ich habe mich immer als Zwangssoldat gefühlt und auch immer die Überzeugung gehabt, dass wir den Krieg verlieren müssen, um die Nazis loszuwerden. Mit diesem Bewusstsein bin ich vier Male verwundet worden, war also nur in vorderster Front im Osten und bin mit großem Glück da herausgekommen. Es gibt noch drei weitere Brüder, die alle den Krieg überlebt haben, seltsamerweise.

Ich war im Südabschnitt, in der Ukraine, und habe seitdem einen fünf Zentimeter kürzeren Arm. Das war die erste schwere Verwundung, ein Einzelschuss von einem Baumschützen. Also ein Heimatschuss. Ich bin aber noch zweimal an die Front gekommen, wurde neu verwundet und so weiter. Jedenfalls war für mich 1945 ein Zeitpunkt der Befreiung. Gott sei Dank – und jetzt ging das Leben los. Ich konnte mich den geistigen Dingen zuwenden, konnte studieren, musste nicht mehr strammstehen. Und ich hatte den Krieg überlebt. Das ist ein Gefühl, das ist einmalig und ist nie wieder gekommen im Leben, dass man eine solche Gefährdung überstanden hat. Man hat es danach wirklich mit wenigen materiellen Mitteln einfach genossen zu leben.

H. Litzinger: Ich habe noch eine Frage zu Ihrer Jugend in der nationalsozialistischen Zeit. Können Sie beschreiben, was Sie als Heranwachsenden am Nationalsozialismus so abgestoßen hat? Oder war das vor allem die Haltung Ihres Vaters?

G. Hammerstein: Das war die Haltung meines Vaters. Ich bin selbst katholisch erzogen worden und habe mich Angriffen in der Diaspora von der protestantischen Seite ausgesetzt gesehen, die, eingekleidet in braune Hemden, auch gegen Katholiken eingestellt war. Wir bekamen Dienststunden zugewiesen, die es unmöglich machen sollten, die Sonntagsmesse zu besuchen. Oder es wurde eine Propaganda in den Heimabenden gemacht: Wie schlecht die katholische Kirche sei, wie böse die Päpste und wie gut der Führer. Kurz und gut, wir haben uns dann zusammengeschlossen zu privaten Religionsstunden mit interessanten Inhalten. Meine Mutter war eine sehr religiöse Frau. Mein Vater war sehr liberal, ihn interessierte die Religion nicht so sehr. Aber er war natürlich auch kein Anhänger des bismarckschen Preußentums, sondern Anhänger der süddeutschen Staaten. Ich bin in Frankfurt groß geworden, in Offenbach. Wir haben es wie eine Vergewaltigung empfunden, dass die freie Reichsstadt Frankfurt preußisch wurde. Als die Preußen in Frankfurt einmarschierten, 1866, hat der Oberbürgermeister von Frankfurt sich das Leben genommen.

Ich bin so erzogen worden, dass der Krieg etwas Böses ist. Mein Vater war Teilnehmer des Ersten Weltkriegs und eigentlich pazifistisch eingestellt. Er ist auch verwundet worden. Er war kein Freund Hitlers, kein Freund Bismarcks, und er hat Zentrum gewählt. Schon 1933 hat er gesagt, Hitler bedeutet Krieg – auf keinen Fall darf der gewählt werden. Er hat Recht behalten. Ich habe diese Haltung nicht nur nachgeahmt, sondern so habe ich dann auch gedacht. Ich weiß noch, dass ich überlegt habe, wie es nach dem Krieg weitergehen wird. Man hatte das Gefühl, wenn Hitler siegt, dann kommt eine Endabrechnung mit Leuten wie uns. Uns wird es nicht gut gehen. Mein Vater hat ehemalige Schüler getroffen, die im Osten bei der Judenvernichtung dabei waren. Sie haben ihm gesagt, »was da geschieht, ist furchtbar. Haben Sie es schon gehört?« Er kam ganz erschüttert nach Hause und sagte: »Da gehen schlimme Dinge vor.«

Ich selbst habe dann als Wehrmachtssoldat auch gesehen, wie Leute zusammengetrieben wurden, und konnte mir nicht vorstellen, dass die höheren Militärs davon keine Kenntnis hätten.

Studienzeit

Th. Horstmann: Wie war es während des Studiums? Was für eine Stimmung gab es unter den Studierenden oder unter den Lehrern hinsichtlich der NS-Prozesse?

G. Hammerstein: Noch in Frankfurt an der Universität ist mir aufgefallen, dass natürlich bei der Kriegsgeneration, zu der ich gehörte, insbesondere bei den ehemaligen Offizieren, die in Stiefeln und Uniform kamen, noch starker Antisemitismus herrschte. Als ich bei Coing[6] in der Vorlesung saß, entsinne ich mich recht deutlich, dass Coing sagte, die Frankfurter hätten das Ghetto relativ spät aufgehoben. Da trampelten Leute Beifall bei dieser Bemerkung, während man ja an sich hätte sagen müssen, bedauer-

6 Helmut Coing (1912–2000), Rechtshistoriker und Zivilrechtler, Rektor der Frankfurter Universität und erster Präsident der Hochschulrektorenkonferenz, von 1964 bis 1980 Gründungsdirektor des Frankfurter Max-Planck-Instituts für Europäische Rechtsgeschichte, veröffentlichte unter anderem *Handbuch der Quellen und Literatur zur Europäischen Privatrechtsgeschichte* (1973 ff.) und *Europäisches Privatrecht* (2 Bände, 1985 und 1989).

lich, warum gab es in Frankfurt ein Ghetto? Und warum wurde es so relativ spät aufgehoben? Und so gab es natürlich Zwiespältiges. Es gab Leute, die Gegner des Dritten Reichs gewesen waren und sich entsprechend verhielten, aber es gab auch Leute, die den Kopf hängen ließen und das Gefühl hatten, Deutschland hat den Krieg zu Unrecht verloren. Aber um die Verfolgung dieser Dinge hat man sich zunächst in der Jurisprudenz nicht gekümmert. Und die Professoren haben ihren Mund gehalten. Die Alliierten, insbesondere die in der amerikanischen Zone in Frankfurt, haben die gesamte Literatur, die in der Nazi-Zeit veröffentlicht wurde, in Giftschränken eingeschlossen. So dass man als Student nicht hingehen und sagen konnte: Was hat der Professor Wolf, was hat der Professor Schmidt geschrieben in den Jahren 1934, 1936? Die Bücher aus dem Giftschrank bekam man nur mit einer bestimmten Erlaubnis. Die Leute, die belastet waren, haben natürlich entweder die Ohren angelegt, nicht darüber gesprochen und damit ihre eigene Vergangenheit verhüllt. Oder aber ein paar Mutige haben dann auch gesagt, was sie gedacht haben. Die Hörerschaft war dabei ein bisschen gespalten.

H. Litzinger: Warum haben Sie sich entschieden, Jura zu studieren?

G. Hammerstein: Weil ich einen älteren Bruder habe, der eine Frau geheiratet hat, die aus Industriekreisen stammte und die nun wiederum einen Bruder hatte, der die ganzen handelsrechtlichen Dinge, die Aktiengesellschaften, Kommanditgesellschaften, hochinteressant fand. Ich hatte das Gefühl, mein Vater hätte gerne gehabt, ich wäre Studienrat geworden, hätte Germanistik studiert oder Philosophie. Hätte mir an sich gelegen. Dann habe ich mich in die Vorlesung bei Hallstein hineingesetzt.[7] Ein kerliger Mann, aber ein begrifflich sehr scharfer Denker. Ein Junggeselle, der auf die Sekunde die Vorlesung hielt. Kam herein und legte seine Taschenuhr hin. Hörte zehn Sekunden, bevor die Klingel schlug, mit der Vorlesung auf. Wartete ab, dann verbeugte er sich, wenn die Klingel kam. Alles war

7 Walter Hallstein (1901–1982), Rechtswissenschaftler und Politiker, lehrte von 1941 bis 1948 als Professor für Bürgerliches Recht an der Frankfurter Universität. Ab 1951 war er als CDU-Mitglied Staatssekretär im Auswärtigen Amt und schuf die so genannte Hallstein-Doktrin, wonach die Bundesrepublik keine diplomatischen Beziehungen zu Ländern unterhielt, die ihrerseits die DDR anerkannten. Mit Gründung der Europäischen Wirtschaftsgemeinschaft 1958 war Hallstein für zehn Jahre der Präsident der EG-Kommission. 1969 wurde er für die CDU Rheinland-Pfalz in den Bundestag gewählt. Veröffentlichung u. a. *Die Europäische Gemeinschaft* (5. Auflage 1979).

exakt durchgestylt. Er war ein Typ, der mich nicht unbedingt interessiert hat, aber ein sehr interessanter Mann.

Mein Interesse an der Philosophie zeigte mir, dass ich begriffliches Denken mochte. Und so habe ich mich dann mit der Jurisprudenz angefreundet und zu meiner Überraschung ein gewisses Talent entwickelt. Mehr kann ich dazu nicht sagen. Ob das richtig war, weiß ich nicht. Ich habe aber nach 20 Uhr keine Jurisprudenz mehr betrieben und lese andere Dinge.

Th. Horstmann: Promoviert haben Sie dann über ein naturrechtliches Thema.

G. Hammerstein: Ja, über den Naturrechtsgedanken in der katholischen Rechtsphilosophie des 19. Jahrhunderts. Erik Wolf war selbst überzeugter Protestant. Er hat mir die Aufgabe gestellt, ob man in der katholischen Kirche, wie man darin gerne behauptet, immer dasselbe gedacht habe. Oder ob es geschichtlich auch dort Entwicklungen gab. Ich sollte möglichen Entwicklungen in der Darstellung des Naturrechts im 19. Jahrhundert nachgehen.[8] Schließlich habe ich dargestellt, dass das Naturrechtsdenken, das es in der katholischen Kirche vor der Mitte des 19. Jahrhunderts wenig gab – da der Historismus nur das Denken abhängig von der Geschichte sah – nun durch den Vatikan von oben verordnet wurde. Ein interessantes Spezialthema, weil etwas ähnliches, eine oktroyierte, empfohlene Philosophie, die sich dann durchsetzt, nur in einer Hierarchie wie der Kirche möglich ist. Das hat es vorher nicht gegeben, und das hat den Protestanten Erik Wolf ebenso interessiert wie mich als Katholiken. Wieacker war der Korreferent.[9]

---

8 In seiner Dissertation behandelte Gerhard Hammerstein Papst Pius IX. (1846–1878). Für die katholische Kirche, im 19. Jahrhundert bedrängt von Liberalismus, modernem Aufklärungsdenken und deutschem Idealismus, erklärte Pius IX. die Lehren des Thomas von Aquin zur Verteidigungsphilosophie. Dessen *summa theologica* sollte Grundlage des katholischen Verteidigungsdenkens sein, um gegenüber der modernen Philosophie bestehen zu können. Dieses Philosophiegebäude wurde als Neothomismus bezeichnet. Seit Mitte des 19. Jahrhunderts ersetzte der Vatikan auf päpstliche Anweisung jede andersartige Theologie, wie es sie etwa in Tübingen und in anderen Fakultäten gab, durch den Neothomismus.

9 Franz Wieacker (1908–1994) war einer der bekanntesten deutschen Rechtshistoriker, er unterrichtete unter anderem in Göttingen und Freiburg. Seine *Privatrechtsgeschichte der Neuzeit* (1952 und 1967 erschienen) wurde zu einem Standardwerk.

Th. Horstmann: Wie stehen Sie selbst zu der Naturrechtsrenaissance der fünfziger Jahre in der Rechtsprechung?[10]

G. Hammerstein: Diese Renaissance hat man versucht, ja. Als junger Student war ich Gegner des Positivismus und habe gesagt, wie kann man nur behaupten, für Recht genüge, wenn es richtig verkündet ist und der Bundespräsident unterschrieben hat. Als ob man die Gesetze nur auswendig lernen müsse, und dann sind sie sakrosankt. Kelsen und andere Positivisten galten bei mir nichts. Diese Renaissance des Naturrechts war interessant: Die Idee, dass es über dem staatlichen Recht eine Norm geben sollte, die entweder göttlich ist oder jedenfalls allgemeiner Ethik entsprechen muss, oder allen Menschen ins Herz geschrieben ist, wie es bei Paulus heißt – das ist an sich eine tolle Idee. Weil man ein Maß braucht, um zu verhindern, dass irgendwelche Diktatoren das zum Recht erklären, was ihnen gefällt. Ich finde noch heute, dass wir eigentlich einen Maßstab bräuchten. Nur, diesen Maßstab in der modernen Gesellschaft festzulegen und zu sagen, das ist von Natur aus so und das ist nicht geschichtlich bedingt, ist natürlich sehr, sehr schwierig. Auf der anderen Seite haben wir heute die Menschenrechte. Ein Teil dessen, was Naturrecht war und ist, ist eigentlich heute in den Grundrechten festgeschrieben. Heute wagt doch niemand mehr zu sagen, dass die menschliche Person keinen Wert hätte. Und wenn ein Gesetz käme, bei dem man sagt, es ist verfassungswidrig, könnten wir ebenso gut sagen, naturrechtswidrig. Oder dem göttlichen Recht nicht gemäß.

Anwaltstätigkeit

Th. Horstmann: Wann wurden Sie Anwalt?

G. Hammerstein: Ich wurde 1954 im Januar Rechtsanwalt in Freiburg mit einem Sozius, der Bundestagsabgeordneter der CDU war. Er hat aber praktisch nichts gemacht, außer im Bundestag zu sitzen. Er wurde später Vorsitzender des Auswärtigen Ausschusses, Dr. Kopf[11] hieß er. Und der zweite

---

10 Vgl. den zeitgenössischen Aufsatz von Weinkauff (1969), »Naturrechtsgedanke«.

11 Hermann Kopf (1901–1995) gehörte dem Bundestag von 1949 bis 1969 an. Von 1960 bis 1969 war er Vorsitzender des Ausschusses für auswärtige Angelegenheiten. Kopf spielte eine gewisse Rolle in den Bemühungen der Kreise um Werner Best 1963 um eine Generalamnestie für NS-Täter. Der Bonner Rechtsanwalt Manfred Lohmann, einer der

Sozius hieß Rosset. Mit dem jüngeren Rosset zusammen habe ich dann eine Praxis eröffnet. Wir haben uns von dem anderen Herrn, weil er immer im Bundestag war, später getrennt. Ich bin aktiv Anwalt geblieben bis zu meinem 76. Lebensjahr.

Th. Horstmann: Und wie kamen Sie gerade zum Strafrecht?

G. Hammerstein: Zum Strafrecht kam ich über die Rhetorik. Ich war begeisterter Cicero-Leser. Es gibt eine wunderbare Stelle bei Cicero, die ich gerne zitierte, wenn ich vor Juristen sprach. Cicero sagt: »Als ich Rhetor war, saß irgendwo im Gerichtssaal an einem Nebentisch ein junger Mann, dem rief ich zu: Lies! Der las den Gesetzestext vor. Das war der Jurist. Und dann kam ich als Rhetor und habe meine Rede gehalten.« Das war die Auffassung der antiken Rhetorik über die Juristen. Ein bisschen hat mich dieser rhetorische Hochmut immer gereizt – im positiven Sinne. Vielleicht auch wegen der Engstirnigkeit verschiedener juristischer Betrachtungsweisen. Es ist ganz eindeutig, dass der Jurist verschiedenen geistigen Problematiken, dem Relativismus, dem Skeptizismus, dem Zynismus, aus dem Wege geht dadurch, dass er sich festhält an den Gesetzen. Und wehe, die Frage wird gestellt: Ist das Gesetz etwa zu verbessern? Kann man hier wegen Ausnahmebestimmungen irgendetwas machen? Muss man diesem armen Schwein, das nun sich im Gesetz verheddert hat, nicht doch in irgendeiner Weise besser helfen, als es sich hier anbietet? Wie mache ich das? Darin sehe ich auch die rhetorische Aufgabe: Sich vor Leute zu stellen, die im öffentlichen Ansehen schlecht stehen. Für Leute Sympathie zu gewinnen, die von der Öffentlichkeit verdammt sind. Das ist eine enorme Aufgabe. Gleichzeitig will man nicht den Opfern schaden – das ist die andere Seite des Problems. Schade ich nicht dadurch, dass ich irgendeinem Schuldigen helfe, einem Opfer? Kann ich überhaupt einem Schuldigen helfen? Soll ich das tun? Wie vertrage ich das ethisch?

Ich habe Quintillian viel gelesen – hier die *Orationes*. Ich habe sie in mehreren Ausgaben hier. Für jeden Juristen heute noch lesenswert. Und *De oratore* von Cicero sollte man durchgelesen haben. Vor allem sehen Sie hier die ethische Grundlage der Rhetorik. Cicero nennt es eine außerordentlich gefährliche Waffe, wenn man Leuten erlaubt zu reden. Platon hat dagegen gesagt, die Sophistik und die Rhetorik seien minderen Ranges, weil sie

Mitstreiter Bests, empfahl Kopf 1963: Gerade Kopf sei geeignet, Befürworter für die Amnestie-Forderungen zu gewinnen. Der Kontakt sollte über Kopfs Kanzleisozius Roedemeyer in Freiburg hergestellt werden, den Lohmann als »sehr rührig« in den Anliegen der Amnestiebefürworter beschrieb, vgl. Miquel, *Vergangenheitspolitik*, S. 209–211.

nicht auf Wahrheitssuche seien wie die Philosophie, sondern nur auf Wirkung abzielten.

Die Strafprozessordnung formuliert, was mich immer gereizt hat, der Richter habe die Wahrheit zu finden, § 244 Absatz II. Der Jurist geht von der Fiktion aus, die wirklich in vielen Fällen eine Anmaßung ist, er finde die Wahrheit. Das Gericht muss eine Entscheidung treffen und sagt: »Wir haben es geprüft. So war es.« Und wie oft habe ich als Verteidiger erfahren, es war ganz anders. Es war zwar nicht so, wie man es mir gesagt hatte. Aber es war auch nicht so, wie das Gericht geglaubt hatte, es herausgefunden zu haben. Diese Gefahr, dass man über die Rede die Wahrheit verfälscht oder der Wahrheit zuwider etwas bewirken kann, ist natürlich etwas, was tatsächlich auf jemandem, der die Sache ernst nimmt, lasten kann. Wie gesagt, die ganze Antike ist voll davon. Das, was man Sophistik nennt, also auch die Redemacht unter den Nazis, Hitler, Goebbels, die die Rede missbraucht haben, ist jeden Tag neu möglich. Auch in der Demokratie.

Die Verteidigung des Gestapo-Mannes Richard Sehmisch 1965

Th. Horstmann: Sie haben auch selbst an einem NS-Prozess teilgenommen.

G. Hammerstein: Eines Tages erhielt ich den Auftrag, einen Mann zu verteidigen, der bei der Gestapo an Judenerschießungen beteiligt war. Ob ich nicht Pflichtverteidiger werden wollte, wurde ich gefragt.

Th. Horstmann: Gab es da ein besonderes Spannungsfeld für Sie gerade in dieser Frage?

G. Hammerstein: Ja, aber nur insofern, ob ich überhaupt die Verteidigung übernehmen will. Ich wurde gefragt, ob ich Pflichtverteidiger werden will. In Deutschland wird der Pflichtverteidiger nicht wie in anderen Ländern von den Anwälten oder der Anwaltskammer ernannt, sondern der Vorsitzende Richter sucht sich den Verteidiger aus, den er zum Amts- oder Pflichtverteidiger bestimmt. So wurde ich eines Tages gefragt, ob ich das machen will. Da habe ich einen Moment überlegt. Sollte ich das einem ehemaligen Nationalsozialisten überlassen? Es ist eine heikle Geschichte gewesen.[12] Oder sollte ich das übernehmen? Ich habe mich dann dafür ent-

12 Vgl. LG Freiburg, Urteil 25. Juni 1965, 1 Ks 1/64 (abgedr. in: Rüter, *Justiz*, Lfd. Nr. 593). In dem Prozess ging es um die Deportation, Massen- und Einzelerschießung von Juden im Verlauf mehrerer »Aussiedlungsaktionen« im Kreisgebiet Nowy Targ im besetzten

schieden – obwohl nicht jeder in unserer Familie verstanden hat, dass ich das gemacht habe. Ich war als erster deutscher Verteidiger in Israel, 1965 im Mai, weil einige Zeugen aus Tel Aviv nicht kommen konnten wegen Erkrankung. Sie sollten kommissarisch durch ein israelisches Gericht vernommen werden. Damals gab es noch keine diplomatischen Beziehungen. Ich habe mich gemeldet. »Wann soll es sein?« – »Nächste Woche.« – »Ja, ich habe die Absicht, dahin zu fahren.« Der Vorsitzende Richter hatte damit nicht gerechnet, das Schwurgericht hatte sich zurückgezogen, und auch er selber fuhr nicht mit. Wie ich hinterher erfuhr, war der Vorsitzende Richter in der NSDAP gewesen und hatte offenbar, ohne das zu äußern, nicht den Mut, nach Israel zu reisen. Er hat zwei jüngere Richter mitgeschickt. Außerdem reisten ein Staatsanwalt und zwei Verteidiger mit. Es waren zwei Angeklagte. Es gab dann in der Frankfurter Zeitung einen kurzen Bericht, im Mai 1965, dass ein deutsches Gericht eben israelische Zeugen vernahm. Es war eine kommissarische Vernehmung. Es gehörte kein besonderer Mut dazu, aber es hatte zuvor niemand gemacht. Die Besonderheit in dem Prozess war, dass mein Mandant [Richard Sehmisch, die Hrsg.] ein Mann war, der in Krakau-Zakopane eingesetzt war als Angehöriger der Gestapo, mit dem Auftrag, Juden aus den Häusern zu holen, um sie in Transportern nach Auschwitz zu bringen. Die Gestapo-Leute bekamen den Auftrag, die Judenräte und die nichttransportfähigen Alten und Kranken zu liquidieren. Das haben sie getan. Der Hauptangeklagte, Robert Weißmann, war im Range eines Majors oder Hauptmanns. Mein Mandant war auch in der Waffen-SS beziehungsweise war ursprünglich Schutzpolizist gewesen und wurde gegen seinen Willen 1939 zur Gestapo versetzt. Weißmann war ein Gesinnungsnazi und hatte schon als KZ-Bewacher sich ziemlich übel aufgeführt. Er war Anhänger Hitlers. Mein Mandant war nie Nazi gewesen, er war Untertan im Sinne Heinrich Manns. Er machte, was man ihm sagte, als der typische Deutsche, der auch verbrecherische Befehle ausführt. Das Problem des Falles lag nun unter anderem darin, dass das Schwurgericht Verständnis dafür bekommen sollte, dass nicht der deutsche Idealist, der als begeisterter Hitleranhänger nun mal verblendet solche Verbrechen begangen hatte, edler war, sondern eigentlich dieser Typ eines schwachen Durchschnittsbeamten, der einfach das machte, was man ihm

Polen. Der Hauptangeklagte Robert Weißmann wurde zu sieben Jahren, der von Hammerstein verteidigte Angeklagte Richard Sehmisch zu viereinhalb Jahren Haft verurteilt.

sagte, selbst wenn es Befehle waren, die nach § 47 Militärstrafgesetzbuch[13] nicht hätten ausgeführt werden müssen. Das war meine Position.

Ich habe hier einen Zeitungsausschnitt, in dem ich auch abgebildet bin. Das ist der Israeli. Da ist ein deutscher Staatsanwalt. Das ist ein israelischer Richter, das ist der andere Deutsche.

H. Litzinger: Das heißt, Ihr Mandant war…

G. Hammerstein: …der Mandant war zwangsversetzt von der Schutzpolizei zur Gestapo. Angeklagt war Mord. Die Angeklagten haben Juden tatsächlich teilweise liquidiert. Sie haben sich damit verteidigt, dass sie bei der Selektion zugunsten der angeblich Schwachen und Kranken sogar Leute weggeschickt hätten, die gar nicht transportfähig gewesen seien. Das schlug nicht besonders durch. Aber interessant ist, dass der so genannte Idealist, der auch im Rang höher war, sieben Jahre bekam, und mein Mandant bekam viereinhalb Jahre Gefängnis. Die beiden sind wegen Beihilfe verurteilt worden und konnten auch wegen Beihilfe verurteilt werden. Der BGH hatte kurz vorher in dem so genannten Staschynskij-Urteil entschieden,[14] auch wenn ein Angeklagter ein Mordmerkmal eigenhändig erfüllt hat oder gar mehrere, kann er trotzdem nur Gehilfe sein. Da aber die Gehilfenschaft die Milderung erlaubt, und auch der, der selbst geschossen hat, Gehilfe sein kann, kam es zu diesem verhältnismäßig milden Urteil.

H. Litzinger: Wie sind Ihnen die israelischen Richter begegnet?

G. Hammerstein: Sie haben mir großen Eindruck gemacht. Denn wir erwarteten, dass sie ihre eigenen Landsleute als Zeugen vielleicht zu wenig hart oder zu wenig objektiv befragen würden. Das war nicht der Fall. Sondern es zeigte sich die Fähigkeit – ohne damit irgendeine antisemitische Wertung zu verbinden, das wäre das Letzte, was ich wollte – die Fähigkeit des scharfen abstrakten Denkens der Israelis. Das hat mir imponiert. Die Angeklagten reisten nicht mit, weil sie Angst hatten. Was passiert wäre, wussten sie nicht. Freies Geleit gab es nicht. Wir mussten über Basel fliegen, von Frankfurt gab es keine Maschine. Vor Ort bekam einer der Zeugen eine Bildmappe vorgelegt und wurde gefragt: »Erkennen Sie eine der

13 § 47 des für die Wehrmacht geltenden Militärstrafgesetzbuches sah vor: »Wird durch die Ausführung eines Befehls in Dienstsachen ein Strafgesetz verletzt, so ist dafür der befehlende Vorgesetzte allein verantwortlich. Es trifft jedoch den gehorchenden Untergebenen die Strafe des Teilnehmers: erstens, wenn er den ihm erteilten Befehl überschritten hat, oder zweitens, wenn ihm bekannt gewesen ist, dass der Befehl des Vorgesetzten eine Handlung betraf, welche ein bürgerliches oder militärisches Verbrechen bezweckte.«

14 Vgl. Einführung, S. 18.

Personen wieder, die Sie beschreiben? Zum Beispiel meinen Mandanten?« Der Zeuge antwortete: »Ja. Der sieht ihm etwas ähnlich.« Der israelische Vorsitzende diktierte: »Bei Bild 27 klein b erklärt der Zeuge, dieser sieht dem Angeklagten ähnlich.« Ich bin aufgestanden und habe gesagt: »Euer Ehren, der Zeuge hat gesagt, dieser sieht ihm etwas ähnlich, so jedenfalls habe ich es in Erinnerung.« – »Vielen Dank, Herr Verteidiger. Bitte ändern Sie das Protokoll. Der Text lautet: ›Dieser sieht ihm etwas ähnlich‹.« Ich habe das oft auch deutschen Richtern erzählt. Von zehn deutschen Richtern hätten acht in diesem Fall gesagt: »Ach, Herr Rechtsanwalt, fragen wir doch den Zeugen noch mal. Sieht er ihm ähnlich oder sieht er ihm etwas ähnlich?« So dass der Zeuge erkannt hätte, worauf es mir besonders ankam. Hier nichts dergleichen. Es gab drei, vier derartige Situationen. Oder wenn zum Beispiel Zeugen hier in Freiburg vernommen wurden, hatte der Vorsitzende eine große Ängstlichkeit entwickelt: »Brauchen Sie ein Glas Wasser? Geht es Ihnen schlecht? Können Sie weiterreden? Denken Sie an Ihre Eltern?«. Die deutschen Richter haben die polnischen jüdischen Zeugen in Watte gepackt. Die Opfer hatten wirklich ein schweres Schicksal, waren aber auch teilweise auf die Verfahren vorbereitet. Es gab auch in Polen eine zentrale Stelle zur Verfolgung der NS-Verbrechen, so wie es sie in Tel Aviv gab. So ganz unbedarft kamen die Zeugen nicht. Aber trotzdem, die deutschen Richter haben sie in Watte gepackt. Ich nahm ihnen das gar nicht übel. Ich habe die jüdischen Zeugen eigentlich schon aus taktischen Gründen nie versucht besonders anzugreifen. Das passte nicht in den Raum und hätte auch nie etwas bewirkt. Aber die israelischen Richter haben die Zeugen ganz hart angepackt: »Stellen Sie sich mal nicht so an. Es ist jetzt lang genug her. Und Sie wissen ja, was war.« – Die jüdischen Zeugen wurden von den israelischen Richtern härter angefasst als von den deutschen Richtern.

Th. Horstmann: Wie lange hat der Prozess in Freiburg insgesamt gedauert?

G. Hammerstein: Das kann ich jetzt nicht mehr genau sagen. In Israel gab es ungefähr zehn Tage Verhöre, der Prozess dürfte zwei, drei Monate gedauert haben. Das kann ich aber nicht mehr genau sagen. Jedenfalls, in Israel waren wir gegen Ende Mai 1965. Weil ich einen solchen Prozess geführt habe, kam ich wohl auch zu der Tagung in Königstein.

H. Litzinger: Kam Ihnen, jenseits Ihrer Verteidigerrolle, das damalige Ergebnis des Prozesses, das Urteil angemessen vor?

G. Hammerstein: Ja, es kam mir deshalb angemessen vor, weil es zu dieser Zeit bereits Urteile gab, in denen Leute, denen man mehr vorwarf, etwa dieselben oder geringere Strafen bekamen. Nachdem nun mal die These vertreten worden war, dass auch bei Erfüllung der Mordmerkmale Gehilfenschaft möglich war, war ja juristisch vieles klar. Die Täter hatten etwas nicht aus eigenem Antrieb gemacht, sondern als Befehlsempfänger, und damit mussten wir uns irgendwie befassen. Die Frage war, wie das Verfahren laufen würde, wenn die Staatsanwaltschaft sich darauf beriefe, dass das ein verbrecherischer Befehl war. Es wurde natürlich von den Staatsanwälten immer gesagt: »Es ist niemand hingerichtet worden, weil er einen solchen Befehl nicht ausführte.« Aber erstens wussten das nicht alle, und zweitens war das nicht so sicher. Ich habe damals schon das, was zum Beispiel das Freiburger Archiv für Militärgeschichte gesammelt hatte, das Wissen der Wehrmacht über bestimmte Dinge, oder dass die Wehrmacht geholfen hat bei dem Einsammeln von Juden, die nach Auschwitz kamen und so weiter – das habe ich versucht, in dem Verfahren darzulegen, um zu sagen, das ist alles furchtbar, was passiert ist. Aber das kann jetzt nicht auf Einzelne allein abgeladen werden, die in solche Situationen geraten sind. Wenn einer zwangsversetzt wird und dann versagt, muss man sehen, welche Situation das war. Insofern kann man *cum grano salis* sagen: Diese Entscheidung für die Verurteilung wegen Beihilfe lässt sich verantworten. Nicht? Meine Aufgabe war, das Beste für meinen Mandanten herauszuholen. Aber die Situation blieb nicht ganz leicht.

H. Litzinger: Hatten Sie sich schon vor diesem Prozess als Jurist in irgendeiner Form mit dem Nationalsozialismus und dessen Aufarbeitung mit juristischen Mitteln befasst?

G. Hammerstein: Nein, nein. Gar nicht. Eigentlich war das Verfahren der Anlass. Aber wie gesagt, ich war Zwangssoldat drei Jahre. Ich war keineswegs an dem Geschehen der Geschichte vorbeigelaufen, sondern hatte es teilweise miterlebt. Und ich habe auch das Morden im Krieg erlebt. Ich habe gesehen, wie geschossen wurde. Ich habe, wenn wir an Zügen vorbeifuhren, gesehen, irgendwelche Leute brachen zusammen. Ich habe gedacht, was ist denn da los? Da wusste man nicht, sind es Feinde, sind es Partisanen, sind es Juden? Es ging ja alles blitzschnell, es hat keiner erklärt, was du da eben gesehen hast. Oder man sah, dass irgendwelche Leute versuchten, Gefangene zu erschießen. Dass die Wehrmacht nicht ganz sauber in allen Punkten durchkam, dass so etwas vorgekommen sein mag, wenn es auch in unserer Einheit so nicht war, das Gefühl hat man irgendwie gehabt. Da passierten die verrücktesten Dinge. Im Krieg ist vieles möglich.

Th. Horstmann: Also haben Sie durch die NS-Prozesse nichts »Neues« dazu gelernt?

G. Hammerstein: Na doch. Doch. Vor allem durch den Auschwitz-Prozess haben wir alle gelernt. Man hat dann erfahren, wie das zuging. Die Einzelheiten hat ja niemand in dieser Form gekannt. Es gab Gerüchte, immer wieder, wie es denn zugeht. Und dass die Juden aus Deutschland verschickt werden und es heißt, »Ihr kommt in den Osten, Ihr werdet dorthin verpflanzt«. Aber millionenfachen Mord, das hat in der Form niemand für möglich gehalten. Ich meine, insofern haben die Prozesse einen Aufklärungseffekt gehabt, der enorm wichtig war. Vor allem der Auschwitz-Prozess in Frankfurt.

Königsteiner Tagung

Th. Horstmann: Und wenn wir jetzt zu der Königsteiner Tagung 1966 selbst kommen: Hatten Sie vorher schon Kontakte zu den anderen Teilnehmern?

G. Hammerstein: Nein.

Th. Horstmann: Sie kannten gar niemanden.

G. Hammerstein: Ja, ich kannte nur den Namen Friesenhahns, der damals Ordinarius in Bonn war. Roxin, der ja später ein bekannter Strafrechtler wurde, habe ich damals als jungen Gelehrten, der sich gerade habilitierte, kennengelernt. Hanack habe ich da kennengelernt, und später viele aus der Runde im Strafrechtsausschuss wieder getroffen. Ich habe in Königstein mit Interesse die Ohren gespitzt und habe gesehen: Da sind kluge Leute zusammengekommen. Als junger Mensch ist man geneigt, zunächst einmal lernen zu wollen und zu sagen: Was denken die anderen im Einzelnen? Dass man überhaupt das aufarbeiten soll und da mithelfen soll, dass das geschieht, das schien mir eine sinnvolle Arbeit zu sein. Ich habe deshalb auch gern teilgenommen.

H. Litzinger: Sie waren für die Befassung mit dem Thema NS-Unrecht?

G. Hammerstein: Ich war dafür, ja. Ich war eigentlich auch der Meinung, dass das Unrecht, soweit es fassbar ist, nicht ungeschehen gemacht werden und nicht ungesühnt bleiben soll. Bei der Frage der Verjährung war ich ein bisschen gespalten. Weil ich Angst hatte, als prozessual geschulter Jurist, dass der Fall der Verjährungsfrist für Mord natürlich Beweiswürdigungsfragen und Erinnerungsfragen aufwerfen würde. Hierdurch wären unter Umständen falsche Urteile möglich. Ganz sicher war ich mir nicht, ob es richtig ist, die Verjährungsgrenze ganz fallen zu lassen. Aber das war auch nicht meine Entscheidung.

In einem solchen Verfahren sieht man, wie Menschen insbesondere in Uniformen wahrgenommen werden. Ein Zeuge sagt, »Einer hat auf meine Eltern geschossen, der sah so ähnlich aus«. Stellen Sie sich mal vor, alle trugen dieselbe Uniform, Verwechslungen waren leicht möglich. Wenn der Täter dann bestritt, »Das war ich überhaupt nicht«, sind auch Freisprüche in einzelnen Fällen erfolgt. Mein damaliger Mandant Sehmisch wurde von einem Vorwurf freigesprochen, weil man nicht mehr sagen konnte, ob er überhaupt am Tatort war. Diese Unsicherheiten, die sich einstellen beim Wegfall der Verjährungsfrist, gerade bei Uniformträgern, müssen natürlich auch gesehen werden, wenn man über die Verjährungsfristen spricht. Andererseits schlüpfen natürlich auch viele Leute mit der Behauptung durch: »Ich war da nicht, bin da nie gewesen.«

Th. Horstmann: Wie war die Atmosphäre in Königstein?

G. Hammerstein: Es war eine Arbeitsgruppe, die Leute waren alle der Meinung, sie stehen vor einem relativ schwierigen Problem. Wobei man sich im Klaren darüber war, dass es auch ein Personalproblem innerhalb der Justiz gab, weil in der Justiz in dem Sinne eine Säuberung von Leuten, die die falsche Gesinnung oder ein falsches Bewusstsein hatten, wie der Marxist sagt, nicht stattgefunden hat. Es waren noch Leute in der Justiz, die im Osten irgendwo vor Jahren irgendetwas gemacht hatten, wovon keiner wusste. Leute, die als Biedermänner wieder in der neuen Demokratie lebten, unter Umständen sogar entnazifiziert waren, und sagten, ich habe nie etwas gemacht. Meine Idee war – und jetzt komme ich auf Ihre Frage zurück –, dass ich meinte, man kann eine solche Zeit nur richtig beurteilen, wenn man, was sich auch in diesem Prozess ergab, sich im Klaren ist, wie es in der Zeit gelaufen ist. Man muss klären, was es bedeutet, wenn jemand innerhalb einer solchen Formation einen derartigen Befehl erhält, auch wenn der Befehl rechtswidrig oder verbrecherisch ist. Man muss Verständnis dafür wecken, warum der Widerstand der Deutschen nicht größer gewesen ist. Und mein Bestreben war, zu zeigen, wie viele Leute versagt haben. Deshalb habe ich gesagt, es müssen unbedingt Historiker in die Prozesse hinein. Ihr könnt nicht heute als Juristen sagen, »Wir versuchen uns mal zu erinnern, wie es gewesen sein mag«, sondern lasst euch von

Sachverständigen erklären, wie die zeitlichen Umstände waren, um den einzelnen Tätern gerecht zu werden. Deshalb habe ich mir auch das Thema ausgesucht: Welche Historiker sucht man? Wie sind die Historiker zu befragen? Was fragt man sie? Und wie geht man mit dem Wissen, das man erhält, um? Der historische Sachverständige war ja völlig neu. Ich habe zum Beispiel hier in dem Freiburger Prozess Herrn Globke[15] als Zeugen kommen lassen, der damals bei Adenauer Kanzleichef war, um darzulegen, inwieweit in der Nazizeit kein Widerstand geleistet wurde. Globke war Kommentator des Blutschutzgesetzes von 1935. Und ich habe Best[16] kommen lassen von der SS und ihn befragt. Es waren interessante Zeugenvernehmungen bei jeweils vollem Gerichtsaal. Das gab es bereits zuvor, Globke hat man auch in Köln als Zeugen kommen lassen, um zu zeigen, was Leute gemacht hatten, die mittlerweile schon wieder einen Namen hatten, in Ehren bei Adenauer standen und denen keiner am Zeug flicken wollte. Die Täter waren dagegen Leute, die in einem Dienstverhältnis besonderer Art standen – und sicher versagt hatten, sicher etwas getan haben, was sie

---

15 Hans Globke (1898–1973), Jurist, war ab 1932 Referent für Staatsangehörigkeitsfragen im Reichministerium des Inneren, zugleich ebendort Korreferent für »Rassefragen bei Eheschließungen«. Globke schrieb 1936 zusammen mit Wilhelm Stuckart einen Kommentar zu den Nürnberger Rassegesetzen. Ab 1938 war Globke Ministerialrat, sein Antrag auf Aufnahme in die NSDAP 1940 wurde jedoch wegen eines Einspruchs von Reichsleiter Martin Bormann abgelehnt. 1945 wurde Globke nach kurzer Haft als »Mitläufer« eingestuft. Er trat in die CDU ein, wurde 1950 Ministerialdirektor im Bundeskanzleramt und 1953 Staatssekretär.

16 Werner Best (1903–1989), Jurist, seit 1930 Mitglied der NSDAP, 1931 Eintritt in die SS, war einer der engsten Mitarbeiter des Chefs der Sicherheitspolizei Reinhard Heydrich und Heinrich Himmlers. Er hatte eine führende organisatorische Rolle bei der Schaffung des Reichssicherheitshauptamtes, war von 1940 bis 1942 Zivilverwaltungschef beim Militärbefehlshaber in Frankreich und ab November 1942 Bevollmächtigter des Deutschen Reiches in Dänemark. Nach seiner Verhaftung und Auslieferung nach Dänemark 1947 wurde er dort zunächst zum Tode verurteilt, dann im Berufungsverfahren zunächst zu fünf, dann vom Obersten Dänischen Gerichtshof zu zwölf Jahren Haft verurteilt. Nach seiner Begnadigung 1951 wurde er in die BRD abgeschoben, wo er in den fünfziger Jahren als Rechtsanwalt und Justitiar eines großen Konzerns arbeitete. Als Verteidiger von NS-Tätern setzte Best erfolgreich das Argument ein, die Beschuldigten hätten ihre Verbrechen aus einem Befehlsnotstand heraus begangen (vgl. hierzu Greve, *Umgang*, S. 72 f.). 1958 wurde Best von einer Westberliner Spruchkammer zu 70 000 DM Sühne verurteilt, im Berufungsverfahren 1962 wurde die Summe jedoch auf 100,40 DM reduziert. 1969 wurde Best verhaftet und beschuldigt, SS-Einsatzgruppen in Polen den Befehl zur Ermordung von 8700 Polen gegeben zu haben. 1972 erhielt Best Haftverschonung, 1983 wurde das Verfahren gegen ihn wegen Verhandlungsunfähigkeit eingestellt. Zu Best siehe Herbert, *Best.*

nicht hätten tun sollen. Aber nun über die Angeklagten zu sagen, das sind die Verbrecher und gegenüber stehen die Guten? Wenn man da gerecht sein will – Sie kennen die ganze Goldhagen-Diskussion. Man kann sagen: Jeder Schaffner eines Zuges, der Juden nach Osten gefahren hat, ist Mittäter. Man kann aber auch sagen: Das sind eben die schwachen Figuren, die das tun und nicht genau fragen.

Th. Horstmann: Es gibt in anderen Rechtskreisen die Vorstellung, es könnte auch eine gewissermaßen kollektive Zurechnung helfen, indem strafrechtlich ganze Organisationen für verbrecherisch erklärt werden.

G. Hammerstein: Das habe ich nie gedacht. Nein, da halte ich nichts davon. Ich habe auch diese ganze Diskussion über die Schuld der Wehrmacht und so weiter für etwas überzogen gehalten, weil sie viel zu ideologisch aufgezäumt war. Das war von bestimmten Leuten ein bisschen zu subjektiv gefärbt hochgezogen. Natürlich haben sicher hohe Militärs große Schuld, indem sie Hitler nie widersprochen haben, und insofern Schuld, als sie mehr wussten als der Durchschnittsdeutsche. Und vielleicht hätten sie aufgrund ihres Wissens bei der Beseitigung Hitlers mitwirken müssen. Aber dann zu sagen, die ganze Wehrmacht ist ein einziger Verbrecherhaufen? Das habe ich so auch nicht erlebt. Allerdings kann ich nicht sagen, wie es bei der nächsten Einheit war.

Aber ich bin auch als Verteidiger nicht dafür da, etwas völlig zu entschuldigen, sondern ich bin da, um diejenigen Umstände herauszuarbeiten, die einen Beschuldigten entlasten, den man einer bestimmten Tat bezichtigt. Es ist ein Menschenrecht, dass sich jeder entweder selbst verteidigen oder sich eines Verteidigers bedienen darf. Schwierig wird es nur, wenn ich als Verteidiger Dinge weiß, die das Gericht nicht weiß. Oder wenn ich genötigt werden sollte, Dinge zu sagen, hinter denen ich nicht stehe. Oder wenn ich etwa Lügen übernehmen soll. Da beginnt die moralische Seite. Aber hier geht es eigentlich um andere Fragen.

Man kann natürlich sagen, ich will so etwas gar nicht machen. Man kann aber auch sagen, es ist besser, es übernimmt jemand einen solchen Fall, der durchaus der ganzen Zeit kritisch gegenübersteht und keinesfalls Anhänger Hitlers gewesen ist. Aufgrund dessen habe ich gesagt, ich versuche das mal. Obwohl mir klar war, dass es auch eine psychisch außerordentlich aufreibende Sache ist. Ein Zeuge in Polen sagte zu mir: »Meine Eltern, die umgebracht wurden, hatten keinen Verteidiger. Die wurden einfach erschossen. Und Sie stellen mir solche Fragen.« – Die Zeugen waren natürlich gar nicht zimperlich. Die waren teilweise fast eingeübt, den Verteidiger in Schwierigkeiten zu bringen. Aber gerade wenn man das Gefühl hat, so ganz unrecht hat der Mann gar nicht – solche Entgegnungen gehören nicht gerade zu den schönsten in der eigenen Berufslaufsbahn –, muss der Verteidiger auch mal den Mut haben, sich gegen den Strom der öffentlichen Meinung für jemand hinzustellen. Das ist ja eigentlich das Ethos. Auch wenn die Mehrheit der Menschen sagt: »Das ist ja schlimm, und der arme Mann«, muss einer da sein, der bereit ist zu sagen, »Nein, für den versuche ich noch mal etwas«.

Th. Horstmann: Wie haben Sie denn die Tätigkeit von Anwälten eingeschätzt, die sehr stark auf der Seite der Täter standen? Wurde das innerhalb der Anwaltschaft diskutiert?

G. Hammerstein: Ja, natürlich. Das haben wir im Strafrecht ständig diskutiert. Erstens ist es so, dass Sie als Verteidiger keine Resonanz haben, wenn Sie nicht als ein ernstzunehmender Gesprächspartner angesehen werden. Das heißt, wenn das Gericht Sie in Verdacht hat, Zeugen zu beeinflussen, zu lügen oder Dinge zu erfinden, haben Sie auf Dauer keine Resonanz beim Gericht. So von gestern sind die meisten Richter nicht, dass sie nicht das Gefühl haben, das, wie man so sagt, ist ja ein Ferkelstecher oder das ist ein Mann ohne Ethos, das ist ein Sophist. Wenn Sie Leute umstimmen wollen, dann müssen Sie Glaubwürdigkeit ausstrahlen. Das ist wie in der Politik.

Sie können auf Dauer nur Erfolg haben, wenn Sie aus kleinen Anzeichen, Zwischenfragen des Vorsitzenden, Fragen eines Schöffen, erkennen: »Der denkt in dieser Richtung. Da ist noch etwas zu arbeiten, um den auf die andere Seite zu bringen, da musst du noch Argumente bringen.« Entweder einen Beweisantrag, oder du musst im Plädoyer dies oder jenes sagen, oder du musst sofort etwas entgegenhalten. Die ganze Rhetorik beruht eben darauf, dass ich mir überlege, mit welchen glaubwürdigen Argumenten kann ich Menschen, die vielleicht anders denken, dazu bringen, dass sie auf meine Seite kommen.

Th. Horstmann: Können Sie noch daran entsinnen, wenn Sie jetzt diese Fähigkeit mal auf die Königsteiner Tagung anwenden, wer da die Diskussionen bestimmt hat?

G. Hammerstein: Selbstverständlich eine große Figur, sagen wir mal im Ethos, war sicher Friesenhahn. Die anderen haben auch nicht unbedingt seine Erfahrung gehabt. Ich kann nur noch sagen, dass Roxin auf mich einen großen Eindruck gemacht hat.

Th. Horstmann: Welche Rolle spielte Fritz Bauer?

G. Hammerstein: Der hat keine große Rolle gespielt.

Th. Horstmann: Oder Werner Sarstedt vom Bundesgerichtshof?

G. Hammerstein: Ja, der spielte schon eine Rolle. Sarstedt war ein beeindruckender Typ, ein sehr, sehr kluger und gepflegter Mann. Er ist später noch Anwalt geworden, wie ich gehört habe.

Th. Horstmann: Es gab nach Königstein keine Zusammenarbeit mehr zwischen den einzelnen Teilnehmern. Haben Sie sich im Folgenden noch mit dem Thema Verfahren gegen NS-Täter befasst?

G. Hammerstein: Das Thema blieb akut, weil neben diesem ersten Prozess, mit der Reise nach Israel, dann ein zweiter Prozess und ein dritter liefen. Es gab das Thema Befehlsnotstand, Handeln auf Befehl. Und die Frage nach den Mordmerkmalen. Beides blieb auf der Tagesordnung, weil es sich wiederholte. Denn mittlerweile war die Zentralstelle in Ludwigsburg gegründet, diese Zentralstelle hat Anklagen ausgearbeitet, auch hier im Bereich gab es drei, vier Prozesse.

H. Litzinger: Es gab ja unterschiedliche Auffassungen auf der Königsteiner Tagung darüber, ob man das Thema NS-Prozesse und die Urteile, die dabei gefällt wurden, überhaupt zum Thema des Juristentages machen sollte. Es gab wohl Teilnehmer, die vor der Königsteiner Tagung sinngemäß sagten: »Wir wollen keine Richterschelte, wir wollen keine Urteilsschelte durch den Juristentag.«

G. Hammerstein: Ja, das war aber mehr eine allgemeine Frage: Ob es dem Juristentag gut ansteht, ein so heikles Thema zu besetzen? Ob er nicht Gefahr läuft, etwas schieflastig zu werden? Das mag es gegeben haben. Aber einfach aus dem Gesichtspunkt heraus: Wie verhält sich der Vorstand eines Vereins in einem solchen Fall? Sollen wir das zum Thema machen, was Friesenhahn, das weiß ich genau, nachhaltig forderte? Die Bedenken können eigentlich nur von anderer Seite gekommen sein.

Th. Horstmann: Sie kamen von Mitgliedern der Deputation.

G. Hammerstein: Ja, ja. Aber ich bin nun lang genug später in der Ständigen Deputation des Juristentags gewesen. Ich weiß, wie solche Debatten laufen. Da hat man gesagt, wenn wir das zum Thema machen, werden dann nicht vielleicht Beamte, Juristen, die nicht ganz unbelastet sind, die ja alles andere als Widerstandskämpfer waren, das Gefühl haben, wir treten ihnen zu nahe? Diese Leute sind Mitglieder, schadet das nicht der Vereinigung? Ich habe ja auch in meinem Plädoyer gefragt, welche Juristen haben denn Widerstand geleistet, wenn es um die Auslegung der NS-Gesetze ging? – Andere haben möglicherweise gesagt, die Sache sei so wichtig, dass man das Thema nicht auslassen könne. Ich kann sagen, dass Friesenhahn sich nachhaltig dafür eingesetzt hat, dass die Deputation und der Juristentag sich damit befassen. Sonst wäre es gar nicht zu der Königsteiner Tagung gekommen.

H. Litzinger: Was hielten Sie von diesen Gegenargumenten?

G. Hammerstein: Ich würde sagen, das sind Verbandsargumente, die ich im Verhältnis zum Gewicht des politischen Arguments für zweitrangig halte.

Th. Horstmann: Uns ist aufgefallen, dass die damals dort versammelten hochrangigen Juristen anscheinend eine große Scheu vor der Presse und der Öffentlichkeit hatten. Man versuchte energisch, Pressevertreter von der Königsteiner Tagung fernzuhalten, und überhaupt fühlte man sich immer falsch verstanden. Wie haben Sie das aus Ihrer Sicht als Anwalt empfunden?

G. Hammerstein: Ich würde sagen, das war die damals typische Haltung der Justiz gegenüber der Presse. Das hat sich wohl erst im Laufe der demokratischen Einübung ein bisschen geändert. Ursprünglich neigte der Jurist dazu, zu sagen, die Journalisten sind oberflächliche Betrachter. Das, worauf es uns ankommt, nämlich die Gesetzeskenntnis, die Gesetzesanwendung, verstehen sie nicht. Nichts ist richtig, was sie bringen, alles ist voller Fehler. Und teilweise versuchen sie noch gegen den juristischen Standpunkt zu agitieren. So dass also eine Pressescheu, die sie mit Recht beobachten, bei den Gerichten vorhanden war. Ob sie beim Juristentag vorhanden war, möchte ich nicht sagen. Mit Recht sagen Sie, bei hochrangigen Juristen dieser Art wundert man sich eigentlich. Das konnte eigentlich nur die Angst sein, dass noch nicht bekannte belastete Verbandsmitglieder vielleicht in Schwierigkeiten kommen können. Aber ob man hier diese Personen schützen wollte?

In den fünfziger, sechziger Jahren änderte sich das Verhältnis der Justiz zur Presse, und die Richter fanden plötzlich Geschmack daran, auch populär zu werden. Wer kannte früher die Vorsitzenden? Die wurden ja kaum mit Namen genannt. Nun wurde das modern. Die Bonmots der Richter wurden gesammelt. Dabei gab es natürlich die Gefahr, Befangenheitsgründe zu schaffen: »Dieser Richter hat das und das gesagt, also lehnen wir ihn beim nächsten Prozess ab.« Es gab und gibt sicher auch sehr gute Gerichtsreporter, und es gibt Journalisten, die berechtigterweise die Juristen gut kritisieren. Wir haben mittlerweile alle gelernt, dass die Presse, auch wenn sie mal daneben haut, einen demokratischen Sinn hat. Die Abwehr damals mag also damit zusammen hängen, dass das Aufsehen, das damit verbunden war, dass sich überhaupt der Juristentag mit dem Thema befasste, auch erst eingeübt werden musste. Ich möchte keine einzelnen Leute anschwärzen, aber wir hatten hier Leute, die sehr harte Urteile gefällt haben. Von denen man wusste, der Mann war Oberstaatsanwalt in Posen, und heute ist er Vorsitzender Richter in der Strafkammer.

Th. Horstmann: Wo hat man das erfahren?

G. Hammerstein: Ich wusste das als Verteidiger. Man wusste, der Mann war im Osten in der Justiz, oder er war Militärrichter. Zum Beispiel von Filbinger wusste man, er war Marinerichter.[17] Aber wer kannte zunächst Filbinger in Freiburg? Man wusste zuerst nur, der war damals Soldat, irgendwo im Osten. Erst nach und nach wurde bekannt, dass er Militärrichter gewesen war, das sickerte durch unter Kollegen. Es gab einen ganzen Stall von Leuten, die zunächst entnazifiziert wurden. Es gab halt Entnazifizierungsverfahren, die für manche sehr leicht waren. Wenn jemand hier nicht gerade Kreisleiter war und sein Unwesen in brauner Uniform getrieben hat, sondern wenn der sagte, »Ja, ich war in Posen, ich war da Oberstaatsanwalt«, dann wurde der gefragt: »Haben Sie da irgendwelche bösen Urteile fordern müssen?« Der Betreffende hat »Nein« gesagt und war dann entnazifiziert. Bestenfalls wurde er als Mitläufer eingestuft.

Die Selbstreinigung der Justiz fand nicht statt. Das hat mich immer geärgert. Ich war allergisch dagegen, dass wir nach 1945 noch Richter auf Bänken sitzen hatten, von denen man wusste, sie waren Oberstaatsanwalt im Osten gewesen. Später waren sie Vorsitzende Richter am Landgericht X. Sie konnten sich vorstellen, wer unter den Nazis etwa in Posen in der Strafverfolgung war – Freiwillige. Bei diesen alten Juristen, Nazis, die in übelster Form im Osten gewütet hatten, auch gegen Polen und Juden, ist nie richtig aufgeklärt worden, was sie damals eigentlich gemacht hatten. Dass man mal gesagt hätte: »Du bist in Freiburg als Landgerichtsrat gewesen und wurdest nach Posen versetzt, was hast du eigentlich dort gemacht? Wo sind die Akten, an denen du gearbeitet hast? Wir prüfen jetzt mal, ob du weiter in der Justiz tätig sein darfst.« Diese Prüfung hat es eigentlich in dem Sinn nicht gegeben.

Der Fall Filbinger liegt schon wieder ein bisschen anders, da es dabei um Fahnenflucht geht und ähnliches. Wobei, die Sache Filbinger, die will ich gar nicht und kann ich nicht beurteilen, weil ich Filbinger persönlich als

17 Vgl. zu Filbinger Anm. 54 im Gespräch mit Herbert Jäger.

Kollegen gekannt und ihn nie besonders geschätzt habe. Er kam mir wie ein Opportunist vor, bevor ich überhaupt wusste, dass er in dieser Weise verwickelt ist.

Th. Horstmann: Es gab nur das Richtergesetz. Das war natürlich sehr weich.[18]

G. Hammerstein: Ja. Die Richter, die an Todesurteilen und ähnlichem beteiligt waren, haben dann ja später gesagt: »Ich wurde überstimmt«. Das musste man hinnehmen, weil es ja das Beratungsgeheimnis gab. Zum Beispiel Rehse[19] hat sich damit herausgeredet. Insofern wäre es besser gewesen, man hätte damals gesagt, man fängt mit jüngeren Leuten an oder man prüft wenigstens insofern, dass man Belastete nicht behält. Es gab natürlich in der Justiz noch Leute mit einer Nazi-Gesinnung. Man konnte zwar sagen, der Mann wird sich nicht auf den Marktplatz stellen und »Heil Hitler« rufen. Der Mann wird auch nicht rassistische Thesen im Gerichtssaal vertreten. Aber der Mann wird zum Beispiel für eine Vergewaltigung, es klingt ja paradox, neun Jahre verhängen, wogegen andere Richter vier oder drei Jahre gegeben hätten. Das zeigte, dass er noch vom Schlage der sehr harten Typen war. Die waren mal braun eingefärbt, jetzt machen sie es in dieser Richtung. Diese Typen behielt man, obwohl man sie hätte aussortieren müssen, weil sie einfach in dem, was sie an Urteilen verhängten, nicht mehr auf diese Positionen gehörten. Aber wer fragte schon, »Hast du als Richter auch das arme Schwein, das schwarz geschlachtet hat, vor der Todesstrafe bewahrt? Hast du die Möglichkeiten genutzt, den Mann vielleicht freizusprechen?« Vielleicht war auch der Staat überfordert. Die Kenntnisse waren nicht da.

H. Litzinger: Welche Rolle haben die Medien bei den NS-Prozessen aus Ihrer Sicht gespielt?

G. Hammerstein: Sie haben das mit Interesse verfolgt, wie man hier sieht *(zeigt eine alte Zeitung)*, Provinzzeitungen berichteten darüber, insbesondere, wenn deutsche Zeugen erschienen. Das war von allgemeinem Interesse. Dieser SS-Führer Best oder Globke oder andere Leute, die man hat kom-

18 § 111a bzw. § 116 des Deutschen Richtergesetzes vom 14. Juni 1961 sah vor, dass Richter und Staatsanwälte, die während der Kriegszeit an exzessiven Todesurteilen mitgewirkt hatten, bis zum Juni 1962 bei ihrem Dienstherrn beantragen konnten, vorzeitig in den Ruhestand zu gehen. Vgl. Weinke, *Verfolgung*, S. 118–130.

19 Hans-Joachim Rehse war Beisitzer Roland Freislers am Volksgerichtshof. Zu dem Verfahren gegen Rehse, veröffentlicht in Deutsche Richterzeitung 1967, S. 393 vgl. Requate (2000), »Vergangenheitspolitik«, S. 82 ff.

men lassen und die sagen sollten: »Ja, wie war es bei euch?« Und die entweder sich nicht erinnern wollten oder zugeben mussten, dass sie etwas Böses getan hatten. In meiner Erinnerung sind die eigentlichen Schrecken des Holocaust durch den Auschwitz-Prozess aufgearbeitet worden.

Th. Horstmann: 1963 bis 1965 lief der Auschwitz-Prozess. Man sagt ja immer, dass der Lernprozess schon bei dem Verfahren gegen Eichmann stattgefunden habe und dann –

G. Hammerstein: Das wird auch so sein. Ja. Natürlich war das für mich sehr interessant. Als juristisch Erzogener habe ich allerdings ein bisschen Unbehagen gespürt. Obwohl mir persönlich die Verurteilung von Eichmann emotional lieb war, weil ich ihn für einen Verbrecher hielt und halte. Aber als Jurist hatte ich ein Unbehagen angesichts der Art und Weise, wie Eichmann gekidnappt wurde, um dann vor Gericht gestellt zu werden. Geht das eigentlich? Das konnte ich als Jurist nie so ganz überwinden, dass das eine seltsame Methode war, einen Angeklagten zu fassen. Aber dass er sein Schicksal verdient hat und dass da viel aufgearbeitet wurde, dagegen hatte ich gar nichts. Oder geht Ihnen das heute so ohne weiteres herunter, dass sie Eichmann gekidnappt haben? Sie würden das heute als kleinen Schönheitsfehler sehen, oder als gar keinen?

Th. Horstmann: Ich würde die Legitimität, glaube ich, nicht so in Frage stellen.

G. Hammerstein: Ich stelle sie auch nicht in Frage. Ich sage Unbehagen: Irgendwie werde ich das nicht ganz los. Wenn ihn jemand erschossen hätte, ich hätte nichts dagegen gehabt. Verstehen Sie? Mich stört so ein bisschen die juristische Aufarbeitung, ich denke an *nulla poena sine lege*. Ähnlich, wie es für Nürnberg und so weiter manchmal vorgebracht wird: Man sagt, es gab ja noch gar keine Angriffskriegsgesetze, die sind ja erst nachher gekommen und so weiter. Ich hatte nichts gegen Nürnberg, verstehen Sie? Es gibt nur so ein kleines Unbehagen darüber, dass man immer sagt, die Grundsätze, die wir alle anzuwenden gelernt haben, gelten offenbar in diesem Fall nicht.

Th. Horstmann: Die deutschen Behörden haben ja selbst keinen Auslieferungsantrag gestellt. Man hat Eichmann als staatenlos angesehen und dadurch verhindert, dass man ihn selbst anfordern musste.

G. Hammerstein: Das ist auch richtig. Die Deutschen haben sich in Manchem feige gestellt. Ich glaube, die waren heilfroh, dass Eichmann nicht in Deutschland war. Denn das konnte für Deutschland ja nur peinlich werden.

Die Entwicklung in den siebziger Jahren und die DDR-Verfahren

Th. Horstmann: In den siebziger und achtziger Jahren, hat sich da für Sie etwas verändert? Die Verfahren wurden ja nun weniger.

G. Hammerstein: Die Verfahren wurden weniger. Die Leute haben sich dann, leider, muss man sagen, daran gewöhnt. Langsam sickerte durch, was denn für Verbrechen geschehen waren, aber es gibt nun mal diesen Gewöhnungseffekt. Der führt so weit, dass die Leute nun plötzlich versuchen, die Fakten von sich abzuwehren, weil sie sagen, »Mag es gewesen sein, wie es will, ich kann es nicht mehr ertragen. Haltet endlich mal den Mund.« In dem Stadium sind ja manche Leute in Deutschland. Aber das ändert nichts dran, dass das eine unbedingt notwendige Entwicklung war.

Th. Horstmann: Denken Sie, dass das Recht grundsätzlich dazu geeignet ist, Systemunrecht wie im Nationalsozialismus oder auch in der DDR aufzuarbeiten? Oder gibt es andere Formen, die vielleicht geschickter wären?

G. Hammerstein: Die Frage stellte sich natürlich auch bei der Aufarbeitung der DDR, ob das Recht geeignet ist. Ich möchte es mal so sagen: Die rechtlichen Kriterien wurden sicher entwickelt anhand von Straftaten von Einzeltätern. Diese Delikte unter verbrecherischen Regimes oder im Schatten solcher Regime sind besonderer Art. Ich würde immer sagen, man wird die Umstände – jetzt komme ich wieder auf die historische Betrachtungsweise – sehen müssen, wenn man solche Dinge beurteilt. Man kann also unter Umständen sagen: Den Einzeltäter – also nehmen wir den Räuber, der den Kaufmann totschlägt, um die Börse zu rauben –, den wird man letztlich anders beurteilen müssen, als den, der in einem Regime, das aus rassistischen Gründen Juden verfolgt, in die Judenwohnung geht und dort Kristall zerschlägt oder einen Betrieb »arisiert«. Das ist auch ein Raub. Aber es ist ein anderer Raub, und die juristischen Instrumente sind an sich geschärft und erfunden für die Einzeldelikte. Es ist die besondere Aufgabe, das, was während oder aus Anlass solcher Regime geschieht, richtig zu beurteilen. Das ist gar nicht einfach. Aber andererseits glaube ich, dass dies Unrecht, was dabei geschehen ist, so groß ist, dass man die Augen davor nicht verschließen sollte. Man sollte nicht einfach sagen, wir dürfen die Wiederherstellung des Rechts gar nicht versuchen. Sondern im Sinne der Opfer wird man eine Art Sühne versuchen müssen, und dabei sehen müssen, dass es Unterschiede gibt. Das haben wir eigentlich auch gemacht.

Wenn Sie die Rechtsprechung zu den Mauerschützen sehen – das sind alles Versuche, mit dem Befehlsnotstand fertig zu werden.

Th. Horstmann: War es nach 1989 nicht viel einfacher, weil da nicht die eigene Bevölkerung betroffen war und hauptsächlich Westjuristen mit der Aufarbeitung befasst waren?

G. Hammerstein: Ja. Aber dann wird es immer noch schwieriger, weil dann die Frage der »Siegerjustiz« im weiteren Sinne hochkommt. Gerechtigkeit zu finden, wird dadurch nicht einfacher. Überhaupt ist die große Frage: Wie verhält man sich? Nehmen Sie mal das Desertieren aus der Wehrmacht. Was macht man, wenn der eigene Staat in die Hände von Diktatoren fällt? Darf man ihm den Rücken kehren? Darf man sich so behandeln lassen? Darf man zum Feind überlaufen? Darf man, einmal zum Feind übergelaufen, gegen den eigenen Staat und gegen die eigenen Landsleute kämpfen? Das haben ja Hunderte und Tausende in Deutschland getan.

Th. Horstmann: Fritz Bauer hat auch etwas dazu gesagt.[20]

G. Hammerstein: Ja, ja. Man kann dazu eine Meinung vertreten. Radbruch in dem berühmten Aufsatz von 1946[21] hat das auch behandelt. Kann man so sehen. Das sind ja alles Dinge, die in der Antike schon behandelt sind. Und deshalb ist die Antike so spannend.

Th. Horstmann: Wie sehen Sie derzeit den Zustand des Strafrechts in der Dogmatik des Rechts?

G. Hammerstein: Tja. Das fängt bei den Feindbildern an. Dürfen wir überhaupt die Leute bestrafen? Aufgrund ihrer Veranlagung? Ich habe gerade Erasmus von Rotterdam gelesen, seine große Auseinandersetzung mit Luther, der ja ein großer Gegner des Feindbildes war. Alles ist vorherbestimmt. Der liebe Gott bestimmt alles. Alles ist Gnade und Glaube. Und wenn du gerettet wirst, dann nur, weil die göttliche Gnade dir hilft. Erasmus sieht das anders, und Calvin sieht es wieder anders. So fängt es für uns Strafrechtler ja schon an. Bei manchen Leuten, Triebtätern etwa, fragt man

---

20 Den Aufsätzen Bauers zum Widerstandsrecht ist in einer Neuauflage ausgewählter Schriften Bauers ein eigenes Kapitel gewidmet, vgl. Bauer, *Humanität*, S. 167–230, zu Widerstand von Militärs gegen das NS-Regime vgl. v. a. S. 193. Vgl. auch Fröhlich (2003), *Suche*.

21 Radbruch (1946), »Recht«. Radbruch nahm grundsätzlich an, dass auch harte und ungerechte Gesetze eine gesetzliche Bindungskraft entfalteten und diese erst da ende, wo »Gerechtigkeit nicht einmal erstrebt wird, wo die Gleichheit, die den Kern der Gerechtigkeit ausmacht, bei der Satzung positiven Rechts bewußt verleugnet wurde«, ebd. S. 107.

sich, konnte der Täter anders handeln? Tun wir nicht so, als ob er anders handeln konnte? Ich bin Anhänger des freien Willens. Aber mehr emotional, weil es ja anders nicht geht. Wir können uns keinen Staat und keine Gesellschaft leisten, die Unrecht nicht bestraft. Aber das Bestrafen ist ein Notnagel, die Gefängnisstrafe ist etwas Seltsames, die Todesstrafe ist möglich, aber umstritten. Man bessert den Menschen durch Strafen nicht, wir quälen die Leute – ein Richter beim Juristentag hat mal in einer Diskussion gesagt: »Wir sind doch alle nur Übelzufüger. Ich habe mein Leben lang nur Übel zugefügt.«

Ich vertrete den Standpunkt: Wenn ich schon im Strafrecht arbeite, dann arbeite ich lieber für den fehlsamen Menschen, für den schwachen Menschen, den Sünder – wir sündigen alle –, als dass ich mich zum Richter aufwerfe und ihn bestrafe. Ich fühle mich also wesentlich moralisch günstiger, einem armen Schwein zu helfen, so lange ich das mit fairen Mitteln tue, als wenn ich als Richter dasitze, und habe ein Urteil zu verantworten, auf Todesstrafe oder ein Urteil auf lebenslänglich.

Th. Horstmann: Also hätten Sie nie, wie in England möglich, auch später Richter werden wollen?

G. Hammerstein: Das hätte ich vielleicht auch getan. Ich würde es für gut halten, wenn es hier so wäre wie in England. Ich will damit nur sagen, wenn ich schon das Strafrecht in Frage stelle, dann muss ich das Richter-Sein mindestens so in Frage stellen wie das Verteidiger-Sein. Ich fand es immer befriedigender, zu versuchen, dem armen Sünder zu helfen. Und Sie glauben nicht, welche Dankbarkeit man manchmal erfährt, wenn es einem gelingt, jemandem in einer solchen Situation zu helfen. Wichtig ist natürlich, dass man das Problem der Opfer sieht. In dem Augenblick, in dem ich einem Täter helfe, kann es sein, dass ich einem Opfer schade. Nur als Beispiel ein ganz harmloser Fall: Ein Mopedfahrer wird bei Nacht von einem Klienten von mir von hinten angefahren. Der Staatsanwalt nimmt ihm den Führerschein weg, weil er sagt, »Sie haben versagt, Sie haben das Rücklicht des Mopeds nicht gesehen.« Der Klient kommt zu mir und sagt: »Ich brauche dringend meinen Führerschein, ich bin jetzt 75 Jahre alt. Ich kann nicht mehr Rad fahren.« Ich rufe den Staatsanwalt an und sage: »Das ist ein rührender Mann, kann man dem nicht den Führerschein lassen? Es ist ein einmaliger Fall.« Der Staatsanwalt antwortet, »Na gut, Herr Hammerstein. Holen Sie den Führerschein wieder ab.« Ich gebe dem Mann den Führerschein. Acht Tage später fährt derselbe Mann mit dem Auto an einer Haltestelle der Straßenbahn hier in Freiburg vorbei, es steigt eine Frau aus, er fährt die Frau tot, weil er zu spät gehalten hat. Man kommt auf die Idee, ihn untersuchen zu lassen, und erfährt, er sieht ganz schlecht seit einiger Zeit. Das hat er mir verschwiegen. Ich habe den Führerschein herausgeholt, die Frau ist tot. Ich konnte hinterher sagen, ich habe dazu beigetragen, wenn auch nicht schuldhaft.

Th. Horstmann: Herr Hammerstein, haben Sie vielen Dank für das Gespräch.

G. Hammerstein: Tja. Ich wünsche Ihnen eine gute Reise. Bitte nehmen Sie zur Kenntnis, dass ich wegen einer Erkrankung existentielle Sorgen habe. Aber ich wollte Ihnen doch zur Verfügung stehen, obwohl ich Sie gewarnt habe, dass ich mich natürlich an vieles nicht erinnere.

H. Litzinger: Es war sehr spannend. Wir sind Ihnen sehr dankbar, dass Sie uns empfangen haben.

G. Hammerstein: Noch etwas, was mich sehr gerührt hat, damit Sie auch meine Einstellung verstehen: Ich habe Ihnen erzählt, dass ich Katholik bin und in Tel Aviv mit dem Leiter der Zentralen Verfolgungsstelle, einem Rechtsanwalt, eine ganze Nacht debattiert habe. Und ich habe ihn gefragt, »Wie macht Ihr das eigentlich mit Jesus? Wie kommt denn der bei Euch in der Schule in Israel vor?« Er sagte, »Wie andere Juden auch, aber Jesus ist auf dem falschen Weg, natürlich ist er kein Messias.« Bei dem zweiten Prozess kam derselbe Leiter der zentralen Verfolgungsstelle nach Basel, traf dort einen Freiburger Richter und sagte: »Bitte bringen Sie das dem Herrn Hammerstein.« Der schickte mir einen Brief mit einem Kruzifix darin, hinten daraufgebrannt: Jerusalem. Als Kunsthistoriker, der ich sein möchte, muss ich sagen, es ist ein Edelkitsch. Also mit Perlmutt, keineswegs gut, und so einem vorgegossenen Korpus. Aber ich hab es auf meinem Nachttisch liegen. Ich fand es außerordentlich rührend, dass ein Zionist und – kein orthodoxer – Jude, mir als Christ aus Jerusalem als Andenken an dieses Gespräch dies Kruzifix überreicht hat. So dass ich selbst einen schwachen Sachwert, den sie natürlich in jedem Andenkenladen in Tel Aviv kaufen können, jetzt in Ehren auf meinem Nachttisch liegen habe. Das hat mich echt gerührt.

Insofern war diese Reise natürlich schon aufwühlend. Ich war heilfroh, dass ich nicht Wahlverteidiger war in diesem Fall. Aber sie haben anerkannt, dass ich dahin fuhr, dass wir den Mut hatten, zu kommen. Das hatte bisher noch keiner gemacht.

Claus Roxin

»Wir wollten ein neues Strafrecht schaffen«

Claus Roxin war im Sommer 2001 der erste Interviewpartner. Neben lediglich vorbereitenden Gesprächen mit dem Ehepaar Just und Konrad Redeker sollte es auch das einzige bleiben, das Thomas Horstmann alleine führte. Dass anschließend noch zehn weitere, gemeinsam mit Heike Litzinger geführte Gespräche folgen und aus den Gesprächen mit den »Königsteinern« schließlich dieses Buch werden sollte, war im Sommer 2001 noch nicht abzusehen.

Seit 2000 arbeitete Thomas Horstmann an der Berliner Humboldt-Universität an einem internationalen und interdisziplinären Forschungsprojekt zu »Strafjustiz und DDR-Vergangenheit«. Während der Recherchen zur historischen Einordnung der DDR-Systemkriminalität stieß er auf die Sonderveranstaltung des Juristentags und die vorangegangene Königsteiner Tagung im Jahr 1966, über die er durch Quellenarbeit und Gespräche mit damals beteiligten Juristen mehr erfahren wollte: Innerhalb des Gesamtvorgangs »Juristische Aufarbeitung« schien »Königstein« ein Ereignis, von dem ausgehend sich das Thema »Juristische Aufarbeitung« darstellen ließe.

Es erwies sich als glückliche Fügung, dass Claus Roxin der erste Gesprächspartner war. Er machte den Einstieg leicht, indem er sich interessiert und offen zeigte. Thomas Horstmann hatte sich zur Vorbereitung des Gesprächs einige Fragen zu Roxins Biographie, zur Königsteiner Tagung und zum allgemeinen Umgang des Rechts mit Systemverbrechen zurechtgelegt. Bei den späteren, zu zweit geführten Interviews waren wir hingegen stets mit einer mehrseitigen Frageliste ausgestattet.

Die äußeren Bedingungen des damaligen Gesprächs in München waren eigentlich recht ungünstig. Thomas Horstmann traf Claus Roxin – und wusste natürlich, dass er einer der bekanntesten deutschen Strafrechtler ist und war entsprechend unruhig –, an einem der heißesten Augusttage, an den man sich in Deutschland erinnern kann. Ein neues analoges Aufnahmegerät war erst am Tag zuvor noch rasch erstanden worden. Ohne größeres Vertrauen in die Technik schrieb Thomas Horstmann auch während des Gesprächs per Hand mit, während er sein Nudelgericht in dem von Roxin ausgewählten Ristorante aß.

Im Gespräch erwähnt Roxin, dass er in demselben Lokal auch schon einmal mit dem argentinischen Generalstaatsanwalt zu Mittag gegessen habe, als dieser ihn als Gutachter für den Prozess gegen die Militärjunta in Argentinien gewinnen wollte. Roxin ist wohl der international bekannteste deutsche Strafrechtler; sein Kollege Albin Eser hat ihn 2000 vor der versammelten Zunft einmal als »Vorortsvorsitzenden« der deutschen Strafrechtswissenschaft bezeichnet.[1] Roxins Bücher wurden in zahlreiche Sprachen übersetzt, und er gilt insbesondere in Lateinamerika als wissenschaftlicher Vordenker.

Auch rechtspolitisch ist Roxin in Deutschland seit Jahrzehnten aktiv. Schon seit 1964, nach seiner Berufung als Professor nach Göttingen,[2] gestaltete er in dem so genannten »Arbeitskreis Alternativ-Entwürfe« bundesdeutsche Rechtspolitik mit; Roxin ist seit langem an der Vorbereitung der Strafrechtslehrertagungen beteiligt.[3]

Für die Aufarbeitung von Staatsverbrechen war Roxins Konstruktion eines »organisatorischen Machtapparats« wegweisend, wie er sie in seinem Habilitationsvortrag, veröffentlicht 1963 in *Goltdammer's Archiv*, entwarf.[4] Roxin rechnete darin Täterschaft auf eine neue Weise zu, indem er eine Tatherrschaft kraft organisierten Machtapparates konstruierte. Diese Figur weist drei wesentliche Merkmale auf: Zunächst müssen die Ausführenden der Tat *fungibel*, also jederzeit austauschbar sein. Der die Tat vor Ort Ausführende ist damit Täter, aber gleichzeitig nur ein in jedem Augenblick ersetzbares Rädchen im Getriebe des Machtapparates. Dies rückt den Hintermann ins Zentrum des Geschehens.[5] Zweitens kann Täter qua organi-

1 Eser/Hassemer/Burkhardt, *Strafrechtswissenschaft*, S. 5 (Eröffnungsansprache Albin Eser). Zur Rezeption von Roxins Arbeiten zu Täterschaft in Lateinamerika siehe einzelne Beiträge in der Festschrift für Claus Roxin: Schünemann u. a. (2001), *Festschrift*.

2 1971 wurde Roxin Nachfolger von Reinhart Maurach an der Universität München.

3 Roxin wirkte darauf hin, dass den Strafrechtslehrern Deutschlands, Österreichs und der Schweiz schon im frühen Vorfeld von Gesetzesinitiativen (etwa bei Vorentwürfen der Länder oder Arbeitsentwürfen des Bundesministeriums der Justiz) die jeweiligen Materialien für eine etwaige Stellungnahme zur Verfügung gestellt werden; Wolter (1996), »Begegnungen«, S. 206.

4 Roxin (1963), »Straftaten«. Zur Würdigung vgl. Vest, *Genozid*, S. 146 ff.; Schlösser (2004), *Tatherrschaft*, S. 147 ff.

5 Roxin (2000), *Täterschaft*, S. 245.

sierten Machtapparates nur sein, wer die Organisation beherrscht.[6] Und drittens beschränkt Roxin die Reichweite der Organisationsherrschaft auf Machtapparate, die außerhalb der Rechtsordnung wirken.

Roxins Überlegungen zum Umgang mit den NS-Tätern waren in den sechziger Jahren nur ein kleiner Teil eines großen systematischen Entwurfs zum Problem von »Täterschaft und Teilnahme«. Die unter diesem Titel erschienene Habilitationsschrift wurde rasch zu einem Standardwerk, das mittlerweile sieben Auflagen erlebt hat. Der Basistext von 1963 wird hierbei immer wieder unverändert abgedruckt, und Roxin kommentiert in einem zweiten, mit jeder Auflage wachsenden Teil, inwieweit man sich in Wissenschaft und Rechtsprechung seinen Überlegungen angenähert oder von ihnen entfernt hat. So wird der Urtext von 1963 zu einem Text, der seine endgültige Form gefunden zu haben scheint.

Zum einem ›Sprung in die Praxis‹ kam es für die Figur der Organisationsherrschaft aber erst in den neunziger Jahren: Insbesondere beim Umgang mit den Tötungsdelikten an der deutsch-deutschen Grenze[7] stellte sich nun ähnlich wie bei den Tötungsverbrechen des »Dritten Reiches« praktisch die Frage, welche der Beteiligten als Täter beziehungsweise Teilnehmer einzustufen waren.[8] Der fünfte Strafsenat des Bundesgerichtshofs entschied 1994, den Tatbeitrag der Befehlsgeber und der so genannten Organwalter im Regierungsapparat als mittelbare Täterschaft durch Aus-

---

6 Der Täter muss den »ihm unterstellten Teil der Organisation lenken« können, »ohne die Deliktsverwirklichung anderen anheimstellen zu müssen«; Roxin, *Täterschaft*, S. 240.

7 Am 12.11.1992 wurde in Berlin der so genannte Honecker-Prozess gegen Mitglieder des Nationalen Verteidigungsrates eröffnet. Nachdem der frühere Ministerpräsident der DDR, Willi Stoph, Stasi-Chef Erich Mielke und etwas später auch Erich Honecker aus gesundheitlichen Gründen ausgeschieden waren, richtete sich das Urteil des Landgerichts nur noch gegen drei Mitglieder des Nationalen Verteidigungsrates: DDR-Verteidigungsminister Heinz Keßler, dessen Stellvertreter Fritz Streletz und der SED-Bezirkssekretär von Suhl, Hans Albrecht, wurden am 16. September 1993 wegen Anstiftung und Beihilfe zum Totschlag von Flüchtlingen an der innerdeutschen Grenze zu Haftstrafen zwischen vier und sieben Jahren verurteilt. Der mitangeklagte Angehörige der DDR-Grenztruppen W. wurde wegen Totschlags zu einer Jugendstrafe von einem Jahr und zehn Monaten verurteilt. Die Vollstreckung wurde jedoch zur Bewährung ausgesetzt. Der fünfte Strafsenat des Bundesgerichtshofs änderte jedoch am 26. Juli 1994 (BGHSt 40, 218 ff.) auf Revision der Staatsanwaltschaft das Urteil des Berliner Landgerichts im Schuldspruch dahingehend ab, dass die drei Angeklagten des Totschlags in mittelbarer Täterschaft schuldig seien. Die Gesamtfreiheitsstrafe für Albrecht wurde auf fünf Jahre und einen Monat erhöht.

8 Grundlegend zur Rechtssprechung des BGH v. a. Marxen/Werle (1999), *Aufarbeitung*; Klaus Rogall (2000), »Bewältigung«.

nutzung eines organisatorischen Machtapparats einzuordnen.[9] Die Begründung des Bundesgerichtshofs folgte im Wesentlichen Roxin. Dieses Grundsatzurteil wird seitdem auch als zentrale Entscheidung des Bundesgerichtshofs zur Abgrenzung von Täterschaft und Teilnahme bei organisatorischen Machtapparaten gesehen.[10]

Wie man – etwa bei den NS-Verbrechen – einen konkreten Verantwortungszusammenhang zwischen dem politischen Handeln der Schaltzentrale und der Tatausführung vor Ort herstellt und dabei mit den Bürokraten der mittleren Ebene umgeht, ist jedoch weiterhin in vielen Detailfragen ungeklärt. Die wissenschaftliche Diskussion über diese Themen hat auf internationaler und interdisziplinärer Ebene gerade erst begonnen.[11] Roxin beteiligt sich bis heute an dieser Debatte um ein funktionierendes Völkerstrafrecht.[12]

9 BGHSt, 40, 218 und 236 f. Der Bundesgerichtshof hat seine 1994 gefassten Grundsätze noch einmal im Jahr 2000 prägnant zusammengefasst: »Der Hintermann eines uneingeschränkt schuldhaft handelnden Täters kann dann mittelbarer Täter sein, wenn er durch Organisationsstrukturen bestimmte Rahmenbedingungen ausnutzt, innerhalb derer sein Tatbeitrag regelhafte Abläufe auslöst. Derartige Rahmenbedingungen mit regelhaften Abläufen kommen insbesondere bei staatlichen, unternehmerischen oder geschäftsähnlichen Organisationsstrukturen und bei Befehlshierarchien in Betracht. Handelt in einem solchen Fall der Hintermann in Kenntnis dieser Umstände, nutzt er insbesondere und auch die unbedingte Bereitschaft des unmittelbar Handelnden, den Tatbestand zu erfüllen, aus und will der Hintermann den Erfolg als Ergebnis seines eigenen Handelns, ist er Täter in Form mittelbarer Täterschaft. Er besitzt insbesondere die Tatherrschaft. In Anwendung dieser Grundsätze hat der BGH die Mitglieder des nationalen Verteidigungsrates wegen ihrer Mitwirkung an dessen Beschlüssen als mittelbare Täter von solchen Tötungen angesehen, die aufgrund der durch diese Beschlüsse ausgelösten Befehlsketten an der innerdeutschen Grenze begangen wurden (...)«, Neue Juristische Wochenschrift 2000, S. 443 ff., hier: S. 448.

10 So Gropp (1996), »Mitglieder«, S. 15.

11 Siehe Vest, *Genozid*, S. 146. Vgl. auch Horstmann, »Kollektivverbrechen«.

12 Im Oktober 2002 hielt Claus Roxin vor Richtern des Karlsruher Bundesgerichtshofes einen Vortrag zum Thema »Mittelbare Täterschaft kraft Organisationsherrschaft«, in dem er die Grundgedanken der Rezeption und die Rezeptionsgeschichte der Lehre referierte und versuchte, die Einwände von Kritikern zu entkräften. Thomas Horstmann dankt Claus Roxin für die Überlassung des ungedruckten Manuskripts. Zur Diskussion um das Völkerstrafrecht siehe auch Werle (1997), »Menschenrechtsschutz«; zur mittelbaren Täterschaft im Völkerstrafrecht vgl. Schlösser, *Verantwortlichkeit*.

Gespräch mit Claus Roxin

Th. Horstmann: Warum haben Sie sich eigentlich für das Strafrecht als Fach entschieden? Stand das von Anfang an fest?

C. Roxin: Ich habe natürlich wie alle Juristen alle Fächer lernen müssen, und sie haben mich im Gegensatz zu den Erfahrungen der meisten Juristen alle interessiert, ausgenommen das Grundbuchrecht. Aber für das Strafrecht hab ich mich dann entschieden, weil das zu meiner Zeit die interessanteste Wissenschaft war – auch wissenschaftstheoretisch. Das hat mich damals sehr am Strafrecht fasziniert. Das Zivilrecht, das natürlich praktisch bedeutsamer ist, war mir thematisch einfach nicht fesselnd genug. Ob Verträge richtig abgewickelt werden oder nicht ganz richtig – das sind Fragen, die einen nicht existentiell packen. Das sind mehr technische Abwägungsprobleme, die gehen nicht unter die Haut. Wohingegen das Strafrecht eine Materie ist, die enge Beziehungen hat zu interessanten Nachbarn – also beispielsweise zur Psychologie, zur Psychiatrie, zur Philosophie, zur Soziologie und auch zur Politologie, weil das alles mit hineinspielt.

Zugegeben, die Kommunikation zwischen den beteiligten Wissenschaften ist immer noch etwas notleidend. Gerade auch mit der Politologie. Weil die Politologen häufig ideologisch so einseitig orientiert waren, dass sie beispielsweise ablehnten, mit einem Strafrechtler auch nur zu reden. Aber in Wirklichkeit hängt das alles mit allem zusammen, und dann muss man nämlich gerade diese Wissenschaften beherrschen. Oder doch die Einblicke in sie getan haben, die erforderlich sind, um das Strafrecht auch rechtspolitisch richtig verstehen zu können. Ich bin nun mal ein Anhänger der These, dass Strafrechtler und auch Juristen überhaupt sich nicht beschränken dürfen auf die Auslegung des geltenden Rechtes, sondern dass eine wesentliche Aufgabe des Wissenschaftlers die Entwicklung dieses Rechtes ist. Deswegen arbeite ich seit dreißig Jahren an so genannten Alternativ-Entwürfen, die darauf abzielen, die geltenden gesetzlichen Regelungen durch bessere zu ersetzen. Auf diese Weise kann man, wenn man Glück hat und sich gerade in guter Stimmung befindet, das Gefühl haben, man täte etwas zur Verbesserung der gesellschaftlichen Verhältnisse.

Dazu kommt die weitreichende Internationalität des Strafrechts. Davon können sich die Außenstehenden gar kein Bild machen. Während die vertragsrechtlichen Grundlagen in den einzelnen Ländern sehr verschieden sein können, gibt es das Strafrecht in allen entwickelten Staaten in vergleichbarer Weise, und die Strategien, wie man das juristische Recht philosophisch-rechtspolitisch behandeln soll, können auf einer völlig gemeinsamen Grundlage entwickelt werden.

Th. Horstmann: In Ihrem Aufsatz »Organisatorische Machtapparate« von 1963 befassen Sie sich mit der Strafverfolgung von NS-Tätern. Wie kamen Sie zu Ihrer damaligen Position?

C. Roxin: Es waren für mich damals, als ich diese Meinungen vertrat, nicht eigentlich politische Beweggründe, sondern rein juristische. Es war nicht so, dass ich von irgendwelchen aggressiven Gefühlen gegen NS-Verbrecher erfüllt gewesen wäre, sondern was mich geleitet hat, war einfach die Idee, dass gegen alle, die straffällig werden, nach Recht und Gesetz verfahren werden soll. Ich war überzeugt, dass niemand eine Sonderbehandlung verlangen darf und dass die übliche Ausflucht bei den NS-Gewalttätern, dass sie auf Befehl gehandelt hätten, keine rechtfertigende Kraft hatte. Das hatte ich auch aus der Arbeit von Herbert Jäger ersehen. Die Täter sind nämlich nicht genötigt worden, und wenn sie sagten, »ich fühle mich nicht in der Lage, solche Taten auszuführen, dem bin ich seelisch nicht gewachsen«, dann sind sie keineswegs erschossen oder eingekerkert worden. Sie sind allenfalls versetzt, schlimmstenfalls als Soldaten an die Front geholt worden, aber damit hat auch jeder Normalbürger rechnen müssen. Dass hier nach Recht und Gesetz verfahren werden sollte, das war die mich antreibende Motivation.

Ein weiterer Faktor, der in meine Gedankenentwicklung hineingespielt hat, außer einer gewissen Zusammenarbeit mit Herbert Jäger und meiner eigenen Beschäftigung mit Täterschaft und Teilnahme, war der Eichmann-Prozess in Jerusalem. Ich wollte diese Konstruktion der Täterschaft innerhalb der NS-Machtapparate ausarbeiten, weil Eichmann ein Mann gewesen ist, dem wirklich mal der Prozess gemacht wurde und bei dem man im Einzelnen in den Tötungsmechanismus hineinleuchten konnte. Es ist ja tatsächlich so gewesen, dass der Eichmann selber seine eigenen Hände nicht schmutzig gemacht, niemanden ermordet hat.

Th. Horstmann: Bei dem Aufsatz von 1963 handelte es sich um die gedruckte Fassung Ihres Habilitationsvortrags. Sie sind dann als junger Strafrechtsprofessor in Göttingen später auch Teilnehmer der Königsteiner Tagung 1966 gewesen.

C. Roxin: Es gab damals hintergründig immer eine gewisse Opposition gegen die herrschende Minimalisierung dieser Kriegsverbrechen, auch gegen die Methode der Rechtsprechung, Massenmörder nur wegen Beihilfe mit geringfügigen Strafen zu belegen. Diese Opposition war angetrieben wohl auch von einigen besonders engagierten Leuten, besonders der Staatsanwältin Just-Dahlmann. Sie hat zusammen mit ihrem Mann auch ein Buch hierzu geschrieben, in dem sie einen Brief von mir abgedruckt hat.[13] Unterhalb der damals herrschenden Strömung gab es eine gewisse Kommunikation. Das hat dann dazu geführt, dass dieses Gremium eingesetzt wurde unter Leitung von Ernst Friesenhahn. Friesenhahn war ein sehr angesehener Staatsrechtler, über den Verdacht erhaben, die Dinge beschönigen zu wollen. Eine Reihe von Leuten, von denen man annahm, dass sie einer kritischen Beschäftigung mit der herrschenden Praxis der juristischen Bewältigung der NS-Verbrechen aufgeschlossen gegenüberstanden, wurde dann zu dieser Tagung geladen.

Th. Horstmann: Wer wählte die Teilnehmer aus?

C. Roxin: Möglicherweise hat Friesenhahn die Leute selber ausgewählt. Aber es war jedem, der die Szene beobachtete, klar, wer sich allenfalls dafür engagieren würde. Und wir haben ja dann auch da einige Tage ganz vernünftig zusammen gearbeitet. Das Gremium war alles in allem keineswegs radikal und militant, sondern eher moderat. Aber immerhin wurden doch kritische Einwände formuliert. Zum Beispiel wurde meine These, dass die unmittelbaren Täter eben Täter, Mittäter und nicht Gehilfen waren, dort akzeptiert und hat sich dann im Laufe von Jahrzehnten auch in der Rechtsprechung durchgesetzt. Allerdings in Wahrheit erst, nachdem die NS-Gewalttäter alle bereits im Wesentlichen abgeurteilt oder verstorben waren.[14]

Th. Horstmann: Königstein war nur die Vorbereitungstagung. Sie waren dann selbst bei der eigentlichen Sonderveranstaltung des Juristentages nicht mehr anwesend.

C. Roxin: Ja. Da bin ich überhaupt nicht beteiligt gewesen. Ich selber bin nicht Mitglied des Juristentages. Ich war es einmal, bin aber ausgetreten. Einerseits, weil der Juristentag die anstehenden Rechtsprobleme häufig nicht objektiv diskutiert, sondern dominiert wird von Interessengruppen. Zum anderen auch deswegen, weil ich keine Lust hatte, da in irgendwelchen Gremien des Juristentages tätig zu werden. Wie die Veranstalter der Königsteiner Tagung auf mich dann verfallen sind, das weiß ich nicht. Es liegt aber nahe, dass das einfach aufgrund meiner Publikationen, die doch gewisse Resonanz gefunden hatten, geschehen ist.

---

13 Siehe Just-Dahlmann/Just, *Gehilfen*, S. 167 f.

14 Siehe zur veränderten Position des Bundesgerichtshofs auch: Rogall, »Bewältigung« und die entsprechenden Kapitel zur Rechtsprechung bei Roxin, *Täterschaft*.

Ob diese Königsteiner Entschließung irgendeine Wirkung gehabt hat, ist schwer zu sagen. Ich glaube, im Ganzen doch. Wenn man damals solche Meinungen vertrat, die heute völlig normal, selbstverständlich sind, wurde man im Wesentlichen beschwiegen. Man wurde nicht direkt angegriffen, weil das natürlich eine öffentliche Auseinandersetzung provoziert hätte, bei der die Leute, die sich gegen eine vernünftige Aufarbeitung der NS-Straftaten gewehrt hätten, schlechte Karten gehabt hätten. Zum Beispiel ist ja auch die ganze Vergangenheit der Strafrechtswissenschaft zunächst vergessen worden. Jetzt mehren sich die Stimmen, dass das alles aufgearbeitet werden muss.[15] Inzwischen ist das aber eigentlich kein Problem der Strafrechtswissenschaft mehr, sondern ein Problem der Wissenschaftsgeschichte. Damals aber lebten diese Leute alle noch und waren im Amt. Und sie waren zahlenmäßig in der Mehrzahl. Etwa zurückkehrende Emigranten waren zwar in den meisten Fakultäten vorhanden, aber doch eine verschwindende Minderzahl. Und sie hatten im Allgemeinen kein Interesse, die Dinge aufzurühren, weil sie einer kompakten Mehrheit von Leuten gegenüberstanden, die schon in der Nazizeit Professoren gewesen waren.

Es gab außerdem in den ersten Nachkriegsjahren eine recht zurückhaltende Habilitationspolitik, weil das notwendig war, um die alten Professoren, die teilweise ihre Lehrstühle im Osten Deutschlands verloren hatten, unterzubringen.

Das Ergebnis war eine Art Schweigekartell, das von der offiziellen deutschen Politik unterstützt wurde. Adenauer war kein Nazi, hatte aber wohl die Idee, die schrecklicherweise sogar richtig gewesen sein mag, dass es nämlich gar nicht möglich wäre, in Deutschland ein demokratisches Staatswesen ohne die Alten aufzubauen. Er musste mit den Leuten paktieren, und er hat mit den Leuten paktiert. Unter der stillschweigenden Voraussetzung, »Ihr macht mit und baut einen demokratischen Staat mit auf, und als Gegenleistung lassen wir mal die Vergangenheit auf sich beruhen und schweigen über das alles.«

In den 1960er Jahren hat sich das allmählich geändert, die nachwachsende Generation konnte Neues anfangen und sich gegen die Alten durchsetzen.[16]

---

15 Vgl. etwa auf der letzten Strafrechtslehrertagung 2003 die Diskussionsbeiträge von Gerhard Werle, Joachim Vogel u. a., nach: Julius, »Diskussionsbeiträge«.

16 Dieser Eindruck Roxins wird von Winfried Hassemer bestätigt, Hassemer, »Strafrechtswissenschaft«.

Es gab nun auch wichtige Projekte, die außerhalb dieser NS-Straftatenbewältigung lagen, wie etwa der westdeutsche Alternativ-Entwurf bei der Reform des Strafgesetzbuches, woran ich wesentlich mitgewirkt habe. Er ist ab 1963 mit damals jüngeren Kollegen verfasst worden, und seine Vorschläge sind dann bei der Strafrechtsreform, also beim Erlass des neuen Allgemeinen Teils, im Sanktionensystem weitgehend umgesetzt worden. Das ging aber erst, als die Jüngeren, so wie ich, nachrückten. Ich bin am 1. April 1963 Professor geworden.

Wir hatten damals nicht die Idee, dass unsere Aufgabe hauptsächlich in der Rückschau auf die Vergangenheit liege, sondern wir wollten ein neues Strafrecht schaffen. Das entspricht auch mehr unserer wissenschaftlichen Aufgabe, denn es ist ja nicht Aufgabe einer juristischen Wissenschaft, die historischen Sünden der Vätergeneration aufzuarbeiten. Das ist Aufgabe von Historikern.

Th. Horstmann: Einige wenige Prozesse gegen NS-Täter laufen ja auch derzeit immer noch.

C. Roxin: Ich halte es nicht für sinnvoll, dass man nun die zufällig Überlebenden mit neunzig Jahren in die Strafanstalt steckt, weil diese Einzelfälle dann als Sündenböcke für Tausende andere herhalten müssen.

Th. Horstmann: Wie ist dies denn bei der Aufarbeitung des DDR-Unrechts gelaufen? Könnten Sie die beiden Situationen vergleichen? Ist nicht gegenüber der Aufarbeitung der NS-Verbrechen hier mit zweierlei Maß gemessen worden, sind nicht in den 1990er Jahren kritischere Maßstäbe angelegt worden als in den ersten Jahrzehnten der Bundesrepublik?

C. Roxin: Na ja, an dem zweierlei Maß, da ist schon was dran. Andererseits ist es natürlich jetzt eine historisch vollkommen andere Situation als nach dem Kriege. Es sind eben keine Verstrickten beteiligt bei der Behandlung der DDR-Kriminalität. Es gibt keinen Kalten Krieg mehr. Die glimpfliche Beurteilung dieser NS-Gewalttäter hängt ja auch ursächlich mit dem Kalten Krieg zusammen, also mit dem Bestreben der Amerikaner, Deutschland wieder aufzurüsten. Um Deutschland rasch wieder aufzubauen, musste natürlich auf die vorhandenen alten Strukturen zurückgegriffen werden. Wäre das nicht gewesen, wären die Amerikaner wahrscheinlich keineswegs so gnädig mit den ganzen NS-Verstrickungen umgegangen, wie das dann doch tatsächlich der Fall war. Das amerikanische Rechtssystem ist auch völlig anders. Immerhin sind schon damals durch den Nürnberger Prozess Grundlagen gelegt worden, auf denen das Strafrecht bei der Behandlung von Systemkriminalität aufbauen konnte. Trotz des amerikanischen Widerstandes werden wir wahrscheinlich im Laufe der Jahrzehnte ein effizientes Völkerstrafrecht bekommen, und ich könnte mir denken, dass auf diese Weise das, was man immer für unmöglich gehalten hat, eine Art Weltbefriedung, tatsächlich möglich werden könnte. Dafür müssen allerdings die Amerikaner selber davon überzeugt werden, dass sie sich dem anschließen sollen.

Auf jeden Fall ist die ganze Materie der Systemkriminalität erst in den neunziger Jahren zu einem zentral behandelten Thema geworden und bis jetzt ungelöst, aber in der Bearbeitung. Wohingegen die Aufarbeitung der NS-Schandtaten, bei denen ein nie wieder erreichter Grad an Scheußlichkeit hervortrat, zur Schaffung einer eigenen Disziplin der Systemkriminalität nur wenig beigetragen hat. Und heute ist es natürlich zu spät. Heute kann man das nur noch aus der Sicht des Historikers aufarbeiten, weil die beteiligten Personen nicht mehr leben. Wir werden allerdings wahrscheinlich auch auf der nächsten Strafrechtslehrertagung das Problem der Strafrechtswissenschaften in der Nazi-Zeit aufgreifen.[17] Das wäre in den sechziger Jahren, aus den schon genannten Gründen, nur schwer möglich gewesen.

Nach dem Verschwinden der DDR war die historische Situation eine ganz andere. Die da heute zu Gericht sitzen, hatten mit den DDR-Verhältnissen überhaupt nichts zu tun und können natürlich sehr viel freier den unter diesem Regime begangenen Taten gegenübertreten, als die ehemaligen Nazi-Richter und Professoren des Dritten Reiches Taten verurteilen konnten, die während ihrer Zeit begangen worden sind. Eine gleichartige Situation hätte nur bestanden, wenn man der DDR-Justiz die Aburteilung der DDR-Straftaten überlassen hätte. Da wäre auch nicht viel dabei herausgekommen.

Die Richter und Professoren der DDR sind bei der Aufarbeitung des DDR-Unrechts praktisch nicht beteiligt gewesen. Die damals führenden Leute sind völlig verschwunden. Ein Kollege in Leipzig, den ich kurz nach der Wende in Polen getroffen und mit dem ich lange diskutiert habe, hat Selbstmord begangen. Im Amt ist keiner geblieben. Mit Horst Luther haben wir noch längere Zeit zusammengearbeitet, wir hatten damit noch zu DDR-Zeiten begonnen, aber er ist dann gestorben.[18]

---

17 Gemeint ist die Tagung in Bayreuth im Juni 2003. Vgl. dazu Julius, »Diskussionsbeiträge«.

18 Vgl. etwa Horst Luthers Ausführungen im ansonsten eher apologetischen Band von Uwe-Jens Heuer, der wichtige DDR-Juristen versammelt: Luther räumt hier im Hinblick

Th. Horstmann: Bleibt eigentlich nur der viel jüngere Jörg Arnold. Er forscht in Freiburg am Max-Planck-Institut.

C. Roxin: Ich habe die Arbeiten von Herrn Arnold immer unterstützt.[19] Ich war nämlich lange Zeit Vorsitzender des Fachbeirates an diesem Freiburger Institut. Da haben wir natürlich diese Forschungen kritisch begleitet. Arnold hatte Insider-Kenntnisse, und die sind sehr nützlich für die Aufarbeitung des ganzen Themas.

Meine hauptsächliche wissenschaftliche Tätigkeit liegt im Übrigen weit außerhalb des Bemühens um Bewältigung der Nazi-Kriminalität. Aber ich verfolge das Ganze mit größtem Interesse. Und sehe vor allem auch die große internationale Karriere, die meine Lehre von der mittelbaren Täterschaft kraft organisatorischer Machtapparate gemacht hat.

Th. Horstmann: In Südamerika wird damit stark gearbeitet.

C. Roxin: Vor allem da.[20] Das ist ja der Kontinent mit den vielen Diktatoren und einem Rechtssystem, das maßgeblich vom kontinentalen Rechtssystem beeinflusst ist. Es gibt ein großes Interesse an diesen juristischen Fragen, wie überhaupt am deutschen Strafrecht. Ich war im Jahr 2000 zu Vorträgen in Peru. Das war noch zur Zeit von Präsident Fujimori, und ich habe da an drei aufeinander folgenden Abenden Vorträge gehalten. Da hatte ich an jedem Abend 1 600 Zuhörer. So viel habe ich in meiner gesamten deutschen Professorentätigkeit nie gehabt. Und ich bin zweimal in Mexiko gewesen letztes Jahr, fahre im Oktober nach Argentinien. Da ist das Interesse am deutschen Strafrecht und auch an Fragen der Systemkriminalität außerordentlich groß.

Th. Horstmann: Kann man die Aufarbeitung von Verbrechen der Militärregime in Südamerika irgendwie vergleichen oder ist das jeweils eine völlig andere Situation?

C. Roxin: Es ist überall ganz verschieden. Es ist aber so, dass in all diesen Ländern – das gilt auch für Chile unter Pinochet – diese Problematik eine Rolle spielt. Das Militär hat eine sehr starke Position und damit viel-

---

auf die Entwicklung des Strafprozessrechts der DDR freimütig ein, dass im politischen Strafrecht ein restriktives Prozessrecht praktiziert worden sei, »das einer übersteigerten Sicherheitsdoktrin des Staates entsprach«, in: Heuer (1995), *Rechtsordnung*, S. 381 ff., hier S. 391.

19 Siehe vor allem Arnold (2000), *Auseinandersetzung*. Der Sammelband ist eine Auswahl von Beiträgen Arnolds und betrifft vor allem die Systemvergangenheit der DDR, auch im Vergleich mit anderen osteuropäischen Ländern.

20 Siehe als frühen Überblick etwa Ambos (1996), »Impunidad«.

fach eine durchgreifende Aufarbeitung verhindert. Man kann zwar einigermaßen frei seine Meinung sagen, wenn man diese aber im Gesetzgebungswege und in der Rechtspraxis durchsetzen will, stößt man auf außerordentliche Schwierigkeiten.

Aber es bewegt sich doch etwas. Die Verhältnisse in Argentinien, Chile und Peru haben sich geändert. In den achtziger Jahren bei den Prozessen gegen die diktatorische Generalsjunta in Argentinien wollte der Oberste Gerichtshof in Buenos Aires mich als Sachverständigen hören.[21] Ich habe gesagt, »gut, warum nicht. Ihr müsstet dann natürlich meine persönliche Sicherheit gewährleisten«. Ich hatte keine Lust, dort ermordet zu werden. Da sagten sie, »ja, dazu sind wir leider nicht im Stande«. Ich habe mich an die deutsche Botschaft gewandt und gesagt, »könnt ihr mir die Sicherheit meiner Person garantieren, wenn ich da auftrete?« Dort haben sie gesagt, »Nein, das können wir nicht.« Da habe ich abgelehnt zu kommen. Zumal es auch überflüssig war: Was ich zu sagen habe, kann ich natürlich auch schriftlich darlegen. Immerhin hat mich damals der argentinische Generalstaatsanwalt, der die Anklage gegen die Junta vorbereitete, in München besucht, er ist in diesem Lokal gewesen, in dem auch wir jetzt sitzen. Wenigstens sind heute die Verhältnisse in Argentinien und in Chile so, dass man frei seine Meinung sagen kann.

Th. Horstmann: Waren Sie eigentlich im Ausland auch praktisch als Berater in strafrechtlichen oder rechtspolitischen Fragen tätig?

C. Roxin: Ich bin zeitlebens nie als Regierungsbeauftragter aufgetreten und möchte dies aus Gründen der persönlichen Unabhängigkeit auch nicht gerne. Manche andere Kollegen machen das.

---

21 In den Feststellungen des Berufungsgerichts (Entscheidungen von 1985/86) heißt es unter Rückgriff auf Roxins Organisationsherrschaft: »Die Angeklagten hatten Tatherrschaft, weil sie die Organisation, die die Taten erzeugte, kontrollierten (...). In diesem Zusammenhang verliert der konkrete Tatausführende an Bedeutung. Die Herrschaft derjenigen, die das System kontrollieren, über die Vollendung der von ihnen angeordneten Taten ist total, denn selbst wenn es irgendeinen Untergebenen geben sollte, der sich widersetzen würde, würde er automatisch durch einen anderen ersetzt werden, woraus folgt, daß der entworfene Plan nicht durch den (entgegenstehenden) Willen des Ausführenden, der lediglich die Rolle eines bloßen Zahnrads einer gigantischen Maschinerie spielt, zum Scheitern gebracht werden kann. (...) Das Werkzeug, dessen sich der Hintermann bedient, ist das System selbst (...) bestehend aus fungiblen Tatmittlern (...)«, zit. nach: Ambos (1998), »Tatherrschaft«, S. 238 f.

Th. Horstmann: Wie sehen Sie eigentlich die derzeitige Entwicklung des Strafrechts insgesamt? Mir scheint, es werden in der Öffentlichkeit immer härtere Strafen gefordert.

C. Roxin: Ja. Ich habe gerade in unserem Alternativkreis, in dem ich ja nach wie vor arbeite, angeregt, dass wir die Bildung eines Strafrechtsrats vorschlagen, wie ich das genannt habe. Das hat dort Resonanz gefunden und wir werden diesen Vorschlag für eine Art Ethikrat im Strafrecht wahrscheinlich verwirklichen. Ein solcher Strafrechtsrat, der die zahlreichen Verzerrungen und Falschmeldungen in den Medien mit nüchternen Fakten auf der Stelle korrigiert, der könnte für das öffentliche Klima auch in der Behandlung der Kriminalität außerordentlich viel leisten. Zum Beispiel ist es in Wirklichkeit so, dass die Kriminalität zurückgeht. Die Sicherheitslage in Deutschland ist bei einem internationalen Vergleich sehr gut. Und selbst diese Taten, die die Öffentlichkeit furchtbar erregen, wie Sexualdelikte an Kindern, sind statistisch deutlich zurückgegangen. Nur hat das einfach keine mediale Beachtung gefunden. Alles in allem erfreuen wir uns in Deutschland einer so großen Sicherheit, wie wenige Staaten sie haben. Das erkennt man, wenn man sich beispielsweise Südamerika ansieht. Ich erhielt jetzt gerade eine Einladung, bei einem Kongress in São Paulo einen Eröffnungsvortrag zu halten, was ich wahrscheinlich sogar machen werde. Präventiv bot man mir außer einem kugelsicheren Auto mit Chauffeur von vorneherein zwei Bodyguards an. Und ich erinnere mich meines Aufenthaltes in Peru im letzten Jahr, bei dem die Einladenden nicht duldeten, dass meine Frau und ich das Hotel alleine verließen. In der Lobby saß immer eine Garde von Studenten, so etwa zwölf Leute, die uns dann nach Art einer Schutztruppe umgaben. Dagegen in Deutschland oder gar in München auf offener Straße überfallen zu werden, ist doch fast unmöglich.

Anhang

Teilnehmer und Themen in Königstein und Essen 1966

Der 46. Deutsche Juristentag in Essen im September 1966 wurde durch eine Sonderveranstaltung mit dem Titel »Probleme der Verfolgung und Ahndung von nationalsozialistischen Gewaltverbrechen« ergänzt. Die Sonderveranstaltung war auf einer Klausurtagung in Königstein/Ts. von 18 geladenen Experten vorbereitet worden (1.–3. April 1966):

Generalstaatsanwalt Dr. Fritz Bauer (Frankfurt a. M.)
Professor Dr. Jürgen Baumann (Tübingen)
Dr. Hans Buchheim (München, Historiker, Sachverständiger)
Generalstaatsanwalt Dr. Hanns Dünnebier (Bremen)
Rechtsanwalt Dr. Gerhard Hammerstein (Freiburg i. Br.)
Professor Dr. Ernst-Walter Hanack (Heidelberg)
Senatspräsident Dr. Hans Hofmeyer (Frankfurt a. M.)
Wiss. Assistent Dr. Herbert Jäger (Hamburg, später Prof. in Gießen)
Professor Dr. Ulrich Klug (Köln)
Professor Dr. Karl Lackner (Heidelberg)
Rechtsanwalt Henry Ormond (Frankfurt a. M.)
Rechtsanwalt Dr. Anton Roesen (Düsseldorf)
Ministerialrat Werner Roth (Stuttgart)
Professor Dr. Claus Roxin (Göttingen)
Erster Staatsanwalt Dr. Adalbert Rückerl (Ludwigsburg)
Senatspräsident Professor Dr. h. c. Werner Sarstedt (Berlin)
Rechtsanwalt und Notar Dr. Erich Schmidt-Leichner (Frankfurt a. M.)
Professor Dr. Peter Schneider (Mainz)

Prof. Dr. Dr. h. c. Ernst Friesenhahn
Rechtsanwalt Dr. Konrad Redeker

Auf der Sonderveranstaltung des Juristentages wurden dann unter Leitung des Vorsitzenden der Deputation des Deutschen Juristentages, Prof. Ernst Friesenhahn, die Königsteiner Entschließung und die bedeutsamsten Aspekte der Tagung durch fünf Teilnehmer der Tagung dargestellt.

Themen der Sonderveranstaltung:

1. *Adalbert Rückerl, Statistische Angaben über Verfahren betreffend nationalsozialistische Gewaltverbrechen und Analysen von Strafzumessungsgründen*
2. *Hans Hofmeyer, Prozeßrechtliche Probleme und praktische Schwierigkeiten bei der Durchführung der Prozesse*
3. *Konrad Redeker, Individualschuld und Mitverantwortung von Staat und Gesellschaft*
4. *Ernst-Walter Hanack, Zur Frage geminderter Schuld der vom Unrechtsstaat geprägten Täter*
5. *Karl Lackner, »Irrationales Widerstreben« gegen die Prozesse?*

Literatur

Adorno, Theodor W., »Was bedeutet Aufarbeitung der Vergangenheit? Vortrag vor dem Koordinierungsrat für Christlich-Jüdische Zusammenarbeit, Herbst 1959«, in: ders., *Eingriffe. Neun kritische Modelle*, Frankfurt a. M. 1964, S. 125–146.

Ambos, Kai, »›Impunidad‹ – Makrokriminalität und Völkerstrafrecht«, in: Kritische Vierteljahresschrift für Gesetzgebung und Rechtswissenschaft 79 (1996), S. 355–370.

— »Tatherrschaft durch Willensherrschaft kraft organisatorischer Machtapparate. Eine kritische Bestandsaufnahme und weiterführende Ansätze«, in: Goltdammer's Archiv 145 (1998), S. 226–245.

Anders, Freia/Hauke-Hendrik Kutscher/Katrin Stoll, *Bialystok in Bielefeld. Die Strafverfahren wegen nationalsozialistischer Gewaltverbrechen im Bezirk Bialystok vor dem Landgericht Bielefeld 1958–1970*, Bielefeld 2003 (CD).

Arendt, Hannah, *Elemente und Ursprünge totaler Herrschaft. Antisemitismus, Imperialismus, totale Herrschaft*, dt. Erstausgabe Frankfurt a. M. 1955.

— *Eichmann in Jerusalem. Ein Bericht von der Banalität des Bösen*, dt. Erstausgabe München 1964.

— »Der Auschwitz-Prozeß, Nachwort«, in: Bernd Naumann, *Auschwitz. Bericht über die Strafsache Mulka u. a. vor dem Schwurgericht*, Frankfurt a. M. 1968, neu aufgelegt Berlin 2004, S. 309–331.

Arnold, Jörg, *Strafrechtliche Auseinandersetzung mit Systemvergangenheit am Beispiel der DDR*, Baden-Baden 2000.

Bauer, Fritz, *Das Verbrechen und die Gesellschaft*, München 1957.

— *Vom kommenden Strafrecht* (mit einem Vorwort von Herbert Jäger), Karlsruhe 1969.

— *Die Humanität der Rechtsordnung. Ausgewählte Schriften*, hg. von Joachim Perels und Irmtrud Wojak, Frankfurt a. M./New York 1998.

— »Im Namen des Volkes. Die strafrechtliche Bewältigung der Vergangenheit (1965)«, in: ders., *Humanität*, S. 77–90.

Bauer, Fritz/Hans Bürger-Prinz/Hans Giese/Herbert Jäger, Sexualität und Verbrechen, Frankfurt a. M. 1963.

Baumann, Jürgen, »Justiz und Politik«, in: Juristenzeitung 1961, S. 18 ff.

— »Gedanken zum Eichmann-Urteil«, in: Juristenzeitung 1963, S. 110 ff.

— »Beihilfe bei eigener voller Tatbestandserfüllung«, in: Neue Juristische Wochenschrift 1963, S. 561 ff.

— »Streitbare Demokratie«, in: Monatsschrift für deutsches Recht 1963, S. 87 ff.

— »Die strafrechtliche Problematik der nationalsozialistischen Gewaltverbrechen«, in: Reinhard Henkys (Hg.), *Die nationalsozialistischen Gewaltverbrechen*, Stuttgart/ Berlin 1964, S. 267–322.

— »Rechtmäßigkeit von Mordgeboten«, in: Neue Juristische Wochenschrift 1964, S. 1398.

Beatson, Jack/Reinhard Zimmermann, *Jurists Uprooted: German-Speaking Emigre Lawyers in Twentieth Century Britain*, Oxford 2004.

Becker, Lothar, *Schritte auf einer abschüssigen Bahn. Das Archiv des öffentlichen Rechts (AöR) und die deutsche Staatsrechtswissenschaft im Dritten Reich*, Tübingen 1999.

Bender, Bernd u. a. (Hg.), *Rechtsstaat zwischen Sozialgestaltung und Rechtsschutz. Festschrift für Konrad Redeker zum 70. Geburtstag*, München 1993.

Berg, Nicolas, *Der Holocaust und die westdeutschen Historiker. Erforschung und Erinnerung*, Göttingen 2003.

Bertram, Günter, »Kriegshandlungen – Kriegsverbrechen – NS-Verbrechen (NSG)«, in: Recht und Politik 40 (2004), S. 152–162.

Birn, Ruth-Bettina, »Die Strafverfolgung nationalsozialistischer Verbrechen«, in: H.-E. Volkmann (Hg.), *Ende des Dritten Reiches – Ende des zweiten Weltkrieges. Eine perspektivische Rückschau*, München/Zürich 1995, S. 393–418.

Bloxham, Donald, *War Crimes Trials and the Formation of Holocaust History and Memory*, Oxford/New York 2001.

Boberach, Heinz (Hg.), *Richterbriefe. Dokumente zur Beeinflussung der deutschen Rechtsprechung 1942–1944*, München 1975.

Bohnert, Joachim, »Nachruf auf Ernst Heinitz«, in: Juristenzeitung 1998, S. 1059.

Böllinger, Lorenz/Rüdiger Lautmann (Hg.), *Vom Guten, das noch stets das Böse schafft. Kriminalwissenschaftliche Essays zu Ehren von Herbert Jäger*, Frankfurt a. M. 1993.

Bourdieu, Pierre, »Verstehen«, in: ders. u. a.: *Das Elend der Welt. Zeugnisse und Diagnosen alltäglichen Leidens an der Gesellschaft*, Konstanz 1997.

Bourdieu, Pierre/Loic Wacquant, *Reflexive Anthropologie*, Frankfurt a. M. 1996.

Broszat, Martin u. a., *Anatomie des SS-Staates*, zwei Bände, 1. Auflage München 1965.

Brunner, Bernhard, *Der Frankreich-Komplex. Die nationalsozialistischen Verbrechen in Frankreich und die Justiz der Bundesrepublik Deutschland*, Göttingen 2004.

Buchheim, Hans/Hermann Graml, »Die fünfziger Jahre: Zwei Erfahrungsberichte«, in: Horst Möller/Udo Wengst (Hg.), *50 Jahre Institut für Zeitgeschichte. Eine Bilanz*, München S. 1999, S. 69–83.

Busch, Tim, *Die deutsche Strafrechtsreform. Ein Rückblick auf die sechs Reformen des Deutschen Strafrechts (1969–1998)*, Baden-Baden 2004.

Dencker, Friedrich, »Vergangenheitsbewältigung durch Strafrecht? Lehren aus der Justizgeschichte der Bundesrepublik«, in: Kritische Vierteljahresschrift für Gesetzgebung und Rechtswissenschaft 73 (1990), S. 299–312.

Dippel, Horst, »Sicherheit des Staates oder Sicherheit des Bürgers. Die Entstehung der modernen Polizei in Paris und London in der ersten Hälfte des 19. Jahrhunderts«, in: Jahrbuch für Europäische Verwaltungsgeschichte 8 (1996), S. 255–284.

Doerry, Martin, Mein verwundetes Herz: Das Leben der Lilly Jahn 1900–1944, München 2002.

Dreher, Eduard, »Hans-Heinrich Jescheck in der Großen Strafrechtskommission«, in: Theo Vogler in Verbindung mit Joachim Hermann u. a. (Hg.), *Festschrift für Hans-Heinrich Jescheck zum 70. Geburtstag*, Erster Halbband, Berlin 1985, S. 11–34.

— »Karl Lackner zum 70. Geburtstag«, in: Wilfried Küper (Hg.), *Festschrift für Karl Lackner zum 70. Geburtstag am 18. Februar 1987*, Berlin 1987, S. 1–9.

Ebert, Udo u. a. (Hg.), *Festschrift für Ernst-Walter Hanack zum 70. Geburtstag am 30. August 1999*, Berlin/New York 1999.

Erb, Volker, »Strafrechtswissenschaft, höchstrichterliche Rechtsprechung und tatrichterliche Praxis des Strafrechts«, in: Zeitschrift für die gesamte Strafrechtswissenschaft 113 (2001), S. 1–39.

Eser, Albin/Winfried Hassemer/Björn Burkhardt, *Die Deutsche Strafrechtswissenschaft vor der Jahrtausendwende. Rückbesinnung und Ausblick. Dokumentation einer Tagung vom 3.–6. Oktober 1999 in der Berlin-Brandenburgischen Akademie der Wissenschaften*, München 2000.

Feth, Andrea u. a. (Hg.), *Zwischen Recht und Unrecht – Lebensläufe deutscher Juristen, »Graue Reihe« des Justizministeriums NRW in Düsseldorf*, Bd. 1 (o. Ort, o. Jahr).

Förster, Michael, *Jurist im Dienst des Unrechts: Leben und Werk des ehemaligen Staatssekretärs im Reichsjustizministerium, Franz Schlegelberger (1876–1970)*, Baden-Baden 1995.

Frei, Norbert, *Vergangenheitspolitik. Die Anfänge der Bundesrepublik und die NS-Vergangenheit*, München 1996.

Freudiger, Kerstin, *Die juristische Aufarbeitung von NS-Verbrechen*, Tübingen 2002.

Friedman, Lawrence M., *Das Rechtssystem im Blickfeld der Sozialwissenschaften*, Berlin 1981.

Fröhlich, Claudia, *Auf der Suche nach dem Subjekt der Demokratie. Über den Widerstandsbegriff von Fritz Bauer und die Aufarbeitung von NS-Verbrechen*, Phil. Diss. Berlin 2003.

Garbe, Detlev, *»In jedem Einzelfall … bis zur Todesstrafe«: Der Militärstrafrechtler Erich Schwinge. Ein deutsches Juristenleben*, Hamburg 1989.

Gödicke, Petra, »Die Strafrechtsreform zwischen Vergeltung, Resozialisierung, rigider ›Sittlichkeit‹ und vorsichtiger Toleranz«, in: Jörg Requate (Hg.), *Recht und Justiz im gesellschaftlichen Aufbruch (1960–1975). Bundesrepublik Deutschland, Italien und Frankreich im Vergleich*, Baden-Baden 2003, S. 261–75.

Goldhagen, Daniel J., *Hitlers willige Vollstrecker. Ganz gewöhnliche Deutsche und der Holocaust*, Berlin 1996.

Göppinger, Horst, *Juristen jüdischer Abstammung im »Dritten Reich«. Entrechtung und Verfolgung*, 2., völlig neu bearbeitete Auflage München 1990.

Greve, Michael, »Amnestierung von NS-Gehilfen – eine Panne? Die Novellierung des § 50 Abs. 2 StGB und dessen Auswirkungen auf die NS-Strafverfolgung«, in: Kritische Justiz 33 (2000), S. 402–414.

— *Der justitielle und rechtspolitische Umgang mit den NS-Gewaltverbrechen in den sechziger Jahren*, Frankfurt a. M. 2001.

Gritschneder, Otto, »Entschädigung für die Witwen hingerichteter Wehrpflichtiger«, in: Neue Juristische Wochenschrift 1993, 369 ff.

Gropp, Walter, »Die Mitglieder des Nationalen Verteidigungsrates als ›Mittelbare Mit-Täter hinter den Tätern‹? – BGHSt 40, 218«, in: Juristische Schulung 1996, S. 13–18.

Gruchmann, Lothar, *Justiz im Dritten Reich 1933 bis 1940. Anpassung und Unterwerfung in der Ära Gürtner*, München 1988.

Gumbrecht, Hans Ulrich, *Diesseits der Hermeneutik. Die Produktion von Präsenz*, Frankfurt a. M. 2004.

Günther, Frieder, *Denken vom Staat her. Die bundesdeutsche Staatsrechtslehre zwischen Dezision und Integration 1949–1970*, München 2004.

Hamburger Seminar für Strafrecht und Kriminalistik, »Verjährung: Frist verlängern!«, in: Die Zeit v. 5.2.1965, S. 4.

Hamm, Rainer, »Gerhard Hammerstein zum 75. Geburtstag«, in: Neue Juristische Wochenschrift 1998, S. 3099.

Hanack, Ernst-Walter, *Über den Ausgleich divergierender Entscheidungen in der oberen Gerichtsbarkeit*, Berlin/Hamburg 1962.

— »Zur Frage geminderter Schuld der vom Unrechtsstaat geprägten Täter«, in: Ständige Deputation des Deutschen Juristentages (Hg.), *Probleme der Verfolgung und Ahndung von nationalsozialistischen Gewaltverbrechen. Sonderveranstaltung des 46. Deutschen Juristentages in Essen*, München 1967 S. C 53–58.

— »Die Problematik der gerechten Bestrafung nationalsozialistischer Gewaltverbrecher«, in: Juristenzeitung 1967, S. 297–303 u. S. 329–338.

— »Urteilsanmerkung«, in: Neue Juristische Wochenschrift 1976, S. 1758 f.

Harlan, Veit, *Im Schatten meiner Filme. Selbstbiographie*, hrsg. und mit einem Nachwort versehen von H. C. Opfermann, Gütersloh 1966.

Hassemer, Winfried, »Das Selbstverständnis der Strafrechtswissenschaft gegenüber den Herausforderungen ihrer Zeit«, in: Albin Eser/Winfried Hassemer/Björn Burkhardt (Hg.), *Die Deutsche Strafrechtswissenschaft vor der Jahrtausendwende. Rückbesinnung und Ausblick. Dokumentation einer Tagung vom 3.–6. Oktober 1999 in der Berlin-Brandenburgischen Akademie der Wissenschaften*, München 2000, S. 21–46.

— »Strafrechtswissenschaft in der Bundesrepublik Deutschland«, in: Dieter Simon (Hg.), *Rechtswissenschaft in der Bonner Republik*, Frankfurt a. M. 1994, S. 259–310.

Henkys, Reinhard (Hg.), *Die nationalsozialistischen Gewaltverbrechen*, Stuttgart/Berlin 1964.

Hennis, Wilhelm, »Politikwissenschaft als Disziplin. Zum Weg der politischen Wissenschaft nach 1945. Wilhelm Hennis im Gespräch mit Gangolf Hübinger«, in: Neue Politische Literatur 44 (1999), S. 365–379.

Herbert, Ulrich, *Werner Best. Biographische Studien über Radikalismus, Weltanschauung und Vernunft, 1903–1989*, Bonn 1996.

Heuer, Uwe-Jens (Hg.), *Die Rechtsordnung der DDR. Anspruch und Wirklichkeit*, Baden-Baden 1995.

Hirsch, Burkhard, »Thomas Dehler: Die Ohnmacht des Zorns. Vortrag gehalten in der Evangelischen Akademie zu Berlin, 7. Dezember 2000«, abgedruckt in: Die Zeit, Nr. 8, 2001.

Horstmann, Thomas, *Logik der Willkür. Die Zentrale Kommission für Staatliche Kontrolle in der SBZ/DDR 1948 bis 1958*, Köln/Weimar 2002.

— »Kollektivverbrechen, Machtapparate, Organisationstäter. Vom Nutzen der Zeitgeschichte für die Rechtswissenschaft«, in: Traverse. Zeitschrift für Geschichte, Revue d`Histoire 11 (2004), H. 1 (Themenheft Justiz und Geschichte – Justice et Histoire), S. 39–53.

Hummer, Waldemar/Jelka Mayr-Singer, »Der ›deutsche Sonderweg‹ bei der Aufarbeitung von SED Unrecht: Vergangenheitsbewältigung durch Strafjustiz«, in: Neue Justiz 54 (2000), S. 561–566.

Jäger, Herbert, *Strafgesetzgebung und Rechtsgüterschutz bei Sittlichkeitsdelikten*, Stuttgart 1957.

— »Betrachtungen zum Eichmann-Prozeß«, in: Monatsschrift für Kriminologie und Strafrechtsreform 1962, S. 73–83.

— »Strafrecht und nationalsozialistische Gewaltverbrechen«, in: Kritische Justiz 1 (1968), S. 143–157.

— *Verbrechen unter totalitärer Herrschaft. Studien zur nationalsozialistischen Gewaltkriminalität*, Olten/Freiburg i. Br. 1967, Taschenbuchausgabe Frankfurt a. M. 1982.

— *Individuelle Zurechnung kollektiven Verhaltens. Zur strafrechtlich-kriminologischen Bedeutung der Gruppendynamik*, Frankfurt a. M. 1985.

— *Makrokriminalität*, Frankfurt a. M. 1989.

— »Strafrechtsschutz für Menschenrechte? Zur Durchsetzung des Folterverbots«, in: Mittelweg 36. Zeitschrift des Hamburger Instituts für Sozialforschung 10 (1992), H. 3, S. 70–80.

— »Zur Kriminalisierung von Politik durch ein Völkerkriminalrecht«, in: Mittelweg 36. Zeitschrift des Hamburger Instituts für Sozialforschung 11 (1993), H. 1, S. 66–71.

— »Makrokriminalität als Gegenstand des Völkerstrafrechts«, in: Gerd Hankel/Gerhard Stuby (Hg.), *Strafgerichte gegen Menschheitsverbrechen*, Hamburg 1995, S. 325–354.

— »Die Widerlegung des funktionalistischen Täterbildes. Daniel Jonah Goldhagens Beitrag zur Kriminologie des Völkermordes«, in: Mittelweg 36. Zeitschrift des Hamburger Instituts für Sozialforschung 15 (1997), H. 1, S. 73–85.

— »Ist Politik kriminalisierbar?«, in: Klaus Lüderssen (Hg.), *Aufgeklärte Kriminalpolitik oder der Kampf gegen das Böse?*, Bd. 3., Baden-Baden 1998, S. 121–138.

Jäger, Herbert/Lorenz Böllinger, »Studien zur Sozialisation von Terroristen«, in: Herbert Jäger/Gerhard Schmidtchen/Lieselotte Süllwold (Hg.), *Lebenslaufanalysen*, Opladen 1981 (Bundesministerium des Innern, Analysen zum Terrorismus 2), S. 118–243.

Jäger, Herbert/Gerhard Schmidtchen/Lieselotte Süllwold (Hg.), *Lebenslaufanalysen*, Opladen 1981 (Bundesministerium des Innern, Analysen zum Terrorismus 2).

Jescheck, Hans-Heinrich, *Die Verantwortlichkeit der Staatsorgane nach Völkerstrafrecht*, Bonn 1952.

Julius, Karl-Peter, »Diskussionsbeiträge der Strafrechtslehrertagung 2003 in Bayreuth«, in: Zeitschrift für die Gesamte Strafrechtswissenschaft 115 (2003), S. 671–703.

Just-Dahlmann, Barbara/Helmut Just, *Die Gehilfen. NS-Verbrechen und die Justiz nach 1945*, Frankfurt a.M. 1988.

Kirn, Michael, *Verfassungsumsturz oder Rechtskontinuität. Die Stellung der Jurisprudenz nach 1945 zum Dritten Reich, insbesondere die Konflikte um die Kontinuität der Beamtenrechte und Art. 131 Grundgesetz*, Berlin 1972.

Knesebeck, Rosemarie v. d. (Hg.), *Die Sache Filbinger gegen Hochhuth. Die Geschichte einer Vergangenheitsbewältigung*, Hamburg 1980.

Koch, Arnd, »Die Rückkehr der ›Volksgerichte‹ – Das bayerische Schwurgericht der Nachkriegszeit«, in: Zeitschrift der Savigny-Stiftung für Rechtsgeschichte – Germanistische Abteilung, Bd. 122 (2005), S. 242–262.

Kogon, Eugen, *Der SS-Staat. Das System der deutschen Konzentrationslager*, Düsseldorf 1946.

Krummacher, Arnold (Red.), *Die Kontroverse. Hannah Arendt. Eichmann und die Juden*, München 1964.

Kühl, Kristian (Bearb.), *Strafgesetzbuch: Kommentar* – 25., neu bearbeitete Auflage des von Eduard Dreher und Hermann Maassen begründeten und von Karl Lackner, seit der 21. Aufl. neben ihm von Kristian Kühl, seit der 25. Aufl. von diesem allein fortgeführten Werkes, München 2004.

Lackner, Karl, »Notizen eines ›Kurzkommentators‹«, in: *140 Jahre Goltdammer's Archiv: Eine Würdigung zum 70. Geburtstag von Paul-Günter Pötz*, hg. von Jürgen Wolter, Heidelberg 1993, S. 149–156.

— »Irrationales Widerstreben gegen die Prozesse?«, in: Ständige Deputation des Deutschen Juristentages (Hg.), *Probleme der Verfolgung und Ahndung von nationalsozialistischen Gewaltverbrechen. Sonderveranstaltung des 46. Deutschen Juristentages in Essen*, München 1967, S. C 59–64.

— »Zur Strafverfolgungsverjährung von vor dem 8. Mai 1945 begangenen Straftaten«, in: Neue Juristische Wochenschrift 1960, S. 1046 f.

Lackner, Karl/Wilhelm Dallinger, *Jugendgerichtsgesetz mit ergänzenden Rechts- und Verwaltungsvorschriften des Bundes und der Länder*, München 1955.

Ladwig-Winters, Simone, *Anwalt ohne Recht – das Schicksal jüdischer Rechtsanwälte in Berlin nach 1933* (hg. v. d. Rechtsanwaltskammer Berlin), Berlin-Brandenburg 1998.

Linke, Annette, *Der Multimillionär Frey und die DVU. Daten, Fakten, Hintergründe*, Essen 2004.

Lösch, Anna-Maria Gräfin v., *Der nackte Geist: Die Juristische Fakultät der Berliner Fakultät im Umbruch von 1933*, Tübingen 1999.

Lüder, Wolfgang, »Jürgen Baumann: Selbstverständlich unbequem«, in: Gunther Arzt u. a. (Hg.), *Festschrift für Jürgen Baumann zum 70. Geburtstag, 22. Juni 1992*, Bielefeld 1992, S. 505–515.

Luhmann, Niklas, *Das Recht der Gesellschaft*, 2. Auflage, Frankfurt a. M. 1997.

Marxen, Klaus/Gerhard Werle, *Die strafrechtliche Aufarbeitung von DDR-Unrecht, Eine Bilanz*, Berlin/New York 1999.

Mauz, Gerhard, »Nicht blutüberströmt, nur etwas blutig. *Spiegel*-Reporter Gerhard Mauz zur Königsteiner Entschließung über NS-Verbrechen«, in: Der Spiegel 20. Jg., Nr. 41/1966.

Meusch, Matthias, *Von der Diktatur zur Demokratie. Fritz Bauer und die Aufarbeitung der NS-Verbrechen in Hessen (1956–1968)*, Wiesbaden 2001.

Milgram, Stanley, *Das Milgram-Experiment*, Reinbek b. Hamburg 1974.

Miquel, Marc v., *Ahnden oder Amnestieren. Westdeutsche Justiz und Vergangenheitspolitik in den sechziger Jahren*, Göttingen 2004.

Mitscherlich, Alexander/Fred Mielke (Hg.), *Medizin ohne Menschlichkeit. Dokumente des Nürnberger Ärzteprozesses*, Frankfurt a. M./München 1960.

Morell, Alexander, »Alexander Graf zu Dohna«, in: Matthias Schmoeckel (Hg.), *Die Juristen der Universität Bonn im »Dritten Reich«*, Köln/Weimar/Wien 2004, S. 105–136.

Mouralis, Guillaume, »Les procès de l'ex-RDA (1949–2002). Les apories des approches transitionelles ou les temporalités différentielles des ›èpurations‹ judiciaires«, in: Traverse. Zeitschrift für Geschichte, Revue d'Histoire 11 (2004), H. 1 (Themenheft Justiz und Geschichte – Justice et Histoire), S. 87–99.

Müller, Ingo, *Furchtbare Juristen*, München 1978.

Nathans, Eli, *Franz Schlegelberger*, Baden-Baden 1990.

Naumann, Bernd, *Auschwitz. Bericht über die Strafsache Mulka u. a. vor dem Schwurgericht*, Frankfurt a. M. 1968, neu aufgelegt Berlin 2004.

Neubacher, Frank, »Politik und Verbrechen. Zur Terminologie und Typologie staatlicher und gegen den Staat gerichteter Kriminalität«, in: Monatsschrift für Kriminologie und Strafrechtsreform 85 (2002), S. 290–300.

Niethammer, Lutz, *Ego-Histoire? und andere Erinnerungs-Versuche*, Wien/Köln/Weimar 2000.

Niethammer, Lutz/Alexander Plato/Dorothee Wierling, *Die volkseigene Erfahrung. Eine Archäologie des Lebens in der Industrieprovinz der DDR*, Berlin 1991.

Noll, Peter, »Die NS-Verbrecherprozesse strafrechtsdogmatisch und gesetzgebungspolitisch betrachtet«, in: Peter Schneider/Herrmann Meyer (Hg.), *Rechtliche und politische Aspekte der NS-Verbrecherprozesse*, Mainz 1968, S. 38–50.

Paul, Gerhard, »Flensburger Kameraden. Wie Deutschlands hoher Norden nach dem Krieg für Tausende NS-Funktionäre und -Offiziere zur Fluchtburg und später vielfach zur sicheren Heimat wurde«, in: Die Zeit v. 1.2.2001 (Zeitläufte).

Pendas, Devin O., »Truth and its Consequences: Reflections on Political, Historical and Legal Truth in West German Holocaust Trials«, in: Traverse: Zeitschrift für Geschichte/Revue d'Histoire 11 (2004), H. 1 (Themenheft Justiz und Geschichte – Justice et Histoire), S. 25–38.

Perels, Joachim, *Das juristische Erbe des »Dritten Reiches«. Beschädigungen der demokratischen Rechtsordnung*, Frankfurt a. M./New York 1999.

Peschel-Gutzeit, Lore Maria (Hg.), *Das Nürnberger Juristenurteil von 1947*, Baden-Baden 1996.

Peters, Karl, »Nationalsozialismus und Strafrecht«, in: Juristische Wochenschrift 62 (1933), S. 1561–1564.

— *Fehlerquellen im Strafprozeß: Eine Untersuchung der Wiederaufnahmeverfahren in der Bundesrepublik Deutschland*, 3 Bde., Karlsruhe 1970, 1972, 1974.

Presse- und Informationszentrum des Deutschen Bundestages (Hg.), *Verjährung nationalsozialistischer Verbrechen. Dokumentation der parlamentarischen Bewältigung des Problems 1960–1979*, Bonn 1980.

Radbruch, Gustav, »Gesetzliches Recht und übergesetzliches Recht«, in: Süddeutsche Juristenzeitung 1946, S. 105 ff.

Redeker, Konrad, »Bewältigung der Vergangenheit als Aufgabe der Justiz«, in: Neue Juristische Wochenschrift 1964, S. 1097 ff.

— »Individualschuld und Mitverantwortung von Staat und Gesellschaft«, in: Ständige Deputation des Deutschen Juristentages (Hg.), *Probleme der Verfolgung und Ahndung von nationalsozialistischen Gewaltverbrechen. Sonderveranstaltung des 46. Deutschen Juristentages in Essen*, München 1967, S. C 45–52.

— »Ernst Friesenhahns 75. Geburtstag«, in: Neue Juristische Wochenschrift 1977, S. 187.

— »Eröffnungsrede zur Ausstellung ›Anwalt ohne Recht – Schicksale jüdischer Anwälte in Deutschland nach 1933‹«, in: Bundesrechtsanwaltskammer (BRAK) – Mitteilungen 33 (2000), H. 6, S. 257 f.

— »Nachruf auf Gerhard Hammerstein«, in: Neue Juristische Wochenschrift 2003, S. 2367.

Renz, Werner, »Völkermord als Strafsache. Vor 35 Jahren sprach das Frankfurter Schwurgericht das Urteil im großen Auschwitz-Prozess«, in: Frankfurter Rundschau v. 18.8.1998.

— »Der erste Frankfurter Auschwitz-Prozeß. Völkermord als Strafsache«, in: 1999. Zeitschrift für Sozialgeschichte des 20. und 21. Jahrhunderts 15 (2000), H. 2, S. 11–48.

— »Auschwitz als Augenscheinobjekt. Anmerkungen zur Erforschung der Wahrheit im ersten Frankfurter Auschwitz-Prozess«, in: Mittelweg 36. Zeitschrift des Hamburger Instituts für Sozialforschung 19 (2001), S. 63–73.

Requate, Jörg, »Vergangenheitspolitik in der Debatte um eine Reform der Justiz in den sechziger Jahren«, in: Norbert Frei/Dirk van Laak/Michael Stolleis (Hg.), *Geschichte vor Gericht. Historiker, Richter und die Suche nach Gerechtigkeit*, München 2000, S. 72–92.

Roesen, Anton, »Rechtsfragen der Einsatzgruppenprozesse«, in: Neue Juristische Wochenschrift 1964, S. 133–136.

— *Aus dem Leben eines Juristen: Erinnerungen und Erfahrungen*, Düsseldorf 1979.

Rogall, Klaus, »Bewältigung von Systemkriminalität«, in: C. W. Canaris u. a. (Hg.), 50 Jahre Bundesgerichtshof. Festgabe aus der Wissenschaft, Bd. IV: Strafrecht, Strafprozeßrecht (hg. v. Claus Roxin u. Gunter Widmaier), München 2000, S. 383–438.

Rössner, Dieter, *Bagatelldiebstahl und Verbrechenskontrolle. Ein exemplarischer Beitrag zur Entkriminalisierung durch quantitative Begrenzung des Strafrechts*, Bern/Frankfurt a. M. 1976.

Rössner, Dieter/Gabriele Dolde, »Auf dem Weg zu einer neuen Sanktion. Vollzug der Freiheitsstrafe als Freizeitstrafe – Ein Programm zum Vollzug kurzer Freiheitsstrafen und seine empirische Betätigung«, in: Zeitschrift für die gesamte Strafrechtswissenschaft 1987, S. 424–451.

Rottleuthner, Hubert, »Hat Dreher gedreht? Über Unverständlichkeit, Unverständnis und Nichtverstehen in Gesetzgebung und Forschung«, in: Rechtshistorisches Journal 20 (2001), S. 665–679.

Roxin, Claus, »Straftaten im Rahmen organisatorischer Machtapparate«, in: Goltdammer's Archiv 110 (1963), 193–207.

— Täterschaft und Tatherrschaft, 1. Auflage Hamburg 1963, 7. Auflage Berlin/New York 2000.

Rückerl, Adalbert, *Die Strafverfolgung von NS-Verbrechen 1945–1978. Eine Dokumentation*, Karlsruhe 1979.

Rüter, Christian Frederic/W. Mildt (Bearb.), *Die westdeutschen Strafverfahren wegen nationalsozialistischer Tötungsverbrechen 1945–1997. Eine systematische Verfahrensbeschreibung mit Karten und Registern*, Amsterdam/München 1998.

Rüter, Christian Frederic (Hg.), *Justiz und NS-Verbrechen, Sammlung deutscher Strafurteile wegen nationalsozialistischer Tötungsverbrechen*, z. Zt. 32 Bde., Amsterdam 1968–2005.

Sahlins, Marshall, *Der Tod des Kapitän Cook. Geschichte als Metapher und Mythos als Wirklichkeit in der Frühgeschichte des Königreichs Hawaii*, Berlin 1986.

— »Die erneute Wiederkehr des Ereignisses. Zu den Anfängen des Großen Fidschikrieges zwischen den Königreichen Bau und Rewa 1843–1855«, in: Rebecca Habermas/Niels Minkmar (Hg.), *Das Schwein des Häuptlings*, Berlin 1992, S. 84–129.

Sarstedt, Werner, »Vom Richter zum Anwalt«, in: ders., *Rechtsstaat als Aufgabe. Ausgewählte Schriften und Vorträge 1952 bis 1985, mit einem Geleitwort von Gerhard Mauz*, hg. v. Gisela Sarstedt u. a., Berlin/New York 1987.

Schlink, Bernhard, »Sommer 1970. Kleine Bewältigung einer kleinen Vergangenheit«, in: Merkur 57 (2003), S. 1121–1134.

Schlösser, Jan, *Mittelbare individuelle Verantwortlichkeit im Völkerstrafrecht*, Berlin 2004.

— *Soziale Tatherrschaft*, Berlin 2004.

Schönke, Adorf/Horst Schröder, Strafgesetzbuch. Kommentar, 21. Auflage München 1982.

Schünemann, Bernd u. a. (Hg.), *Festschrift für Claus Roxin zum Geburtstag am 15. Mai 2001*, Berlin 2001.

Schwinge, Erich, *Irrationalismus und Ganzheitsbetrachtung in der Rechtswissenschaft*, Bonn 1938.

— »Die Urteile der Militärstrafjustiz ›offensichtlich unrechtmäßig‹?«, in: Neue Juristische Wochenschrift 1993, 368 f.

— *Ein Juristenleben im zwanzigsten Jahrhundert*, hg. v. Ursula Schwinge-Stumpf, Frankfurt a. M. 1997.

Schwinge, Erich/Leopold Zimmerl, *Wesenschau und konkretes Ordnungsdenken im Strafrecht*, Bonn 1937.

Sewell jr., William, »Eine Theorie des Ereignisses. Überlegungen zu einer ›möglichen Theorie der Geschichte‹ von Marshall Sahlins«, in: Andreas Suter/Manfred Hettling (Hg.), *Struktur und Ereignis*, Göttingen 2001 (Geschichte und Gesellschaft, Sonderheft 19), S. 46–74.

Siegfried, Detlev, »Zwischen Aufarbeitung und Schlußstrich. Der Umgang mit der NS-Vergangenheit in den beiden deutschen Staaten 1958 bis 1969«, in: Axel Schildt u. a. (Hg.), *Dynamische Zeiten. Die 60er Jahre in den beiden deutschen Gesellschaften*, Hamburg 2000, S. 77–113.

Ständige Deputation des Deutschen Juristentages (Hg.), *Verhandlungen des 46. Deutschen Juristentages Essen 1966. Probleme der Verfolgung und Ahndung von nationalsozialistischen Gewaltverbrechen. Sonderveranstaltung des 46. Deutschen Juristentages in Essen*, München/Berlin 1967.

Stöckle, Frieder, »Zum praktischen Umgang mit Oral-History«, in: Herwig Vorländer (Hg.), *Mündlich erfragte Geschichte. Acht Beiträge*, Göttingen 1990, S. 131–158.

Stoll, Stefan, »Ernst Friesenhahn«, in: Matthias Schmoeckel (Hg.), *Die Juristen der Universität Bonn im »Dritten Reich«*, Koeln/Weimar/Wien 2004, S. 185–232.

Stoll, Stefan/Laura Winter, »Hellmuth von Weber«, in: Matthias Schmoeckel (Hg.), *Die Juristen der Universität Bonn im »Dritten Reich«*, Köln/Weimar/Wien 2004, S. 581–602.

Stolleis, Michael, »Theodor Maunz. Ein Staatsrechtslehrerleben«, in: Redaktion Kritische Justiz (Hg.), *Die juristische Aufarbeitung des Unrechts-Staats*, Baden-Baden 1998, S. 323–331.

— »Otto Koellreutter«, in: Neue Deutsche Biographie, Bd. 12, hg. von der Historischen Kommission bei der Bayerischen Akademie der Wissenschaften, München 1980, S. 324–325.

— *Der Historiker als Richter – der Richter als Historiker*, in: Norbert Frei/Dirk van Laak/Michael Stolleis (Hg.), *Geschichte vor Gericht. Historiker, Richter und die Suche nach Gerechtigkeit*, München 2000, S. 173–182.

Stolleis, Michael/Dieter Simon, »Vorurteile und Werturteile der rechtshistorischen Forschung zum Nationalsozialismus«, in: *NS-Recht in historischer Perspektive* (Kolloquium des Instituts für Zeitgeschichte), München/Wien 1981, S. 13–52.

Tausch, Volker, *Max Güde (1902–1984). Generalbundesanwalt und Rechtspolitiker*, Baden-Baden 2002.

Todorov, Dimitri, *22 Jahre Knast – Autobiographie eines Lebenslänglichen*, München 2002.

Vereinigung der Deutschen Staatsrechtslehrer, *Die deutsche Staatsrechtslehre in der Zeit des Nationalsozialismus. Tagung in Leipzig 2000, Aussprache*, Berlin 2001 (Veröffentlichungen der Vereinigung der Deutschen Staatsrechtslehrer, H. 60).

Vest, Hans, *Genozid durch organisatorische Machtapparate. An der Grenze von individueller und kollektiver Verantwortlichkeit*, Baden-Baden 2002.

Vogel, Joachim, »Einflüsse des Nationalsozialismus auf das Strafrecht«, in: Zeitschrift für die Gesamte Strafrechtswissenschaft 115 (2003), S. 638–670.

Wachs, Philipp-Christian, *Der Fall Oberländer (1905–1998). Ein Lehrstück deutscher Geschichte*, Frankfurt a. M. 2000.

Walter, Michael, »Zur Reichweite des Konzepts Kriminalität – Einige Überlegungen zur ›Makrokriminalität‹ Herbert Jägers«, in: Kriminologisches Journal 25 (1993), S. 117–133.

Weber, Dolf, »Henry Ormond – ein juristisches Gewissen Deutschlands«, in: K. Reichert u. a. (Hg.), *Recht, Geist und Kultur: liber amicorum für Rüdiger Volhard*, Baden-Baden 1996, S. 208–224.

Weinkauff, Hermann, »Der Naturrechtsgedanke in der Rechtsprechung des Bundesgerichtshofes«, in: Neue Juristische Wochenschrift 1960, S. 1689–1696.

Weinke, Annette, *Die Verfolgung von NS-Tätern im geteilten Deutschland. Vergangenheitsbewältigungen 1949–1969 oder Eine deutsch-deutsche Beziehungsgeschichte im Kalten Krieg*, Paderborn 2002.

Weissmark, Mona S., *Justice Matters. Legacies of the Holocaust and World War II*, Oxford 2004.

Werle, Gerhard, »Menschenrechtsschutz durch Völkerstrafrecht«, in: Zeitschrift für die gesamte Strafrechtswissenschaft 1997, S. 808–828.

Wittmann, Rebecca, »Indicting Auschwitz? The Paradox of the Auschwitz Trial«, in: German History 21 (2003), S. 505–532.

Wojak, Irmtrud (Hg. im Auftrag des Fritz Bauer Instituts), *Auschwitz-Prozess 4 Ks 2/63 Frankfurt am Main*, Ausstellungskatalog, Köln 2004.

— »Nicolas Berg and the West German Historians. A response to his ›handbook‹ on the historiograpy of the Holocaust«, in: German History 22 (2004), S. 101–118.

Wolter, Jürgen, »Begegnungen mit Claus Roxin. Ein Glückwunsch zum 65. Geburtstag«, in: Goltdammer's Archiv 143 (1996), S. 201–206.

Ziegler, Gerhard, »Fanatiker der Sachlichkeit: Hans Hofmeyer – der Vorsitzende im Auschwitz-Prozess«, in: Die Zeit v. 27.8.1965.

Personenregister